U0676770

中小学教育智慧文库
ZHONGXIAOXUE JIAOYU ZHIHUI WENKU

中学物理知识结构化教学研究

马北河 ◎ 著

暨南大学出版社
JINAN UNIVERSITY PRESS

中国·广州

图书在版编目（CIP）数据

中学物理知识结构化教学研究/马北河著．—广州：暨南大学出版社，2020.8

（中小学教育智慧文库）

ISBN 978－7－5668－2949－8

Ⅰ．①中…　Ⅱ．①马…　Ⅲ．①中学物理课—教学研究　Ⅳ．①G633.72

中国版本图书馆 CIP 数据核字（2020）第 157898 号

中学物理知识结构化教学研究

ZHONGXUE WULI ZHISHI JIEGOUHUA JIAOXUE YANJIU

著　者：马北河

出 版 人：张晋升

责任编辑：曾鑫华　刘宇韬

责任校对：黄　颖

责任印制：汤慧君　周一丹

出版发行：暨南大学出版社（510630）

电　　话：总编室（8620）85221601

　　　　　营销部（8620）85225284　85228291　85228292　85226712

传　　真：（8620）85221583（办公室）　85223774（营销部）

网　　址：http：//www.jnupress.com

排　　版：广州市天河星辰文化发展部照排中心

印　　刷：广州市穗彩印务有限公司

开　　本：787mm×1092mm　1/16

印　　张：13.75

字　　数：254 千

版　　次：2020 年 8 月第 1 版

印　　次：2020 年 8 月第 1 次

定　　价：45.00 元

（暨大版图书如有印装质量问题，请与出版社总编室联系调换）

序

  随着中华人民共和国教育部《普通高中物理课程标准（2017 年版）》的颁布，新一轮中学物理课程改革拉开了序幕。新课标颁布了，新教材也出版了，紧接着就需要一线教学层面的实践，要使教师获得更好的实践效果，掌握更好的教学理念与教学方式，以更好地落实新课标理念。立德树人，培养学生成为优秀的社会主义建设者与接班人，除了需要放眼世界、积极借鉴国际物理教育领域先进的教育理念与优秀的教学成果外，更需要立足本土，梳理与总结一线物理教师的教育理念与教学经验并予以推广，以起示范作用。本书正是根据这种思路编写而成的。本书作者为广州市海珠区物理教研员马北河老师，他基于广东省教育科研"十二五"规划课题"中学物理知识结构化教学策略实践研究"，通过调查研究，客观描述了当前中学物理教师知识结构化教学的现状、学生知识结构化学习的现状。本书借鉴了国内外较为成熟的概念图、思维导图等心理学和教育学研究成果，将其引入中学物理教学领域，探索了中学物理知识结构化教学的心理机制与教学策略。

  本书较为系统地建构了物理新授课、习题课、复习课和实验课知识结构化教学策略，并通过实证研究的方式进行了一定的论证，将传统教学经验总结提升为相对完善的教学指导理论，较好地丰富了中学物理教学理论体系。同时本书也提供了较多具体的知识结构化优秀教学案例，这为中学物理教师和物理教育研究者提供了来自一线的思考与启示。

  马北河老师长期从事中学物理教学研究工作，其研究成果获得了广州市海珠区教育教学成果奖和广州市教学成果奖，本书正是其依据教学成果奖的内容撰写而成，我非常愿意将本书推荐给各位一线物理教师和物理教育研究者。

  是为序。

熊建文

2020 年 4 月于华南师范大学

目 录
CONTENTS

1 导　论

1.1　知识结构化的内涵

1.1.1　知识的分类及表征

哲学家赖尔（G. Ryle）早在 20 世纪 40 年代末就将知识分为"知道是什么（knowing what）"的命题性知识和"如何做（knowing how）"的行为性知识两大类。在此基础上，依据知识的表征方式及其功能不同，现代认知心理学将知识进一步划分为陈述性知识和程序性知识两大类。陈述性知识是描述"什么"的知识，因此也可称作描述性知识，其主要的功能是用来区别和辨别事物，是对事物的性质、特征和状态的描述。程序性知识是需借助某种作业形式间接推论其存在的知识，是个人的一套办事操作步骤，因此也可称作操作性知识，它是一种关于"如何做"的知识。

后来的学者在这种分法基础上，将程序性知识又分为两个亚层：用来处理外部事物的程序性知识，其又可细分为动作技能、智慧技能两类；用来调控自身认知过程的程序性知识，其可定义为认知策略。具体到物理学科，物理知识的内容包括现象、概念、实验、规律、模型、情境、方法、策略等。① 物理知识的分类及表征可依据现代认知心理学关于知识的分类进行（见表 1 – 1）。

---

① 　游永永. 高一学生物理认知结构的研究 ［D］. 重庆：西南大学，2015.

表 1-1　依据现代认知心理学理论进行的物理知识分类

知识分类			知识表征	特点与意义
陈述性知识	言语信息	基本单位的表征形式	命题与命题网络	命题是表述陈述性知识的基本单元，由主题和关系组成。如"物体具有惯性"，主题是"物体""惯性"，关系是"具有"。分为一般语言表征（如速度是表示物体运动快慢的物理量）、数学语言表征（$v_t = v_0 + at$，$v_t^2 - v_0^2 = 2as$）、图像表征（$s-t$ 图像、$v-t$ 图像） 同一主题的命题间产生相互联系，构成命题网络（"物体具有惯性""惯性和运动速度、是否受力无关""惯性大小由质量决定"等命题构成一个命题网络），是推理和问题解决的基础
			表象	建立在人脑中对事物知觉上的回忆及空间关系的另一表征方式，大体保留了事物的知觉特征（如平抛运动、自由落体及原子结构模型等表象）。表象有如下特征：①表象能承受各种施加于它的心理操作；②它能表征不断变化的信息；③它与实际知觉相比，可能会更模糊、更概括，或说欠完整、欠精确；④复杂图像形成的表象具有层次结构，在执行各种认知活动时起重要作用
			线性排序	与命题、表象相区别：命题无须排定元素的次序，表象保留了特征之间的关系。线性排序是对一系列元素所作的线性次序的编码（如牛顿第二定律应用的顺序；色光中按频率由小到大依次为红、橙、黄、绿、蓝、靛、紫；守恒定律应用的顺序）
		综合表征图式	图式	图式是指一种有组织的知识结构，可包含多个子图式（如单摆的模型及对应的周期公式），既可以是命题性质的（如单摆周期与振幅、摆球质量无关），也可以是直觉性质的（如单摆的视觉特征）

（续上表）

知识分类		知识表征	特点与意义
程序性知识	动作技能		动作技能受内部心理过程控制，故又称心因运动技能。例如在使用多用电表测量电阻时，档位发生了变化，那么必须重新进行电阻调零
			对动作技能学习，加涅认为内部条件为：部分技能的回忆和执行程序的回忆；外部条件为：语言的指导、图片、演示、练习、反馈
	智慧技能	长时记忆中，人脑内的程序性知识以产生式被表征，是"如果……那么……"的形式的规则	加涅将运用规则或符号对外办事的智慧技能分为辨别、具体概念、定义性概念、规则、高级规则5种：如果核反应后质量亏损，那么一定是放能反应（定义性概念）如果条纹间距相同，那么是干涉条纹（辨别）如果是同向直线运动，那么位移大小等于路程（规则）如果要解决力学综合题时，那么需先确定研究对象，再对研究对象进行受力、运动状态及功能关系的分析，再选取合适的物理规律并进行求解（高级规则）
	认知策略		用来调控学习者学习、注意、记忆及思维等内部过程的技能称作认知策略，是对其认知活动加以调控以提高认知操作水平的能力如果是作力的图示，那么必须先规定标度（认知策略）如果两物体恰好相碰，那么表示距离最小且为零（认知策略）

1.1.2 知识结构化的含义

"结构"是指部分构成整体，是事物的组织形态和活动方式。知识结构化是指认识到知识的共同特征和知识之间的关联性，把所学的知识划分为不同的部分或归入某种更大的范畴，在头脑中组织起来，形成知识组块，进而形成良好的知识结构。① 它也可指将日常学习或者复习中逐渐积累起来的知识按照一定的分类表征进行归纳，使之条理化。知识结构化的建立可以帮我们厘清知识

① 王晓艳. 中学化学知识结构化策略的研究［D］.济南：山东师范大学，2010.

点细节，从整体把握所学内容，拓宽思考的视角，丰富问题解决的切入点。这样有利于学生记忆知识、有利于学生理解和把握知识、有利于学生迁移和应用知识、有利于学生缩小初级知识和高级知识之间的差距。①

我们知道，电脑里面存储的资料越多、越散、越无序，查找所需内容的难度就越大，若分盘、分文件夹进行有规律、有条理的储存，查找就会省时省力。知识在大脑中的存储也一样，大量孤立而零乱的知识存储在大脑中，既增加记忆负担，又难以检索提取。研究表明，人的学习、记忆和思维正是通过大脑这样一个并行分布、多层结构、广泛联系的神经网络系统来进行的。"网络"是一个有清晰逻辑关系的多层次整体，是一个开放的系统。认知心理学认为，只有组织有序的知识才能在一定的刺激下被激活，才能在需要应用时被成功地提取。知识的结构化，就是把所学的知识要素按其相互作用、相互联系的方式和秩序组合起来，使知识由繁杂变得简化、概括，使学生对知识的体系和结构产生形象化的感觉和认识，便于学习记忆。②

基于知识结构化的上述特点及优势，从知识结构化的角度看，物理教师应当熟悉教材的逻辑结构，把握知识的呈现顺序；深入了解学生原有的认知结构，准确把握教学的起点，巧妙进行教学的设计，以促进学生的知识构建；指导学生依据知识间的内在联系进行归纳总结，主动构建知识结构化框图。③ 而如何选择有效的知识结构化策略，引导学生把孤立、零散的物理知识连接成网络，呈现为不同形式的结构化的物理知识，使学生头脑中的知识系统化、层次化、结构化，成为需要我们探索的研究主题。

1.2　中学物理知识结构化教学策略研究的意义

1.2.1　关于知识结构化的研究成果概述

最早关注学科知识结构的是西方结构主义流派的代表人物布鲁纳，他曾明确指出"不论我们教什么学科，务必使学生理解学科的基本结构"。所谓学科的基本结构，就是学科的基本概念、基本原理及其内部规律。他特别强调内部

---

① 肖亚. 高中数学知识结构化的表现形式及建立［J］. 中学数学教学参考，2017（12）：68.

② 刘淑花. 促进知识结构化的高三化学复习教学研究［D］. 济南：山东师范大学，2013.

③ 马淑琴. 在课堂教学中强化知识结构：高一物理教学的一点尝试［J］. 广西师范大学学报（自然科学版），2000（S2）：199 – 201.

联系和内部规律，认为掌握事物的结构就是可以利用许多别的东西与它有意义地联系起来的方式去理解它。简单地说，学习结构就是学习事物是怎样互相关联的。在他看来，这些既是学科的课程中心，也是教学中心。① 他的观点和理论为知识结构化的重要性做了有力的解释。

20 世纪 90 年代，我国教育学者开始关注建构主义理论以及由建构主义理论衍生出来的学科结构理论。建构主义、学科结构理论成为我国教育研究者关注的焦点理论，而此次基础教育课程改革亦反映出二者的特点。除此以外，以认知心理学为基础的认知结构理论的研究对帮助学生构建知识结构化也有着十分重要的意义。这几方面的相关著作、论文颇丰，研究者从不同的理论基础出发，采取不同的角度、不同的研究方法进行了论述。现有研究成果主要涉及的研究主题及结论概述如下：

1.2.1.1 研究主题 1：对建构主义理论、学科结构理论、认识结构理论的归纳、总结和再认识

这类研究的成果如：钟启泉编著的《现代课程论》、郑传芹的论文《布鲁纳：皮亚杰理论的忠实继承者——论布鲁纳对皮亚杰智慧发展理论的继承性》、徐玉珍的论文《区分两种不同的学科结构理论——施瓦布与布鲁纳学科结构理论比较及其对我国科技教育的启示》等。

1.2.1.2 研究主题 2：知识组织程度对学习的影响

建构主义认为，学习是学习者主动建构内部心理表征的过程。这个过程也是学习者进行复杂的信息加工的过程。学习过程并不是简单的信息输入、存储和提取，它同时包含由于新旧经验的冲突而引发的观念转变和结构重组，是新旧经验之间双向的相互作用过程。知识的组织程度对学习有着重要的影响。

第一，知识组织程度的高低，影响新的认知结构的建构。原有知识组织程度高的学生，头脑中各部分知识能够相互联系，且系统化、条理化，便于对新信息进行主动选择、加工和归类，也便于新旧信息之间产生相互作用，以形成更加全面的新的认知结构。知识组织程度低的学生，头脑中知识零散，难以互相联系，新的认知结构也不全面。例如，学生对某一概念的理解、掌握程度，不仅取决于学生对这个物理概念所具有特征的了解程度，而且还取决于学生对其他相关的概念的理解和掌握程度。

第二，知识的组织程度影响学生对知识的运用。头脑中存在知识并不代表

---

① 代影. 布鲁纳结构主义理论对基础教育教材的启示 ［J］. 科教文汇（上旬刊），2008（2）：24.

它能得到有效的应用，物理学习困难的学生有时能记住或回忆起某些定律的表达式和适用条件，却不能正确地将其应用于有关题目之中，这说明他们的物理知识是零散的，即物理知识之间没有建立起本质的联系或是这种联系建立得不够完善。这种认知结构可视为低组织程度的结构，它限制了学生提取或检索与问题相关的知识，导致学生不能激活有关的物理知识或不能有效使用已激活的物理知识。实际上，知识的可用性能够通过知识的恰当组织而得以加强，而孤立的物理知识，本质上属于没有被理解的物理知识，它只有在与当初学习这个知识的条件相似的背景中才较易被提取出来。知识组织程度低的学生的学习迁移能力差，影响了知识的运用。例如，对于平抛运动，学生如果只知道平抛运动可以分解为水平方向的匀速直线运动和竖直方向的自由落体运动，而不能将物体的受力情况与运动情况联系起来，他就不能变换坐标系，也不能在以后的类平抛运动中灵活地运用相关知识。

物理学习论强调物理学习是学生头脑中的物理认知结构与物理环境相互作用的结果。其中物理环境是指以教育形式呈现给学生的物理客观环境，而物理客观环境是由实际事物中的各种物理因素构成的，它只是实际事物的一个方面。关于"相互作用"，它包含了两个方面：一为环境对学生的作用；一为学生对环境的反作用。物理环境对学生的刺激以及学生对物理环境所作出的反应的结果，使学生的某些行为或行为潜力发生了变化，只有通过相互作用才能发生这样的变化，也只有通过相互作用才能表现出这些变化。在新的物理环境面前，如果新的环境刺激和知识要素能够被原有认知结构吸收和容纳，学习个体便会将其整合到原有认知结构之中，即知识的同化过程；当原有认知结构已无法涵盖新知识时，学习个体便调整自己的认知结构，建立新的认知结构以适应新的学习环境，即知识的顺应过程。同化和顺应是学生认知学习的两种重要方式，正是它们的交互作用使学生的认知结构不断地由旧平衡逐步走向新的平衡。

可见，在物理学习过程中，合理的外界刺激以及适当的物理环境营造能够促进学生物理认知结构的有效形成。

1.2.1.3 研究主题3：用上述理论指导中学教学，包括教材的编写、知识的组织、教学方法和教学策略的研究、教学案例的设计与实施等

该研究主题相关研究结果归类如下：

（1）承认知识结构化对学习的重要性，教师要帮助学生构建合理的知识结构。

（2）承认教材中的"知识结构"或教师讲授的"逻辑体系"不等同于学

生的认知结构，不能将学科逻辑当作学生必须内化的框架。

（3）研究认知结构的特点。有的学者继承美国当代著名的教育心理学家奥苏贝尔的理论，将认知结构的特点概括为可利用性、可辨别性、稳定性；有的学者将其概括为整体性、层次性、开放性。这两种概括之间是相互联系的，区别在于它们的出发点不同，前者是从认知结构的内在特征出发，提出了用以有效同化新知识的认知结构；后者是从认知结构的外部形态出发，旨在为构建良好的认知结构提供外显的、可操作的依据。

（4）构建良好认知结构，促进知识结构化的方法有以下观点：

①熟悉教材的逻辑结构，把握新知识的呈现顺序；

②深入了解学生的原认知结构，把握教学的起点；

③重视小型知识的同化，把新学知识纳入原有知识结构中；

④注意创设问题情境，引发认知碰撞；

⑤设计具有思考价值的问题，引导学生深刻思考知识之间的内在联系；

⑥指导学生对知识进行对比鉴定，区分特点，提高学生知识的层次性；

⑦提高教学内容的概括水平，并指导学生归纳、提炼知识并使之结构化；

⑧指导学生绘制概念图，促使其知识网络化；

⑨选用典型习题练习，使学生在解决问题的同时完善知识结构。

1.2.1.4 研究主题4：知识结构对物理学习困难的影响

奥苏贝尔有句名言："如果我不得不将所有的教育心理学还原为一句话的话，我将会说，影响学习的最重要的因素是学生已经知道了什么。"并且他还指出要"根据学生原有知识进行教学"。这条原理是奥苏贝尔整个理论体系的核心。现代建构主义理论认为，学习是学习者在原有知识经验基础上，在一定社会文化环境中，主动对新信息进行加工处理、建构知识意义的过程。外部信息的意义是学习者通过新旧知识经验间反复的、双向的相互作用而构建成的，同时原有知识因为新经验的加入而发生调整、产生改变。因此，原有知识储备是构建新的认知结构的先决条件。物理学习困难的学生，由于原有知识基础不牢，往往在学习过程中容易"卡壳"，跟不上教师的讲课步伐，导致后面的知识也难以学懂。由于建构新的认知结构时必备的原有基础不完备，致使新知识的建构难以顺利进行。

物理学习困难的表现主要有两个方面：一是学生的学习情感表现。物理学习困难的学生在物理学习过程中伴随着消极的情感体验，如焦虑、厌学等，并希望能逃避物理学习。二是学习效果的表现。物理学习困难的学生解决物理问题的能力差。大量研究表明，物理学习困难的学生与物理学习能力强的学生在解决物理问题时许多方面都存在着明显的差异（见表1-2）①，我们可以从两者的比较中清楚地看到物理学习困难的学生在解决物理问题时的表现②。在表1-2中，物理学习困难的学生在思考问题时明显无法提取有效信息，其中知识结构的不健全导致了学生吸收新的信息时容易"卡壳"，甚至由于新的信息的累积导致原有知识结构不稳固，这也造成了学生越学越难的现象。

表1-2　物理学习能力强与学习困难的学生的表现

	物理学习能力强的学生的表现	物理学习困难的学生的表现
解题程序	理解题意→定性分析→公式→定量计算	理解题意 → 公式 → 定量计算
解题中的表象活动	边读题边画出物理过程的示意图，在头脑中形成该问题的动态的、形象化的物理图景	先读题后画出物理过程的示意图，头脑中没有物理图景或只有静止的、僵化的物理图景
解题途径	利用头脑中形成的物理图景，从整体上把握问题，凭已有知识和经验做出直觉性的判断，选择总体思路或入手方向，找到解题途径	倾向于急于应用与待求量有关的物理公式，更多地依赖基本概念和规律建立问题的方程式对问题进行演绎推理，通过尝试错误法找到解题途径
解题思路清晰度	思路清晰，知其然又知其所以然	思路混乱，只知其然，表现为不能说清楚为什么以及如何解决了物理问题
解题步骤	简洁、逻辑性强	冗长、缺乏逻辑性
解题用时	短	长

上述各类研究成果对于认识知识结构化教学的重要性及其策略提供了重要的参考和指引，但也可以发现，具体到物理学科，针对中学物理知识结构化的系统研究甚少，特别是对物理知识结构化的形成途径及影响因素、不同类型的知识如何进行结构化教学，未见有系统的研究成果发表。因此，较为系统地研究中学物理知识结构化教学策略，具有较强的理论价值与意义。

---

①　云云.物理学习困难成因及对策探讨［D］.长春：东北师范大学，2003：4-5.
②　谭国武.高中力学学习困难的认知结构分析及教学策略［D］.长沙：湖南师范大学，2008.

1.2.2 研究意义

知识结构化属于教学策略范畴，探讨如何构建某个模块的物理知识结构，是进行系统的知识结构化的基础。探讨中学物理知识结构化教学策略，可以帮助我们了解构建知识结构的具体方法和知识结构化的手段，明确知识结构化对教师的教和学生的学的重要意义。

1.2.2.1 促进学生提高学习效果

教师经常会听到学生抱怨"老师，这些知识点我怎么记都记不住""老师，您讲的知识我都明白，但自己做题的时候就是不会用"，由此说明，许多学生在记忆、理解、迁移应用等方面存在困难。构建中学物理知识结构符合学生有效学习的需要，美国著名心理学家布鲁纳认为："获得知识，如果没有完整的知识结构把它们联系在一起，那么多半是遗忘的知识。"知识结构化有利于学生对知识的记忆、有利于学生对知识的理解和整体上的把握、有利于学生学习的迁移应用、有利于缩小高级知识和初级知识之间的差距。

1.2.2.2 促进教师专业成长、改进教学策略

知识结构化的过程，是教师重新学习的过程，是教师的知识结构不断更新、改善并趋向合理的过程。物理教师要将物理知识有目的、有层次、有系统地传授给学生，并使学生头脑中的知识网络化、结构化，这样就首先要求教师本身应具有构建知识结构的能力，而且要掌握知识点，理清知识点之间的联系，并在头脑中形成知识结构网。对于新老师来说，对知识进行结构化并内化到自身，能深刻理解知识内涵，理清学生的认知结构和学科知识结构之间的关系，是非常有助于其专业成长的。此外物理知识结构不是一成不变的，因为不同年级学生的认知结构不同，而且存在个体差异性，所以需要物理教师根据实际情况调整教材所安排的知识结构，将合适的知识结构转化为学生头脑中的认知结构，改进教学策略，以达到因材施教的效果。

1.2.2.3 促进新课程改革与发展

新课程的改革不仅是对课程内容的调整，而且还是一场教育理念的更新和人才培养模式的变革。课改前，传统物理课程过分强调学术水平，更多地着眼于学科知识体系，以学科为本位，重视具体的概念和规律的系统学习，但是也仅注重物理知识的学习和积累，而忽视了其与社会、生活及生产实际的广泛联系。课改后的物理教学确立了崭新的理念，在课程目标上突出体现基础性、普及性和发展性；在物理学习的内容上强调现实的、有意义的和富有挑战性的知识和问题，内容更注重基础性、体现时代性，学科的知识结构

在不断地更新；此外更多地关注学生的学情，希望从学生的原有认知结构出发，帮助学生有效学好物理。知识结构化策略的研究与实施，正有助于教师转变教学观念、有助于学生转变学习方式，使学生成为物理学习的主人，教师成为物理学习的组织者、引导者与合作者，从而顺应新课程改革与发展的需要。

1.3　建构中学物理知识结构化教学策略的指导理论

1.3.1　知识结构化的认识论基础

1.3.1.1　发生认识论

知识结构化的理论基础最早可以追溯到由瑞士心理学家皮亚杰提出的建构主义。皮亚杰是发生认识论的理论创始人，发生认识论以研究儿童的心理发生过程为基础，因为皮亚杰认为儿童的心理发生过程与人类的认知过程具有相似性。在此基础上，皮亚杰将认知发展划分为感知运动阶段、前运算阶段、具体运算阶段和形式运算阶段四个阶段。皮亚杰认为认识具有结构性，并且这一结构是一个不断建构的发展过程。结构是不同种类的转换规律所组成的整体，而建构则是指结构的改变与更新过程。皮亚杰指出，结构的建构过程并不是一蹴而就的，而是处于不断的发生与发展过程之中，因此建构是一个处于不断上升过程中的螺旋，建构过程的无限性导致结构本身也处于无限发展的过程之中，所以结构的稳定与平衡只是相对的。① 皮亚杰的发生认识论可用图 1 - 1 表示。

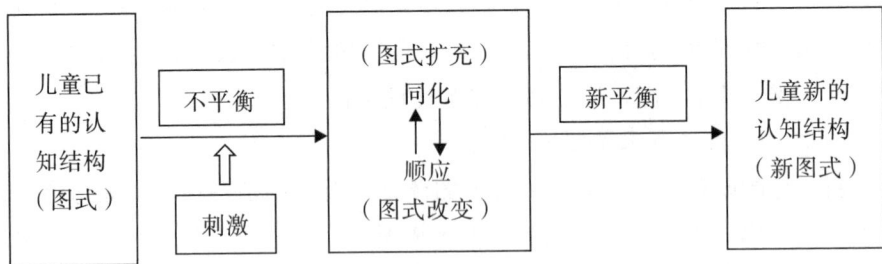

图 1 - 1　皮亚杰的发生认识论

---

① 郭佳伟 . 皮亚杰发生认识论研究 ［D］. 保定：河北大学，2011.

　　这里的同化是指个体把外界刺激所提供的信息吸收进来并整合到自己原有认知结构内的过程。把原有认知结构称为"图式",把同化称为"图式扩充",同化可以认为是认知结构数量的扩充;顺应是指个体的认知结构因外部刺激的影响而发生改变的过程,顺应的过程可以认为是"图式改变"的过程,是认知结构性质的改变。认知个体通过同化与顺应这两种形式来达到与周围环境的平衡,当认知个体能用现有图式去同化新信息时,他处于一种平衡的认知状态;而当现有图式不能同化新信息时,平衡即被破坏,寻找新平衡的过程即顺应的过程。在"平衡—不平衡—新的平衡"的循环过程中,认知个体的认知结构通过同化与顺应过程逐步构建并不断丰富、提高和发展。

1.3.1.2　发生认识论与知识结构化

　　皮亚杰认为发生认识论的重要问题就是解释:在知识发展中,新的知识结构是怎样构造起来的。"知识产生于不断的构造,因为每一个理解活动中都含有某种程度的发明,在发展中,一个阶段向另一个阶段的过渡,其特征总在于形成一些在外部世界或主体内心中原先并不存在的新结构。"① 知识结构化的过程即个体对知识的构建过程,知识结构图跨越了不同的时间,表明个体在不断地克服错误理解,建造和细化他们的知识。

　　发生认识论的中心问题是探讨新结构的构造机制,而为了说明这种构造机制就需要有一些被称为反思抽象和自我调节的解释因素。"反思抽象"是指反复思考的心理过程,即在思维运算阶段发生了重新组织的活动。② 反思抽象产生了归类关系和顺序关系。③ 归类是知识图中分支的作用;顺序关系体现在物理知识方面,是知识结构图中物理概念的上下关系。皮亚杰提出"自我调节"一词来源于生物学,"整个生命在本质上都是自动调节的",个体构造性机制仅在自动调节下才能实现,正像动物的内分泌和神经系统的情况那样。人类的学习就是一个"连续的调节阶段"④。个体知识结构图跨越时间的转变体现出认知的调节过程。

　　知识结构化的过程能呈现知识获得的工具、过程和机制。具体到物理学

---

① 皮亚杰. 发生认识论 [M].范祖珠,译. 北京:商务印书馆,1990:53.
② 左任侠,李其维. 皮亚杰发生认识论文选 [M].上海:华东师范大学出版社,1991:64.
③ 皮亚杰. 发生认识论原理 [M].王宪钿,等译. 北京:商务印书馆,1997:43.
④ 左任侠,李其维. 皮亚杰发生认识论文选 [M].上海:华东师范大学出版社,1991:119 – 132.

科，中学物理知识以物理概念和物理规律为主线逐步拓宽与加深，伴随时间的推移，学习者学习物理知识所形成的认知结构在不断地更新，知识结构图分支的增加正反映了个体头脑中知识的逐渐分化或整合。而在跨越时间的变化中，个体的物理知识结构图变得日趋复杂，不断纠正以前的错误理解，体现了知识的连续性变化。

1.3.2　知识结构化的教育学基础

1.3.2.1　学科结构理论

1958 年，美国国家科学院在伍兹霍尔召开教育改革会议。大会主席、美国著名教育心理学家布鲁纳根据此次大会讨论结果，以自己的结构论思想为指导进行总结，完成了《教育过程》一书。在该书中布鲁纳运用结构主义的原理和方法论，借鉴认知心理学的研究成果，提出学科基本结构理论。所谓"学科基本结构"，布鲁纳解释说"是指该学科的基本概念、基本原理及其相互之间的关联性，是指知识的整体性和事物的普遍联系，而非孤立的事实本身和零碎的知识结论"。他认为任何学科都有其基本结构，任何与该学科有联系的事实、论据、观念、概念等都可以不断地纳入一个处于不断统一状态的结构之内。这种基本结构是学生必须掌握的科学因素，应该成为教学过程的核心，因为如果学生掌握了学科知识的基本结构，他就可以独立地面对并深入新的知识领域，从而不断地独立认识新问题、吸收新知识。

结构是所有知识所固有的，与其他学科一样，物理学科也有整体知识结构、单元知识结构和课时知识结构，这些结构需要我们予以整理。而知识结构化的过程，就是将知识有意义地联系起来，进而促进学科结构的形成。

1.3.2.2　学科结构理论与知识结构化的实现

如何使学生实现知识结构化？这显然无法通过以往那样仅教授给学生零碎知识的教学策略来实现，因此与学科结构理论相关联的必然是教学策略的改变。对此布鲁纳提出了"发现学习"的教学策略。所谓发现学习，就是在教材中保留一些令人兴奋的部分，引导学生自己去发现它，这样可以使学生因发现而产生一种兴奋感，即由于发现观念间的以前未曾认识的关系和相似性的规律而产生的对于本身能力的自信感。

提到布鲁纳，就不得不提另一位著名的美国生物学家、教育学家施瓦布。施瓦布认为学科结构就是"规定了学科的研究对象并控制其探究方法的外加的概念"。所谓外加的概念，就是由研究者在探究之前尝试性地形成的关于研究对象的性质的形而上学的观念。此外，施瓦布根据他对当代科学发展规律的研究，提出了学科结构概念不再局限于一门给定的学科的结构，还包括跨学科的或交叉学科性质的高度概括化的元结构的概念。施瓦布试图以"科学的结构"和"科学的结构是不断变化的"为前提，揭示探究过程的本质及其特征，并力图在教学中引进现代科学的成果，使学生把握学科的结构，体验作为探究的学习。探究学习强调通过探究的过程，发现和掌握科学概念，这样教学过程就变成了一种在教师指导下开展的具有严密的学术性的创造性活动。如果说布鲁纳是从教育内容的侧面开展他的发现学习理论的话，那么，施瓦布则是从教学方法的侧面开展他的探究学习理论的。

1.3.3 知识结构化的心理学依据

1.3.3.1 认知结构理论

无论是皮亚杰的发生认识论，还是布鲁纳的学科结构理论，都很重视对认知心理学的研究，强调认知结构对学习的重要性。布鲁纳在探索儿童认知发展的心理机制和学习方法之时，追随了皮亚杰的脚步，布鲁纳结构主义的认知思想构架因受皮亚杰思想感召而发展成熟。借鉴皮亚杰的认知结构思想，布鲁纳认为认知结构即内部知识结构，是学习者全部观念或某一知识领域内的观念及组织，新的经验或材料的不断获得与旧有知识相结合，从而形成一个内部的知识结构，即认知结构。①

戴维·奥苏贝尔是美国当代著名的认知心理学家，他创造性地吸收了同时代著名心理学家皮亚杰、布鲁纳等人的认知同化理论和结构论思想，提出了有意义地接受学习、同化、先行组织者等学习论思想。奥苏贝尔是认知结构理论的具体化实践者。他认为认知结构是有意义学习的结果和条件，是书本知识在学生头脑中的一种再现形式。他强调在学习过程中概括性强、清晰、牢固、具有可辨性和可利用性的认知结构有着十分重要的作用，并认为教学的主要任务是帮助学习者建立对教材的清晰、牢固的认知结构。奥苏贝尔围绕着认知结构提出的上位学习、下位学习、相关类属学习、并列结合学习和创造学习等几种学习类型，对新旧知识如何组织提供了较有说服力的解释。

知识结构化可以帮助学生实现有意义学习。知识结构化的教学提倡所构建的知识框架要与学生已有的认知结构相适应，寻找并理清知识点的上下、类属、并列等关系属于有意义的结构化过程。教学中教师找准学科知识结构

---

① 刘柏轩. 布鲁纳认知理论中的认识论及方法论［D］. 太原：山西大学，2012.

与学生认知结构的差异和结合处，了解学生已有的认知结构，诊断其错误联系和断链、缺面、缺体部分，上课时根据课的类型和教学目的要求，为学生的理解提供最佳的知识结构，从而帮助学生掌握学科知识，完善认知结构。

1.3.3.2　视觉表征理论

进入 20 世纪，随着语言学、认知科学等新兴学科的迅速发展，有关学习的心理学研究也进入了一个新的阶段，除了对图式的研究，涉及视觉表征和理解的认知加工的研究已经有几十年的发展历史了。空间语义表征，例如知识图，已经发展成为传统的线性信息呈现的一种替代形式，作为有效地研究和学习的基本策略，在教育情境中正越来越普及。① 知识图降低了学生的认知负荷，使得学生在工作记忆中建立了一个连贯的结构，建立知识间的关联，使新旧知识发生整合。② 知识图的主要好处之一是揭示了宏观结构，能够减轻认知负荷。③ 知识图是有效交流和学习的工具，知识作图训练内隐地改进了人们的学习，使得制作知识图的策略训练更有意义、更值得花费时间和精力，因为知识图强调关联和组织，训练建构和应用这些空间语义表征可以帮助人们以多种表征形式对信息进行建构和编码。④ 研究表明：即使没有外显地应用构图策略，训练参与者建构和应用知识图仍明确地促进了对课文的加工。⑤ 知识结构化以构建知识结构图为主，以上研究成果为中学物理知识的结构化提供了实质性的理论支持。

1.3.3.3　双重编码理论

按照佩奥的双重信息编码理论，在长时记忆中，存在着两个独立的编码系统，它们是语义编码系统和表象编码系统。在人的学习与记忆中，这两个编码系统都是非常重要的。佩奥指出，这个理论假设人的认知行为是由两个相互独

---

① DANSEREAU D F, NEWBERN D. Using knowledge maps to enhance teaching [M] //New paradigms for college teaching. Minneapolis: Interaction Book Company, 1997: 125-147.

② LAMBIOTTE J G, DANSEREAU D F, CROSS D R, et al. Multirelational semantic maps [J]. Educational psychology review, 1989, 1 (4): 331-367.

③ O'Donnell A M, Dansereau D F, Hall R H. Knowledge maps as scaffolds for cognitive processing [J]. Educational psychology review, 2002, 14 (1): 71-86.

④ HONEY C D, DANSEREAU D R, MCDONALD B A, et al. Evaluation of a hierarchical mapping techniques as an aid prose processing [J]. Contemporary educational psychology, 1979, 4 (3): 227-237.

⑤ ChMIELEWSKI T C, DANSEREAU D F. Enhancing the recall of text: knowledge mapping training promotes implicit transfer [J]. Journal of educational psychology, 1998, 90 (3): 407-413.

立，但又有密切联系的符号系统协调的，它们专门负责信息的编码、组织、转换、存储和提取。其中表象编码系统专门处理非言语的客体和事件的知觉信息，语义编码系统则专门处理语言信息。①

认知心理学的许多相关研究说明，在长时记忆中，存在着独立的语义编码系统和表象编码系统，这两个系统都在某种情况下对刺激信息进行加工处理，并大大增加了长时记忆中个体知识与经验存储的数量和质量。

---

① 梁宁建. 当代认知心理学 ［M］. 上海：上海教育出版社，2003：158.

2　中学物理核心知识与科学方法

2.1　中学物理核心知识

中学物理核心知识包括核心概念和核心规律。国外科学教育领域提到的核心概念，近似于国内提到的核心知识。对核心概念的研究最早源于西方学者，介绍核心概念之前，不得不提"大概念"。1963 年，科学教育界出现了一个新词汇"大概念"（big ideas），这是奥苏贝尔在提出科学课程的"先行组织者"时使用的一个词，他将大概念作为科学课程的组织者，用于整合学习单元中的各种概念和事实，并为新知识的学习搭建框架。2005 年，美国科学促进会（AAAS）将大概念界定为"能将众多科学知识联系成一个整体的学习核心"①。到今天，大概念已被众多教育研究者和工作者所认同。《科学教育原则与大概念》（2010 年版）一书将大概念分为两大类：科学大概念（big ideas of science）和关于科学的大概念（big ideas about science）。② 科学大概念包括共通概念（crosscutting concepts）和核心概念（core ideas），其中共通概念侧重跨学科知识的组织；核心概念是用于整合某个学科知识的少数概念。这些"少而精"（less is more）的概念有其特点和遴选原则。Joseph Krajcik 报告了 2012 年全美科学教育改革领航文件——《K - 12 年级科学教育标准框架：实践、共通概念及核心概念》（以下简称《框架》）中核心概念的遴选原则。③

原则 1：学科显著性——该概念在学科领域中有广泛的重要性，是关键的组织概念。

---

① M P 德里斯科尔. 学习心理学：面向教学的取向 [M]. 王小明，译. 上海：华东师范大学出版社，2008.

② OZDEMIR G, CLARK D B. An overview of conceptual change theories [J]. Eurasia journal of mathematics, Science & technology education, 2007, 3 (4): 351 - 361.

③ 王磊，黄鸣春. 科学教育的新兴研究领域：学习进阶研究 [J]. 课程·教材·教法，2012 (1): 112.

原则 2：解释能力——能够解释该学科领域内的其他概念和问题。

原则 3：一般性或基础性——能够作为理解和探究其他复杂概念和问题的工具。

原则 4：与生活密切相关——与学生的生活体验、兴趣等结合紧密。

原则 5：持续的延展性——要在各个学段都具有可教性和可学性。

根据以上原则，《框架》选出了 13 个科学课程的核心概念。物质学科有 4 个，分别是"物质及其相互关系""运动与平衡：力和相互作用""能量""波及其在科技和信息传递中的应用"。其中第二个核心概念由三部分组成："力与运动""相互作用类型""物质系统的稳定性与不稳定性"。

我国学者张颖之、刘恩山在总结了国内外各种观点之后认为，核心概念是位于学科中心的概念性知识，包括重要概念、原理、理论等的基本理解和解释，这些内容能够展现当代学科图景，是学科结构的主干部分。核心概念的关键要素有二：第一是核心概念处于学科的中心位置，是学科的主干部分；第二是核心概念具有极强的解释和预测能力。

国内外学者对核心概念的检索标准均有一定研究，美国科学教育委员会主席马丁·斯多克蒂克（Martin Stocksdieck），曾给出了四条检索核心概念的标准：第一，是单个或多个学科中诸多概念的领导者；第二，是帮助学生理解相关概念和原理的工具或者说是帮助学生解决问题的关键性途径；第三，紧密联系人们和社会的兴趣及关注焦点；第四，能够随着年龄的增长而将其不断地展开以供学习，并能够使其在每个人的头脑中一步一步地得到深入。[①] 上述四条是目前最权威的核心概念的检索标准，马丁同时指出核心概念并不必要完全满足四个标准，但是多多益善。关于核心概念，赫德进一步提出，核心概念的选择不是随意的，而是要满足提纲挈领、突出逻辑结构、体现前沿价值和持久意义的要求。因此学习者只要抓住了核心概念这条主线就能够提取更多的事实和其他概念，把握知识体系中的关键要点，并能有序地运用到后续学习当中，形成良性循环。而体现前沿价值和持久意义的关键意义在于为学习者下一步的学习提出建设性意见。赫德就此列出选择核心概念的标准：能够显示和促进现代科学思想和方法的发展；能够解释有关现象和数据；逻辑内容丰富；来源于生活，并可应用于生活；可融入其他学科的概念体系。

具体到物理学科，研究者认为物理学科中的核心概念检索标准体现在课程标准中主要有以下几条：第一，核心概念须处在物理学科中的主干位置，在物

---

① 张坤. 我国初中物理核心概念调查研究［D］. 重庆：西南大学，2011：4.

理学发展的漫长过程中得到大多数物理学家的认可，并能够体现出物理学思想方法的运用；第二，学习者对于核心概念的学习有利于自身科学素养的提高，能够成为他们知识结构中或者是学习生涯中重要的组成部分，而这些不关乎他们是不是物理专业的学生；第三，在教授核心概念的过程中须充分体现出课程标准的设计理念和主导思想，能保证物理课程对于这些核心概念的理解和学习是有帮助的，其具有可学性。①

常用的确定核心知识的方法主要有两种：

（1）参考不同国家、地区的课程标准或教学大纲及其他相关资料。

这是确定核心知识最常用的方法。我国学者张颖之、刘恩山为了选出基础教育中生物遗传学的核心知识，对美国、加拿大多个州、省及英国、澳大利亚等地的多份课程标准进行了比较分析，找出使用频率比较高的知识，在此范围内确定核心概念。除了课程标准，还可以参考各种考试、测试等的相关文件。美国多个州在进行课程标准修订时都参考了 SAT、ACT 的考试标准，另外还有一些权威测试项目，如 TIMSS、PISA 等。

（2）听取专家、教师和公众的意见。

专家对本领域内的知识结构有着深刻的认识，他们知道相关的概念、规律中哪些是重要的，哪些是次要的。各国都重视各个领域专家的意见，美国为了编写新一代的科学课程标准，组织了多次专家论坛，如 2009 年 11 月的中美科学教育专家论坛。教师是课程的实施者，对课程标准、教材、学生中存在的问题有自己的认识，因此教师意见是相当重要的。许多国家修改课程标准时都要与一线教师进行讨论。张颖之、刘恩山把从各国课程标准中选出的高频知识编制成问卷，以征求教师的意见，最后根据教师问卷的结果再确定基础教育课程中的核心知识。我国课程标准修订时也听取了全国各地教师代表反馈的宝贵意见。

基于上述关于核心知识的研究成果，同时参考最新版高中物理课程标准提出的物理观念，结合上述关于核心知识的检索标准，总结出中学物理中的核心知识（见表 2-1）。

---

① WISER M, SMITH C L. How does cognitive development inform the choice of core ideas in the physical sciences? [R/OL]. http：//www. nationalacademies. org/bose/wiser-smith-core-ideas-presentation. pdf.

表 2 - 1 中学物理核心知识

物理观念	核心知识
时空观念	参考系、光速不变原理
物质观念	元电荷、电场、电势、库仑定律 电流、内电阻、外电路、电阻、路端电压 磁场、交变电流、传感器 理想气体、物态和物态变化 光的波粒二象性、概率波、声现象、质量与密度、光的反射、平面镜成像特点、光的折射及其规律、凸透镜成像规律
相互作用观念	重力、弹力、摩擦力、力的合成与分解 安培力、库仑力、分子间的相互作用力 回复力、压强、浮力、杠杆平衡条件
运动观念	速度、加速度、直线运动、曲线运动、牛顿运动定律、万有引力定律、安培定则、简谐振动、振幅、波长、波速、频率
能量观念	动能、重力势能、弹性势能、机械能、功、功率 动能定律、能量守恒定律、点势能和电场力做功、欧姆定律、焦耳定律、法拉第电磁感应定律 楞次定律、温度、内能、气体实验定律、热力学定律、质能方程 动量、冲量、动量守恒定律、能量子、光电效应的实验规律 射线、衰变、平均结合能、质量亏损、核裂变、核聚变

开展知识结构化教学，必须抓住相应的物理核心知识，而上述中学物理核心知识的梳理，正为后续知识结构化教学策略的探索提供了重要的前提基础。

2.2 中学物理中的科学方法

2.2.1 科学方法

何为科学方法？科学方法是人们在认识和改造客观世界的实践活动中总结出来的正确的思维方式和行为方式。[①] 作为一种基本的研究途径与方式，科学方法与科学的概念、定律等一些知识性内容是相平行的，包含在科学的范畴之

---

① 涂艳国. 简论科学教育的基本要素 [J]. 教育研究，1990 (9).

中。与知识不同的是，科学方法涉及的不是物质世界本身，而是人们认识物质世界的途径与方式，是高度抽象的。因此，科学方法并不直接由学科知识内容来表达，而是有它自己独特的表达方式，而且它比概念、定理、定律和公式这类知识更加抽象和隐蔽。①

近年来国际上的研究指出：科学素养作为国际科学教育的核心目标，科学方法是其重要内容。② 索罗卡（Soroka）等认为，科学方法的价值是显而易见的，它能引起学生的兴趣，激发其创造力，让他们更好地理解科学是什么，科学能干什么而又不能干什么；它让学生明了人们如何使用科学来解决问题。③ 与这种观点相类似，著名科学哲学家皮尔逊（Karl Pearson）多次强调，科学方法是通向整个知识区域的唯一门径，他认为，"科学方法是我们能够借以达到知识的唯一道路。其他方法可能处处导致像诗人或形而上学家那样的幻想，导致迷信或信仰，但永远不会产生知识"④。

通过对科学方法的不断了解、积累和熟练，能使学生形成一种借助于科学方法获取科学知识的心理定式。这样，学生就能够以快捷的速度去获取知识，进而通过在头脑中形成认知结构，深刻地领会和掌握知识，牢固地记住知识。还可以使学生产生一种对问题的敏感性，并能够用科学方法迅速地抓住问题的要害，找出解决问题的途径，可见，科学方法是学科知识结构化过程中必须考虑的重要内容。

2.2.2 科学方法的分类

科学方法是物理课程中的重要内容，而且是获取物理知识的途径和手段，是理解物理知识的纲领和脉络，是应用物理知识的桥梁。⑤ 在物理学科范围内，科学方法是研究物理现象、描述物理现象、实施物理实验、总结物理规律、检验物理规律时所运用的各种手段与方法。⑥ 许多学者将物理科学方法进行了分类。

---

① 邢红军，陈清梅，胡扬洋. 科学方法纳入《课程标准》：基础教育课程改革的重大理论问题 [J]. 教育科学研究，2013（7）：5 –12.

② KOSSO P. The large-scale structure of scientific method [J]. Science & education, 2009 (1)：33 –42.

③ SOROKA L G. The scientific method at face value [J]. The science teacher, 1990 (9)：57 –58.

④ 皮尔逊. 科学的规范 [M]. 李醒民，译. 北京：华夏出版社，1999：25，54.

⑤ 陈清梅，邢红军，李正福. 论物理课程改革背景下的科学方法教育 [J]. 课程·教材·教法，2009，29（8）：52 –56.

⑥ 张宪魁. 物理科学方法教育 [M]. 青岛：中国海洋大学出版社，2015.

例如，乔际平等人①按照认知的水平，从具体操作，到逻辑抽象，再到综合应用角度，将物理科学方法划分为三个层次：具体方法、逻辑方法、分析并解决问题的方法。具体方法比如测定物体重心的悬挂法、搁置法，实验中的作图法等；逻辑方法主要是指抽象、概括、判断、推理、比较、分析、综合等思维方法；分析并解决问题的方法属于最高层次的科学方法，它主要包括等效方法、近似处理方法、模型方法等。

张宪魁②则认为，科学方法包括物理学知识的发现与研究方法、物理学理论体系的建立方法以及物理理论的学习方法和传播方法，其物理科学方法分类如图2-1所示。

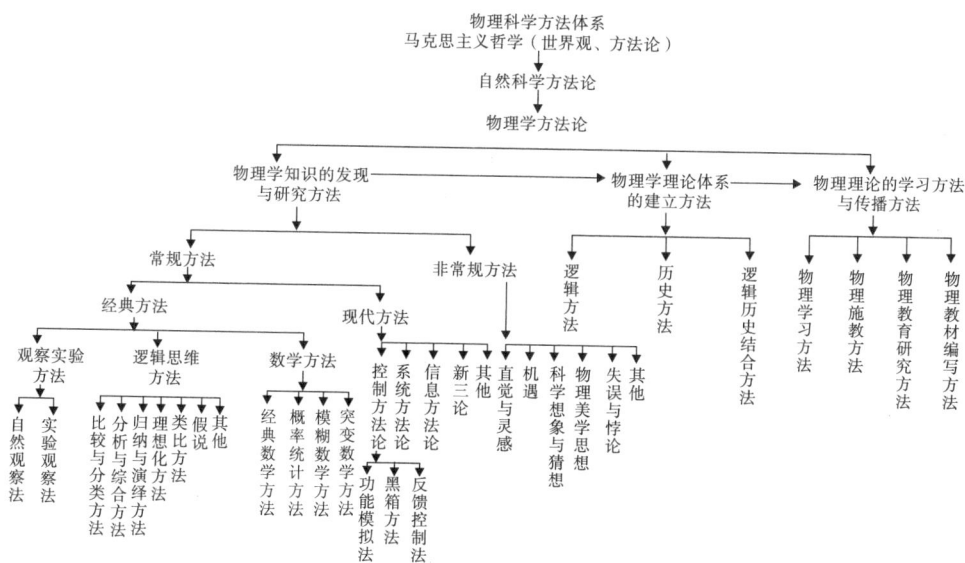

图2-1 张宪魁的物理科学方法体系

邢红军等人③从科学方法的来源出发，把科学方法分为思维方法和学科方法。其中前者是主观的，是大脑的功能，需要训练才能使学生形成与掌握。这类科学方法贯穿于各门学科之中，可迁移性强。后者是客观的，不是大脑的功能，是特定专业领域的独特认知方法，需要传授才能使学生习得与掌握，往往

① 乔际平，邢红军．物理教育心理学 [M]．南宁：广西教育出版社，2002．
② 张宪魁．物理科学方法教育 [M]．青岛：中国海洋大学出版社，2015．
③ 邢红军，陈清梅，胡扬洋．科学方法纳入《课程标准》：基础教育课程改革的重大理论问题 [J]．教育科学研究，2013（7）：5-12．

与专业知识紧密结合，不容易区分，可迁移性弱。根据课堂教学过程与科学方法使用的时空条件，学科方法可分为获得知识的学科方法和应用知识的学科方法；思维方法依据其性质，又可分为逻辑思维方法与非逻辑思维方法两种，按照这一研究思路，可以得到系统化的科学方法分类结构体系（见图2-2）。这种分类不仅使科学方法教育内容进一步明确，并且使科学方法内容的显化顺理成章。按照邢红军的分类，中学物理知识结构化中所涉及的科学方法应该是在获取物理知识中的方法和物理知识应用中的一部分方法。

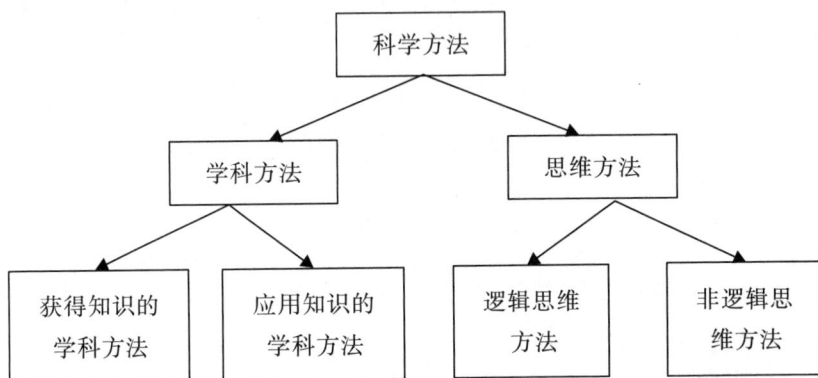

图2-2　邢红军的科学方法分类结构图

2.2.3　中学物理科学方法

邢红军团队对初高中主要运用到的物理科学方法做了数量统计，详见表2-2、2-3和2-4。

表2-2　初中获得物理知识的主要方法

物理方法	次数
直接定义法	30
比值定义法	11
控制变量法	5
演绎推理法	3
实验归纳法	14
乘积定义法	5
等效替代法	2
理想化方法	2

表2-3 初中运用物理知识的主要方法

物理方法	次数
演绎推理法	30
隔离法	14
理想模型法	13
比例法	9
整体法	8
控制变量法	8
图像法	8
假设法	7
等效替代法	7
转换法	6
图示法	5
极值法	3
对称法	3
类比推理法	2

表2-4 高中物理科学方法教育的主要内容及出现次数

物理方法	次数
演绎推理法	36
实验归纳法	24
理想化方法	16
假设法	13
比值定义法	13
等效替代法	10
控制变量法	10
乘积定义法	10

对比初高中物理的科学方法可以发现，初中物理对科学方法的要求程度比高中低，在获取知识方面偏重于直接定义法、实验归纳法和比值定义法，而在知识应用方面注重演绎推理法、隔离法、理想模型法和比例法。高中物理中出现的演绎推理法、实验归纳法、理想化方法、比值定义法、等效替代法等的次数都比初中的多，一方面说明高中物理更加注重科学方法的教育，另一方面又

体现了对学生逻辑思维的更高要求。

下面对部分科学方法进行解释：

2.2.3.1　知识建立的科学方法

比值定义法：就是用两个或两个以上物理量的比值去定义一个新的物理量的方法，它是物理学中建立物理概念常用的一种方法。在初中阶段，建立速度、压强、密度、功率等概念，高中的加速度、电场、电势等核心概念的建立，采用的都是比值定义法。

乘积定义法：用几个物理量的乘积定义一个新的物理量的方法，其中相乘的几个物理量都是被定义物理量的决定性因素，用这种方法定义的物理量与其他各物理量之间都存在联系，并且会随着其他各个物理量的变化而变化。

演绎推理法：根据一类事物的一般规律引出对该类事物特殊事例结论的思维方法和推理形式，即在已有的定律或提出的假说基础上结合一些概念，运用数学知识推证而得出结论的过程。它是由一般到特殊，由普通到个别，由共性推出个性的过程。许多物理规律都是通过演绎推理得到的，比如高中的动能定理。此方法也常用于解题中。

理想化方法：物理现象和物理过程往往受多种因素的影响。为了研究物理现象，人们通常根据问题的需要抓住主要和本质因素，排除次要的非本质因素，取得合理的近似，这就是物理学研究常用的理想化方法。理想化方法的应用可以起到简化和纯化物理问题及条件的作用。理想化方法分为理想化模型和理想化实验，理想化模型又分为理想化对象、理想化条件和理想化过程三类。比如初中的光线、磁场线，高中的质点、电荷、电场线等。

等效替代法：等效替代这种思维方法在研究中学物理问题时比较常用，只要研究对象（物理量、物理过程、物理系统）在某一方面的作用效果与另一对象所起的作用效果相同时，就可以相互替代。等效替代法在具体应用时，两个物理现象效果相同是唯一的准则，与性质相同与否无关。比如力的合成与分解、速度的合成与分解。

控制变量法：指在研究和解决问题的过程中对影响事物变化规律的因素和条件加以人为控制，只改变其中某个变量的大小，保证其他的变量不变，最终解决所研究的问题。在中学阶段，控制变量法涉及面广，几乎涵盖每个常见的物理实验。

实验归纳法：在对物理现象和过程进行大量的观察和实验的基础上，对取得的大量资料进行分析、综合、概括和归纳，从中找出有关物理量之间的内在联系，得出结论或建立假说，再通过观察和实验进一步验证，这样就可发现并建立规律。实验归纳法是物理概念规律建立和验证中常见的方法。

类比推理法：指由一般到一般的推理或者从特殊到特殊的推理，根据两类（或者两个）研究对象之间相同或者相似的某些方面，可以推理得到两者在其他某些方面也可能具有相同或相似的特征。

2.2.3.2 知识应用的科学方法

分析综合法：分析综合法是将客观事物分解为各个组成部分、方面或要素分别加以研究，进而揭示事物整体的本质属性或规律的方法。分析法的运用是从表面现象向内在本质深入的过程，经此过程将整体呈现的现象分解为各个方面的联系和属性。综合法是将研究对象的各个部分、方面、因素和层次联系起来加以综合研究，从而在整体上把握事物的本质及规律的一种思维方式。也就是从事物的各个部分、方面、因素和层次的特点、属性出发，寻找它们之间的内在联系，并进行概括与综合，认识事物本质规律的一种方法。高中物理教材的受力分析中的隔离法和整体法，是整个力学阶段知识应用的关键。

图像法：表述物理规律有文字叙述、数学公式和图像三种基本方法。图像法是利用图像这种直观而形象的数学语言，来表达各种现象的过程和规律的一种方法。比如初高中的 $v-t$ 图像、$s-t$ 图像、伏安特性曲线等。

对称法：指从对称性的角度研究、处理物理问题的一种思维方法，包括时间和空间上的对称。它表明物理规律在某种变换下具有不变的性质。

微元法：微元法是分析、解决物理问题中的常用方法，也是从部分到整体的思维方法。用该方法可以使一些复杂的物理过程被我们熟悉的物理规律迅速地加以解决，使所求的问题简单化。在使用微元法处理问题时，需将其分解为众多微小的"元过程"，而且每个"元过程"所遵循的规律是相同的，这样只需分析这些"元过程"，然后再将"元过程"进行必要的数学方法或物理思想处理，进而使问题求解。

转换法：主要是指在将一些平常不可见、不易见的现象转换成可见、易见的现象；将难以直接测量或测准的物理量转换为能够测量或测准的物理量。

2.3 中学物理核心知识和科学方法的关系

张宪魁认为，在物理学知识点建立、引申和扩展的过程中，知识点与知识点之间的连接处一定存在物理科学方法因素。其中，知识点指的是每个具体的物理概念、物理规律、物理实验、物理应用；知识点的建立指的是概念的引入、定义，规律的总结和表述，实验的原理与设计构思，物理学理论体系的确定；知识点的引申是指四周的纵深发展；知识点的扩展是指知识本身横向展开；知识点的连接处指知识点建立和发展过程中，沿纵横由一个知识点发展到另一个知识点的过渡处。由此可以得出，教材中涉及的知识点（概念、规律、应用、习题等）以及一个知识点向另一个知识点过渡处存在科学方法，也就是核心知识的得出总是与一定的科学方法相联系的。

邢红军认为，每一个知识都由科学方法得出，通过对科学方法的不断了解、积累和熟练，能使学生形成一种借助于科学方法获取科学知识的心理定式。这样，学生就能够以快捷的速度去获取知识，进而通过在头脑中形成认知结构，深刻地领会和掌握知识，牢固地记住知识。还可以使学生产生一种对问题的敏感性，并能够用科学方法迅速地抓住问题的要害，找出解决问题的途径。因此，科学知识只有借助于科学方法才有生命力，才能显示出其内涵、色彩、格调，才能显示出其内在的理由、作用和功能，学生学习过的知识才能真正活起来，这样才能提高学习效率。由此得出的科学知识与科学方法的关系，以大树为喻，科学方法是树干，而科学知识是由树干伸展出来的树枝，如图2-3所示。由于物理核心知识属于科学知识范畴，因此我们认为科学方法依然处于树干位置，物理核心知识是由树干伸出来的树枝，而再下位的知识是树叶，以"乘积定义法"为例，如图2-4所示。

图2-3　邢红军提出的科学知识和科学方法关系图

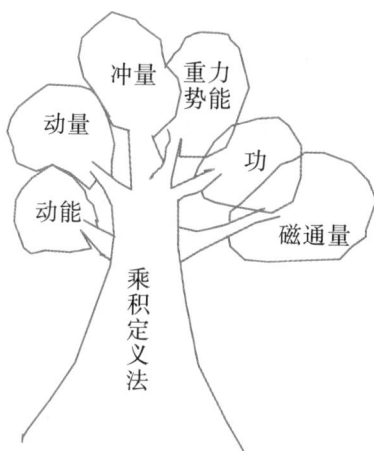

图 2-4 "乘积定义法"与核心知识的关系图

2.4 中学物理核心知识与科学方法梳理

我们对中学物理教材中的核心知识与科学方法的相关内容做了梳理，分初高中来具体展示，见表 2-5、2-6。

表 2-5 初中物理科学方法相应的核心知识

核心科学方法	初中物理核心知识
比值定义法	速度、密度、压强、功率、机械效率、比热容、热值、电阻、电流
乘积定义法	功
理想化方法	光线、磁场线、电场线、杠杆
等效替代法	浮力、串并联电路、平面镜成像、托里拆利实验、电阻的测量
控制变量法	比较密度、比较速度 探究影响电磁铁磁性强弱的因素 探究通电导体在磁场中的受力与哪些因素有关 探究动能（或重力势能）与哪些因素有关 探究影响压力作用效果的因素 探究滑动摩擦力与哪些因素有关 探究液体内部的压强 探究影响浮力大小的因素 探究影响电流的热效应的因素

（续上表）

核心科学方法	初中物理核心知识
控制变量法	探究物体吸热与物质种类、质量、温度的关系 探究影响电阻大小的因素 探究电流与电压、电阻的关系 探究电流做功的多少与哪些因素有关 探究影响液体蒸发快慢的因素 探究琴弦发声的音调与弦粗细、松紧、长短的关系 探究通电导体在磁场中的受力与哪些因素有关 探究影响力作用效果的因素 探究滑轮组（或斜面）的机械效率与哪些因素有关 探究小灯泡亮度与功率的关系
类比推理法	速度、功率与电功率，密度、比热容与电阻，机械能与内能
图像法	液体加热沸腾图像、熔化图像、凝固图像 电流和电压图像、质量和体积图像、路程和时间图像
转换法	以扩散现象证明分子做无规则运动 通过电磁铁吸引铁钉的多少来显示电磁铁的磁性强弱 通过敲动音叉所引起的乒乓球的弹开来说明一切发声体都在震动等 用温度计测出等质量的水温度变化的多少，从而比较出不同种燃料的热值的大小 把物体产生的压强大小转化为使手疼的程度、使海绵形变的大小、使黄沙下陷的深度等 把不同导体接入同一电源的两端，运用电流表看电路中的电流的大小，比较不同导体电阻的大小 把电流流过导体产生热量的多少转化到加热相同质量的水，用温度计观察水的温度变化的多少，从而知道电流流过导体产生的热量的多少 测不规则小石块的体积转换成测排开水的体积 测量滑动摩擦力转换成测拉力的大小 大气压强的测量转换成求被大气压压起的水银柱的压强 测液体压强转换成液柱高度差的变化 通过观察容器上的橡皮膜向外突出的程度来直观反映液体压强大小 通过电流的热效应来判断电流的存在 通过磁场的效应来证明磁场的存在 测温度的改变来说明内能的变化

（续上表）

核心科学方法	初中物理核心知识
转换法	研究电热与电流、电阻的因素时，将电热的多少转换成液柱上升的高度 研究动能与什么因素有关，动能转化为小球在平面上滑动的距离 运动的物体能对外做功可证明它具有能 压力对玻璃瓶的形变时将玻璃瓶密闭，装满红水，插上一个小玻璃管，将玻璃瓶形变引起液面变化放大成小玻璃管液面的变化 把杠杆臂长转化为杠杆长度

表 2-6 高中物理科学方法相应的核心知识

核心科学方法	高中物理核心知识
比值定义法	速度、线速度、角速度、加速度、劲度系数、动摩擦因数、电场强度、电势、电容、电势差、电动势、磁感应强度、感应电动势、频率、折射率
乘积定义法	重力势能、动能、动量、冲量、磁通量、焦耳热
理想化方法	质点、点电荷、检验电荷、弹簧振子、单摆、理想气体、理想变压器、点光源、光线、轻绳、轻弹簧、轻杠、薄透镜、光滑、均匀电场、均匀磁场、简谐振动、绝热、恒温、稳压、稳恒电流、等温
等效替代法	重心、平抛运动等效匀速直线运动和匀变速直线运动、力的合成与分解、运动的合成与分解、验证碰撞中的动量守恒、有效电压、等效电阻
控制变量法	探究加速度与力、质量的关系 探究气体压强、体积和温度的关系，研究单摆的周期
类比推理法	水路与电路，磁场、电场与重力场，万有引力与库仑力
图像法	位移时间图像、速度时间图像、加速度和合外力图像、$a-1/m$ 图像、弹力和伸长量图像、功和速度平方图像、速度平方和高度图像、电量和电压关系、伏安特性曲线、路端电压和电流图像、路端功率和压载图像，交变电流图像、二极管电流和电压图像、分子间作用力和分子距离图像、分子势能和分子间距图像、$p-V$ 图像、$p-T$ 图像、$V-T$ 图像、简谐振动图像、共振图像、波传播图像、黑体辐射图像、光电流和电压图像

（续上表）

核心科学方法	高中物理核心知识
微元法	瞬时速度、瞬时加速度、匀变速直线运动的位移与时间的关系、感应电动势、电流、圆周运动线速度、向心加速度大小表达式探究、重力做功只和起点终点有关、动能定理普遍性公式推导、瞬时功率、探究弹性势能做功和弹力做功、探究静电力做功、变力做功、变力冲量
转换法	把桌面微小量转化为光点的移动 电场强度转化为带点小球受力情况 用紫外线照射锌板通过验电器判断光电效应的发生 由电流表判断光电流的大小 卡文迪许将引力常数转为可测量的量 平抛运动实验将水平速度转化为水平位移 动量守恒实验将速度测量转化为位移测量

　　开展中学物理知识结构化教学，有必要先了解中学物理的核心知识和核心科学方法，因为这些都是知识结构化教学中的重要组成部分，而上述梳理则为后续探索知识结构化教学提供了重要的参考。

3 中学生物理知识结构化的理论探讨

3.1 物理知识结构与认知结构的关系

学生认知结构与知识结构是两个不同的概念，两者相互区别又互有联系，学生的认知结构可以认为是由知识结构转化而来的，学科知识结构是学生认知结构得以发展形成的物质基础和客观依据。学科知识结构是由概念和命题构成的知识体系，它以最简约、最概括的方式反映了学科自身的特性及其转化规律，是科学真理的客观反映。学生认知结构是一种经过学生主观改造了的学科知识结构，它是学科知识结构与心理结构高度融合的结果，其内容既反映了学科知识的客观性，又体现了学生个体的主观性。①

根据上文对认知结构的定义，物理认知结构就是学生头脑中物理知识的内容和组织的主观反映，是物理知识结构通过内化在学生头脑中所形成的。具体来说，物理认知结构就是物理学科知识在学生头脑中的反映，即物理的基本概念、基本理论、思维方法相互渗透、互相关联而在学生头脑中形成的具有内部规律的整体结构。所谓内化就是将教材上的知识结构通过感觉、知觉、想象、思维等形式转化为学习者头脑中的认知结构的过程，其中思维是内化的核心。

而物理知识结构广义来说是物理学科体系，是人类迄今为止所积累的物理知识的总和。从狭义的角度理解，与具体教学相联系的物理知识结构是指一节课中与教学目标实施直接关联的、必须让学生掌握的基本概念、定理、公式、问题解决方法和按照一定的逻辑相互关联、相互渗透构造的关系网络。物理知识结构是人类对物理现象及规律的认识逐步深入而发展形成的，并以一系列的物理概念、物理规律及物理学研究方法为基本要素，以其基本要素之间的内在联系为线索，构成的相对稳定的物理知识逻辑结构体系。它的内容包括现象、概念、实验、规律、模型、情境、方法、策略等。

---

① 顾康清. 论物理认知结构及其教学构建 [J]. 中学物理教学参考，2003，23（6）：2-4.

物理知识结构具有以下特点：第一，主观的客观性。从哲学的角度讲，知识是客观现实的主观映像。知识结构最初是个体认知结构的外化，带有主观色彩。但随着人们认识的不断深化与知识的广泛交流，促使个人的知识结构不断丰富直至接近客观真实而被广泛接受、认可，最后达成共识被固定下来，故其具有客观性。第二，相对稳定性。物理知识结构是前人经过长久的经验总结集体创造出来的产物。而大多新知识都可以以一定的方式被纳入原有知识结构体系中，使本学科知识结构的基本框架相对稳定。第三，可修复性。回顾物理学科知识体系的形成历程，随着科学技术的发展，旧有的知识理论不足以解释所观察的实验事实，因而就会孕育新的理论基础，使原有的概念不断得到修整，在发展中趋于精准和稳定，具有可修整性。

物理认知结构可以说是物理知识结构在学生头脑中的构成特征与组织方式。它们既有联系又有区别。主要联系有：第一，物理认知结构与知识结构可以相互转化。虽然它们的概念不同，但是它们又有紧密联系。教师总是依据教材中物理知识结构进行教学，学生的物理认知结构是由知识结构通过心智加工内化形成的。物理知识结构是物理认知结构赖以形成的物质基础。第二，物理认知结构与知识结构越接近，说明认知结构越完善、合理。

物理知识结构与学生的认知结构的区别表现在以下几个方面。一是内容的科学性不同。物理知识结构中的内容能正确反映客观物质世界及其物理规律，严格的逻辑论证和实践检验使这些内容具有相对的科学性；认知结构中的内容是知识结构与学生心理结构相结合的产物，这些知识经过学生主观改造后存在三种可能性——正确、错误、部分正确或部分错误，所以它并不一定都是科学的。二是信息的表达方式不同。教材和教师所讲授的物理知识结构是用文字和符号明确而具体地表述物质、概念、原理等相关信息；而学生头脑里的认知结构则主要是将信息以语义的方式概括、简约地储存在头脑里。三是结构的构造方式不同。物理知识结构内容前后有序，整个结构相对系统、完善，是一个较为严密的逻辑体系；而学生的认知结构在历经了学生对知识内化的过程后，其知识内容在学生头脑中往往无严密逻辑顺序，往往欠缺知识结构的条理清楚、排列有序。但也可能存在有的学生在自己对知识的理解基础上，对知识进行重组排序，寻找更为合理、更为符合个体学习需求的认知结构的情况。①

---

① 王晓艳 . 中学化学知识结构化策略的研究 ［D］. 济南：山东师范大学，2010.

3.2　物理知识结构化及其形成机制

物理知识结构化是指根据知识之间的关联性和知识的共同特征，以科学方法为基干，利用思维导图、概念图、流程图、表格等结构化教学手段，让所学知识形成知识组块，形成良好的知识组块的教学策略。物理知识结构化的目的是形成良好的物理认知结构。和具体教学相联系的物理知识结构化是学生将每节课积累起来的知识加以归纳和整理整合进头脑中原有的物理知识结构，使之条理化、纲领化，就像红线串珠，一点点地将知识构造成为关系网络。

由上文我们可知，知识结构并不是学生的认知结构，但要学生形成良好的认知结构，少不了有效的结构化知识的教学。物理学科是建立在实验基础上的，实验贯穿着物理科学方法，我们期望学生能在物理知识中学会方法、领悟思维，以培养学生将知识应用于生活实际的能力，这意味着物理学科的知识结构化不是简单地将知识点拼凑在一起，而是围绕着科学方法展开的教学。科学方法即是"物理树"的枝干，也是一条"无形的线"，将众多看似复杂的知识点联系起来。物理学科的教学不仅仅是让学生知道这些核心知识是什么意思、如何应用，更重要的是告诉学生这些核心知识是怎么来的、它们有什么关系，使学生在学习这个关系的基础上感悟物理独特的科学魅力。

知识结构化的形成过程大致如图 3－1 所示。

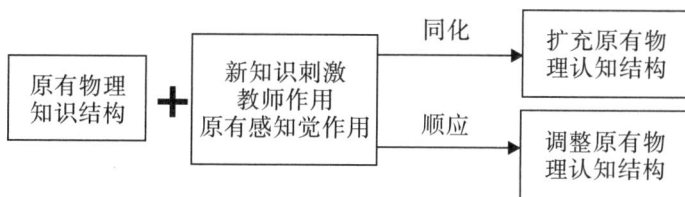

图 3－1　学生知识结构化的形成过程

根据认知心理学的观点，学习者的物理新知识与已有的物理旧知识之间联结的形成，通常情况下采取同化和顺应两种方式来实现。当学习者主体与新的物理知识客体发生交互作用的时候，学习者能够利用已有的认知结构把新的物理知识纳入自己原有的物理知识认知结构中，进而引起学习者主体物理认知结构数量的扩充，这个过程就是学习者在原有物理认知结构的基础上对新物理知识的同化。所谓"同化"，是指在教学主客体的相互作用下，只要新的刺激（即新的知识）与学习者原有的认识结构相符合，它就被纳入原有的认知结构中。通过同化，可以充实和完善学习者原有的知识，构建合理的认知结构。当学习者与新的物理知识发生交互作用的时候，原有的物理认知结构不能同化新的物理知识，就需要学习者对原有的物理认知结构进行重组和改造，以适应新的物理知识的纳入，这个过程就是学习者对新物理知识的顺应。所谓"顺应"，是指学习者原有的认知结构不能与新知识"同化"时，就要进行调整，甚至改组、重建新的认知结构。呈网状立体结构的知识结构在认识客观知识时，往往会发生原有内在认知结构不能同化新知识的情况，出现新旧知识之间的冲突。针对这种冲突，教师要及时引导学习者发挥顺应功能，调整知识结构。

下面针对物理教学中不同的环节，探讨知识结构化的形成机制。

3.2.1　预习导学创建学生知识结构，以此为基础完成结构化进阶

学生在课前预习时通常会使用阅读法。学生通过阅读可以快速了解新课的内容，其突出优点是节约时间，并且对教材有个大致的了解。教师可能会通过导学案的形式引导学生完成预习工作，但不同的预习方式效果也不一样，如果仅是走马观花的阅读，则只是最浅层的预习。结构化教学策略在预习阶段提倡学生独立阅读材料完成知识内容的自我总结，根据学生学习情况可以选择文字书写或口头概括的形式进行汇报，当然如果能引导学生养成在预习时制作概念图或思维导图的习惯自然更好。教师在课前通过检查学生自己完成的知识结构图，例如查看知识结构图中的命题个数，能够判断学生当时对学习内容的理解情况，提高课堂效率与教师的课堂把控力。

例如，图3-2为学生在"弹力"一课的预习情况①，学生通过自主预习是可以把握课堂大致内容的，而预习程度好的学生能够完成更多的命题链接，教师可以在此基础上展开授课。

如图3-3、3-4所示，教师在学生预习基础上展开二级命题联系与三级命题联系，在原本宽泛的预习结构上做了细化，这种学习方式符合奥苏贝尔的有意义学习中的"同化"学习理论，能更有效地帮助学生理解与识记学习内容。在此基础上教师也能较好地完成课堂的拓展，而不显得凌乱，如图3-5所示，教师在课堂最后引导学生查找资料，补充"弹力的方向""形变的恢复"等知识。

---

① 严灿云.思维导图在物理学习中的应用研究［D］.苏州：苏州大学，2007.

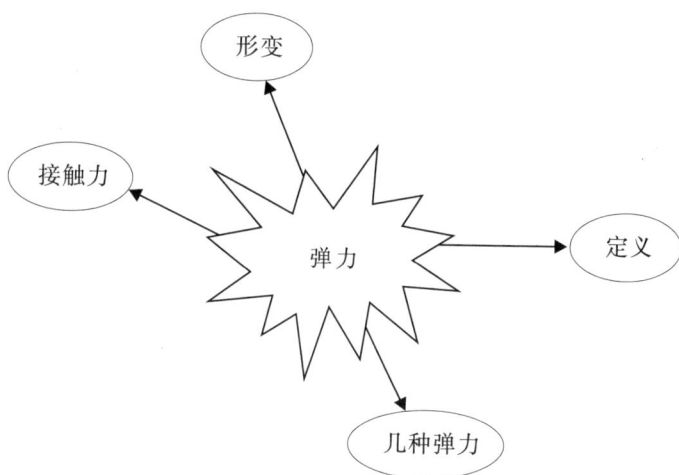

图 3 - 2　"弹力"预习

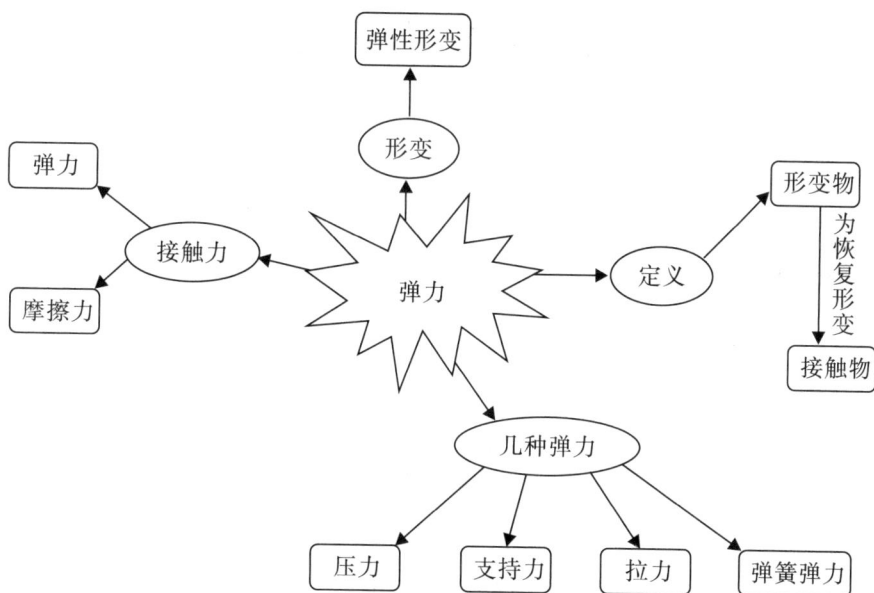

图 3 - 3　"弹力"二级命题联系

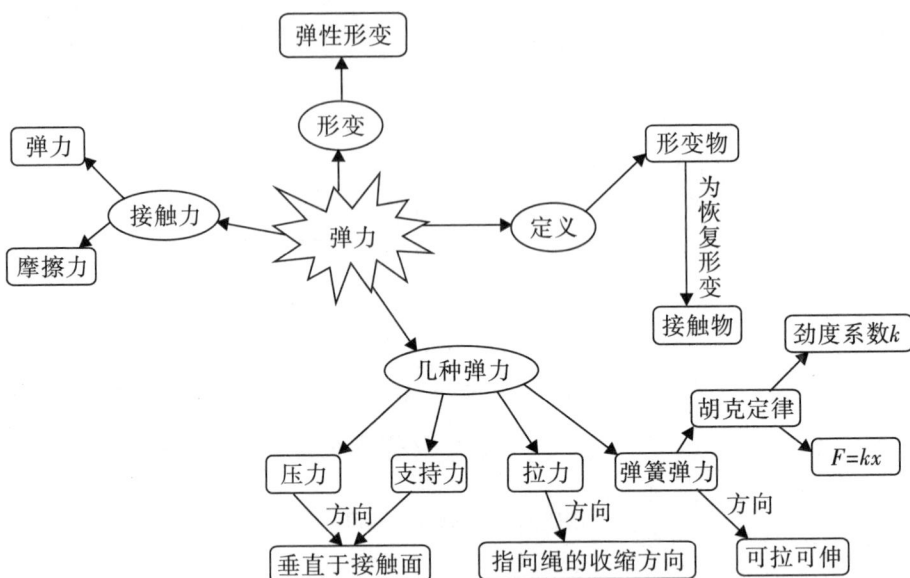

图 3 - 4　"弹力"三级命题联系

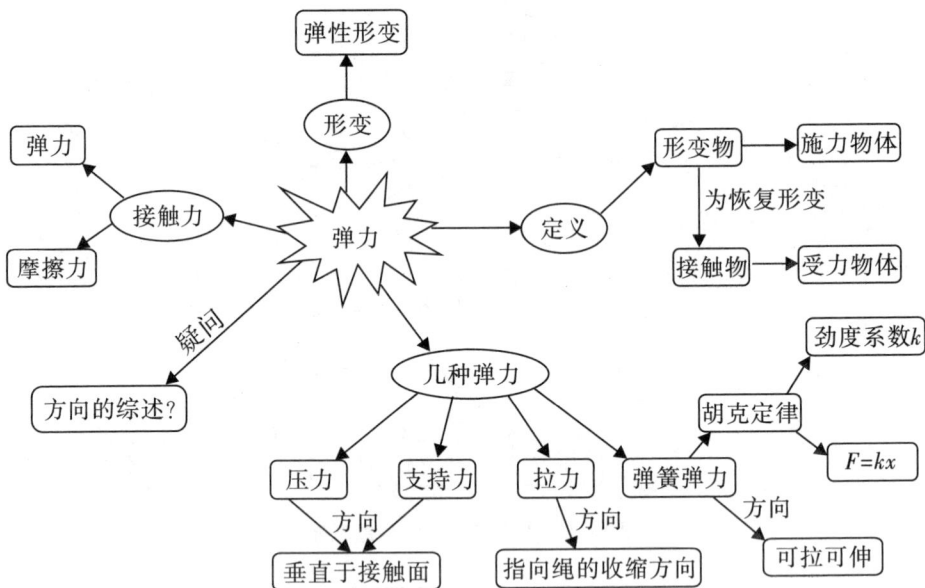

图 3 - 5　"弹力"课堂知识拓展

3.2.2 可视化呈现知识结构，促进物理概念的有意义学习

高中的物理科目在内容上比较繁杂，知识的抽象性比较强，但是其在知识体系上有着自己的独特性。从整体上来看，高中物理的研究范围主要集中在"光、热、力、声、电、原"这几个范围，所以在概念以及规律上的内容就比较多。① 据统计，中学物理涉及的概念有 400 多个，但学生普遍存在对物理概念不理解、不会应用等问题，机械的学习和记忆编码方式使得学生获取物理知识较为被动。物理知识体系犹如大厦，在其内部有着比较和谐完美的结构，其知识点都有着各自的位置，知识点间的联系也是比较强的，所以通过知识结构图的应用，就能将这些理论的知识点以相应的方式进行联系，从而就能构建平面的知识脉络网。

中学物理知识结构化教学策略应用于核心概念或概念课的教学时提倡在原有认知基础上构建知识结构。在概念课或者规律课教学中，例如学习磁场强度 B 时，类比电场强度，能够让学生对磁感应强度这个物理量的陌生感降低，减少畏难情绪；笛卡儿说"最有价值的知识是方法的知识"，在推导磁感应强度公式和电场强度、压强、密度等概念时，都应用了"比值定义法"这一科学方法（见图 3-6），这样的以科学方法为核心的知识网络建构能够使得学生更加深刻地理解物理概念的本质意义，并将零散的知识串联起来，能够减少学生的片段化记忆。

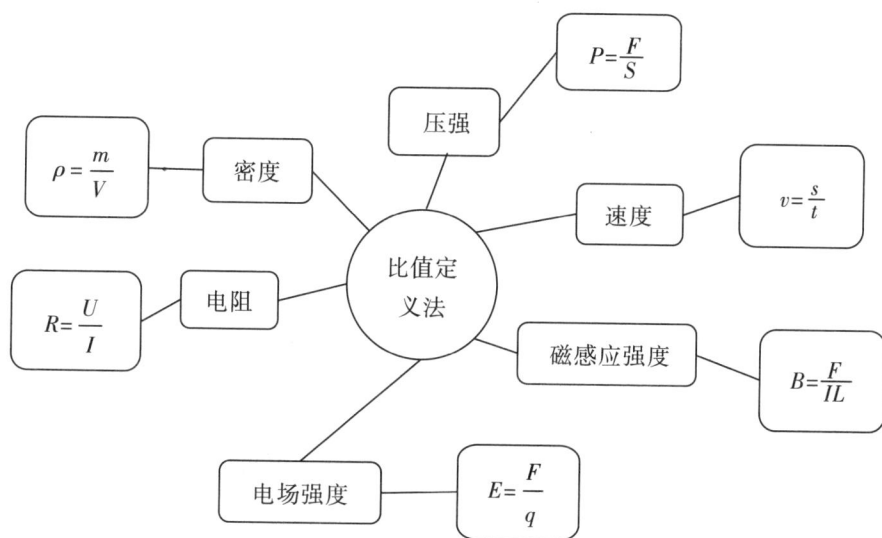

图 3-6　比值定义法

①　许永进. 物理教学中对如何转化差生的探讨［J］. 读书文摘，2015（14）.

3.2.3　有效衔接新旧知识点，扩充物理知识的储备量

学生学习的过程是新旧知识不断地同化和顺应的过程。在物理知识结构的构建过程中，同化是把新学习的物理概念和物理规律整合到原有认知结构之中，使认知结构得到丰富和扩展；顺应是改变原有模式或另建新模式，将新学习的物理概念和规律容纳到原有认知结构的模式，使认知结构得到更新或重建。① 学生一般都能自觉地在旧知识的基础上同化新知识，但某些情况下由于学习方法不恰当或欠缺知识储备，不能很好地使用顺应的认知方式。

鉴于此，对于物理学习困难的学生，教师在教学过程中要充分地引导其注意新旧知识的顺应，使其很好地整合新旧知识，扩充物理知识的储备量，为新的物理知识学习做好准备，这对于学生构建物理认知结构至关重要。

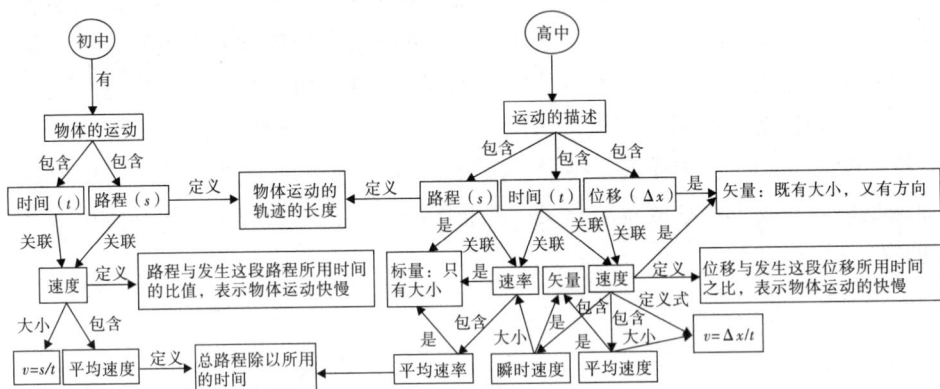

图 3 - 7　初高中"速度"知识结构对比

知识结构图的构建符合同化顺应机制，在构建学生物理认知结构过程中能有效衔接新旧知识点。例如，在高中"速度"的学习中，教师可以先利用知识结构图展示初中"速度"知识结构，然后再利用知识结构图构建高中"速度"知识结构，学生通过对比，逐渐完善知识结构，构建新的速度认知结构（见图 3 - 7）。

心理学研究表明：学习者必须积极主动地使新知识与认知结构中的旧知识相互作用，旧知识才能得到改造，新知识才能获得意义。因此，在物理知识结

---

① 马忠孝，张红洋，马兰花. 概念图在物理学习认知障碍中的教学策略探析［J］. 课程教学研究，2016（5）：66 - 70.

构化的教学过程中，教师应先了解学生已掌握的知识，并通过概念图将新知识与旧知识在文字表述、研究方法、思维特点等方面进行对比，明确新旧知识之间的联系与差异，加深知识点理解和掌握，使学生顺利地利用旧知识来同化新知识。

高中物理难学是一个不争的事实，而初高中物理知识的有效衔接是解决高中物理难学的关键。基于认知心理学的知识结构图不仅直观地向学生展示了新旧知识的结构，还可以训练学生的思维能力和合作学习能力，教师让学生协作构建知识结构图的过程不仅有利于知识结构的构建，还是一种思维训练和合作学习的过程，能起到优化教学的效果。

3.2.4　问题解决过程构建，提升化归能力

物理问题解决过程是形成程序性知识的重要途径。当解题者的已有知识经验与目标之间出现空缺时，总是会在已有的问题空间（即解题的知识结构）中，猜测或搜索出一些概念、规律和方法，尝试在问题的条件和目标之间寻找联系，进而采取一定的操作规则，通过高级思维活动，找到一条从问题初始状态到达目标状态的通路，这就是物理问题解决过程。① 而物理问题的解决过程，既要涉及对原有知识结构的检索，又因经历了问题解决的过程而对原有知识结构体系有了进一步的巩固与深化，二者相互促进。

例如，"一个小球在一定高度以某一初速度平抛"就是一个给定的物理情景和条件，而由这个情景和条件可引发出如"小球抛出的最大距离与其所在的高度和初速度有什么关系"的物理问题，对于这些问题的解答，不同解题者的思维活动往往是不同的。但在解题过程中，仍然存在着一些普遍的规律和共同特征，具体反映在解题过程的一系列环节或步骤中，一般是由审题、构建、求解和验证这四个环节构成，而且这些环节是相互联系和相互作用的。

问题解决的过程实质上就是以知识重现为契机的问题空间的搜索过程，要求解题者再现与问题相关的知识，一般包括一些概念、规律和表象的有机结合。解题者从建构过程中明确解题方向之后，还需要相应地寻找一些解题依据，然后根据解题依据（如公式、命题、原理等）展开解题思路、构思解题

① 钱永昌．物理问题教学［EB/OL］．http：//blog. cersp. com/userlog16/33507/archives/2007/245197. shtml；朱佩明．高中物理问题解决的调控指导［EB/OL］．http：//www. wuzhili. com/Article/Show Article. asp? Article ID = 1441.

步骤、实施数学运算，这一过程就是求解。①

在物理解题的思维方法中，对象是储存于大脑长时记忆中的"知识组块"，而不同的解题者对这些知识组块信息量的大小、集成化程度的高低的认识各不相同。因此，知识结构图应用于物理问题解决过程中，有时可以省略或简化其中的环节或步骤。

例如，在图 3 - 8 中，基于万有引力 $F_{引} = GmM/r^2$ 和向心力 $F_{向} = m\omega^2 r$ 的知识结构图的构建，通过发散思维尽可能清晰地表达公式的等级顺序及相关物理量的意义，不仅给问题解决者提供了可能需要的支持性知识，还让问题解决者容易发现万有引力公式中所隐含的 M 与 ρ 的关系，即 $M = \rho V = \rho \cdot \frac{4}{3} \pi r^3$，同时也很容易发现向心力公式中所隐含的 ω 与 T 的关系，即 $\omega = \frac{2\pi}{T}$。

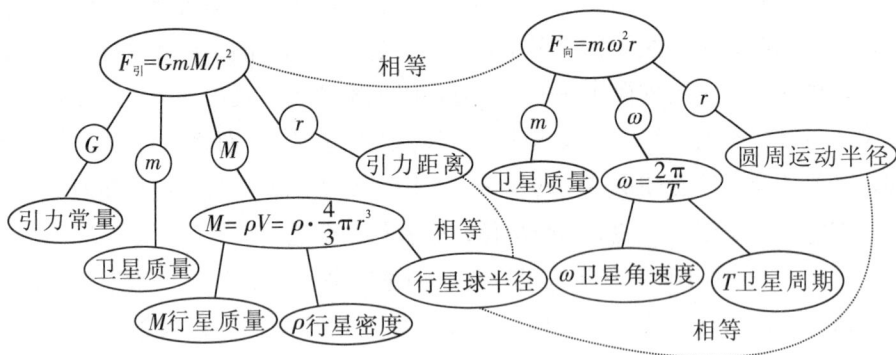

图 3 - 8   知识结构图的发散性

3.2.5　课堂总结结构化，知识有效巩固与再梳理

在课堂小结或者家庭作业的布置上，我们可以应用知识结构图的发散性特点。教师引导学生就本节课的核心内容做结构化的总结，这样可以做到知识的再梳理，巩固学生的记忆（见图 3 - 9）。

---

① 杨玉东，徐文彬．数学解题中化归过程的心理学分析 ［J］．浙江师范大学学报（自然科学版），2003（3）：5.

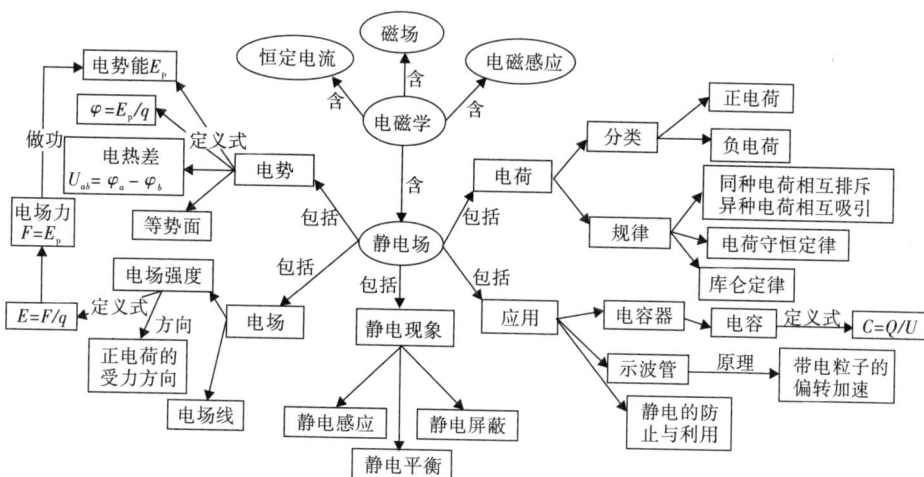

图 3-9 万有引力和向心力知识结构图

特别是对于有组织的知识的学习，由学生自己参与的总结活动是十分有用的学习工具。做课堂总结时，教师应该充分调动学生的积极性。由于课堂教学时间上的限制，在总结回顾阶段，可以采取师生合作的方式进行，通过学生的回答情况，教师可以对学生的听讲情况有一个大致的了解，比如可以了解学生有没有混淆概念等。① 根据学生的反应，教师可采取一定的教学补救措施。

除了知识小结部分，教师在复习课中也可以应用知识结构化教学机制，达到有效复习的作用。繁多的物理概念及其复杂的关系，使得学生往往无法完整地建立知识结构，导致认知缺陷，出现学习困难。以高中电磁学为例，电磁学涉及的概念有 50 多个，概念之间的关系错综复杂，学生在学习过程中对概念的掌握不够清楚，不能形成概念网络，更不能深刻理解概念间的关系，这往往成为学生物理学习困难的主要原因。认知心理学研究表明，表象越具体，感知形成就越清晰、深刻，越有利于促进从感性到理性的飞跃，由形象思维到抽象思维的转化。② 因此，应用可视化的知识结构，有助于学生更好地理解理论概念，培养思维能力。鉴于此，在电磁学教学中可以运用知识结构图将复杂、抽象难懂的概念以可视化的方式呈现，帮助学生掌握和识记物理概念，并且能较好地理清复杂概念间的联系。

---

① 李远航. 概念图在高中物理陈述性知识教学中的应用研究 [D]. 保定：河北大学，2006.

② 徐立海，黄君明. 物理教学中的"引发认知冲突"策略 [J]. 物理教师，2011（3）：15 - 17.

3.3　知识结构化教学辅助工具介绍

3.3.1　中学物理概念图研究概览与借鉴

3.3.1.1　概念图的含义

所谓概念图，是指以节点表示概念、以附加说明的连接线段指出概念间关系的图形，两个概念之间标示以适当的连接用语，形成有意义的命题。① 最早"概念图"是由英文 concept map 翻译而来的，与 concept map 相仿的英文短语还有两个，它们分别是 concept mapping 和 concept maps。有人将 concept mapping 翻译成"概念构图"，侧重概念图的具体制作过程，将 concept maps 翻译成"概念地图"，侧重概念图制作的最后结果，所以概念图有时又称为概念构图或概念地图，现在一般把概念构图和概念地图统称为概念图而不加以严格的区别。② 有关概念图的定义，中外研究者众说纷纭，枚举如下：

（1）国外学者约瑟夫·诺瓦克等认为，概念图是组织和表征知识的工具。它包括概念和概念之间的关系，概念通常是置于圆圈或方框中，两个概念间的联结线标明了概念间的关系。诺瓦克和高温认为，概念图是一种用于表征知识结构中一系列概念的示意图，一种用于知识探究、信息搜集和信息共享的特殊的图表形式。Jonassen、Beissner 和 Yacci 等认为，概念图是概念和概念间关系的表示方法，这种方式可以再现人们头脑中的知识结构。

（2）在国内，上海师范大学黎加厚教授认为，所谓"概念图"，是指利用图示的方法来表达人们头脑中的概念、思想、理论等，把人脑中的隐性知识显性化、可视化，便于人们思考、交流、表达。③

概念图在教育心理学中的应用也十分广泛，不少心理学著作对概念图做了定义，本文列举如下：

（1）斯滕伯格和威廉姆斯④在其教育心理学著作中的"思维：概念形成、推理和问题解决"一章中，将概念图作为促进概念形成的一种策略，"概念地

---

①　NOVAK J D. The theory underlying concept maps and how to construct them ［EB/OL］. http：//cmap. ihmc. us/Publications/Research Papers/Theory Underlying Concept Maps HQ. pdf .

②　杨亮涛. 利用概念图促进知识建构 ［D］.上海：华东师范大学，2005.

③　齐伟. 与黎加厚教授谈概念图 ［J］. 信息技术教育，2003（9）.

④　斯滕伯格，威廉姆斯. 教育心理学 ［M］.张厚璨，译. 北京：中国轻工业出版社，2003：279.

图是用于说明不同概念之间关系的图画或示意图"。

（2）桑切克①在其教育心理学著作中的"复杂的认知过程"一章中，将概念图作为促进概念形成的一种策略，"概念图即对概念关系及等级结构的图示。让学生将概念的特点或特征绘制成图有助于他们理解概念。教师可以协助学生制作概念图，或让他们独自或分小组制作"。桑切克认为应该鼓励学生制作概念图，"让学生对某个概念的层次结构进行图示有助于他们掌握这个概念。层次划分可用于帮助学生从了解概念的一般特点到了解其具体特点。层次结构也有利于记忆"。

（3）奥姆罗德②在其教育心理学著作中的"高级思维技巧"一章中，将概念图作为一种元认知和有效的学习策略，"概念地图——一个描述了一个单元概念及其相互关系的图表，概念写在圆圈内，它们之间的相互关系则由联结各个概念之间的线和短语来指明"。奥姆罗德认为学生应该形成关于概念的概念地图，"学生们能从建立关于教学材料的概念地图这种活动中得到很多好处。通过集中于关键概念间是如何相互关联的，学生能够把材料组织得更好。他们也更容易注意到新概念与已知概念之间的关系，因此，他们就更容易用意义学习的方式来学习新材料"。

（4）伍德沃克③在其教育心理学著作中的"复杂的认识过程"一章中，将概念图作为概念的学与教的一种策略，"概念地图是一种形象化的组织工具，学生们把他们对概念的理解图解化"。伍德沃克建议学生之间比较各自的概念图，并讨论其中的种种差异。

（5）斯莱文④在其教育心理学著作中的"学习的信息加工理论和认知理论"一章中，将概念图作为一种图形组织者、一种加工信息的方式。书中将概念图定义为"概念图策略是指学生识别出主要观点或概念，并用图线将这些观点和概念联系起来"。

①　桑切克．教育心理学［M］．周冠英，王学成，译．北京：世界图书出版公司，2007：296－298.

②　奥姆罗德．教育心理学［M］．彭运石，等译．西安：陕西师范大学出版社，2006：293－294.

③　伍德沃克．教育心理学［M］．陈红兵，等译．南京：江苏教育出版社，2005：328－329.

④　斯莱文．教育心理学［M］．姚梅林，等译．北京：人民邮电出版社，2004：146－148.

（6）陈琦和刘儒德①在《当代教育心理学》中的"知识的学习"一章中，将概念图作为概念掌握的一种策略，"概念教学不仅仅止于让学生准确了解所教的概念是什么，还要让学生把新学的概念和自己长时记忆中已有的概念联系起来。这就涉及概念关系图策略，它是一种用图表的形式表征知识的技术，是一种按照概念之间的内在逻辑关系将一个概念和与其相互关联的其他概念组织在一起形成概念网络的教学策略，其目的是使概念之间的关系可视化"。

3.3.1.2　概念图的基本结构

研究者指出，概念图一般具有以下四个特征②：第一，一个概念图就是一个语义网络；第二，概念图以层级的方式呈现概念，包摄性、一般性最强的概念就在图的顶部，而包摄性、一般性次之的就排列在下面的层级；第三，概念图包括了交叉联结；第四，在概念图中一般都要加入一些具体的示例，以此帮助澄清概念的意义。

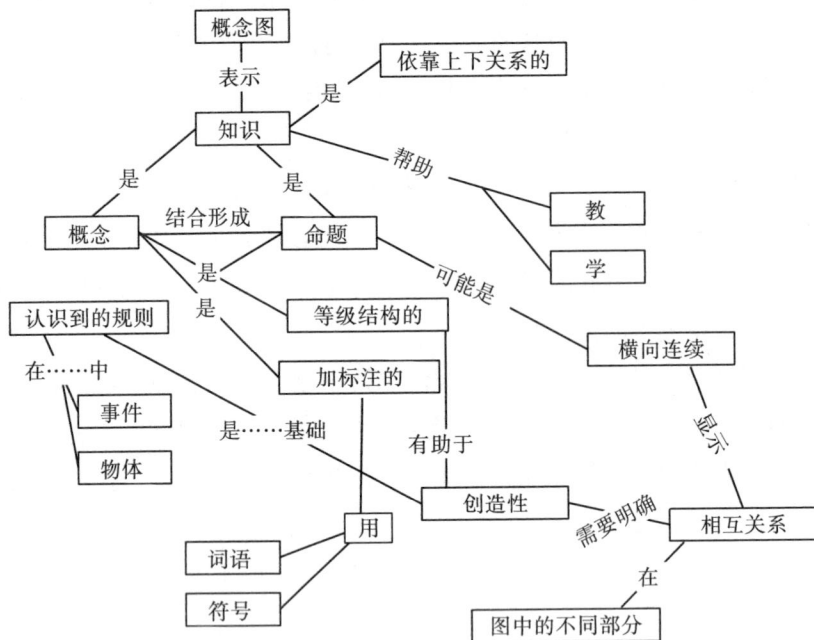

图 3－10　诺瓦克对好的概念图的界定

① 陈琦，刘儒德. 当代教育心理学 ［M］. 北京：北京师范大学出版社，2007：275－276.

② NOVAK J D. The theory underlying concept maps and how to construct them ［EB/OL］. http：//cmap. ihmc. us/Publications/Research Papers/Theory Underlying Concept Maps HQ. pdf.

由图 3 - 10 我们可以看到，概念图有七个基本要素：

①节点：一个概念图是由一系列的节点和联结组成的。概念图中的节点表示概念，而两个概念之间的联结表示在一个知识范围内它们之间的关系。①

②概念：诺瓦克所定义的概念是指事件或对象所具有的规则属性。

③命题：命题是对事物现象、结构和规则的陈述，在概念图中，命题是两个概念之间通过某个连接词而形成的意义关系。

④关系：就将两个概念联结成一个命题的关系而言，连接线和连接词必须表达出这两个概念间的联结关系是有意义并且是有效的。

⑤层级：在概念图所呈现的层级中，每一个附属概念应比其上一层级的概念更具特殊性、更不一般化。

⑥连接线和连接语：将两个概念用一条连接线联结，形成一个有意义的命题。在连接线上标注适当的连接词，以说明这两个概念的关系和意义。

⑦交叉联结：针对概念图中不同的集群的概念间，找出具有相关联者并以连接线将其联结起来，再标注上适当的连接词，以显示不同集群间的关系，这种联结称为交叉联结。

概念图是一种以图示表征知识的工具。与其他相似的图示相比较，命题节点—连接—节点三合一的结构是概念图组成的独特表达方式。两个节点与连接词一起形成了一个语义单元命题。② 横向连接被用于显示概念图不同部分观点间的联系。箭头被用来限定连接的方向性，如果不使用箭头，则默认关系的方向向下。

尽管知识在长时记忆中可能是以复杂的形式——例如图式——表现的，但是概念图可以将知识结构的内容表现为和命题相关的网络形式。因此，即使概念图不能完全展现图示的特征，它们也能够表现概念的特征以及其中的关系概念。当前我们能够看到的概念图形式多样，不仅有层级结构，还有网状结构。在不同的用途中概念图可以呈现出不同的表现结构，使用者不必拘泥于概念图一定需要层级划分，而且是网络结构的层级划分的想法，其可根据使用情景自由发挥，这样的自由性使得概念图的适用范围更加宽广，实用性更强。

---

① 　HIBBERD R, JONES A, MORRIS E. The use of concept mapping as a mean to promote and assess knowledge acquisition ［EB/OL］. http：//www.ihmc.us/.../Publications/Concept Map Lit Review/.

② 　CAÑAS A J. 　A summary of literature pertaining to the use of concept mapping techniques and technologies for education and performance support ［EB/OL］. http：//www.ihmc.us/The Institute for Human and Machine Cognition.

3.3.1.3　国内外研究现状

概念图出现于 20 世纪 60 年代，由美国康奈儿大学教授诺瓦克和高温提出，在他们编写的《学会学习》一书中，首次采用图形来组织知识结构，并把它叫做"概念地图"①。在概念图这种知识图解方式被提出的初期，研究人员把主要精力放在了对概念图自身的评价标准的设定研究以及概念图在教育教学的应用上。早在 1984 年，概念图的创造者诺瓦克就提出了系统地对概念图进行评价的计分标准。② 紧接着，概念图作为一种教学工具③、教学策略④、课程研究工具⑤以及教学评估工具⑥得到了大量的研究与应用。概念图一经提出就炙手可热，大批量的关于概念图的文章纷纷出现，一时间概念图占据了教育研究领域，成为科学教学的新的有效的工具。⑦ 随着计算机技术以及互联网的快速发展，软件制图成为一种趋势，人们对于概念图的美观、修改方便以及交流便利性等方面提出了新要求，目前有多种概念图软件被开发并应用，如 Inspiration、Kid Spiration、Activity Map、Mind Manager 等。我们可以发现《美国教育技术标准》中的许多教案中都插入了概念图。随着研究的不断深入，概念图不再局限于科学领域，开始由教育教学向其他学科和社会应用发展。例如，概念图应用于员工培训，可以大幅度提升培训效率；概念图在产品研发与公司整体决策方面也收到了良好的效果。目前，概念图作为一种教学策略已经

---

① 裴新宁. 概念图及其在理科教学中的应用 [J]. 全球教育展望，2001，10 (8)：11.

② NOVAK J D. Learning how to learn [M]. Cambriakge：Cambridge University Press，1984.

③ BEYERBACH B A, SMITH J M. Using a computerized concept mapping program to assess preservice teachers' thinking about effective teaching [J]. Journal of research in science teaching, 1990, 27 (10)：961 – 971；Hoz R, Tomer Y, Tamir P. The relations between disciplinary and pedagogical knowledge and the length of teaching experience of biology and geography teachers [J]. Journal of research in Science Teaching, 1990, 27 (10)：973 – 985；Martin D J. Concept mapping as an aid to lesson planning：a longitudinal study [J]. Journal of elementary science education, 1994, 6 (2)：11 – 30.

④ JEGEDE O J, ALAIYEMOLA F F, OKEBUKOLA P A O. The effect of concept mapping on students' anxiety and achievement in biology [J]. Journal of research in science teaching, 1990, 27 (10)：951 – 960.

⑤ MOEN E M J C, BOERSMA K T. The significance of concept mapping for education andcurriculum development [J]. Journal of interactive learning research, 1997, 8 (3 – 4)：487 – 502.

⑥ GRAVER S J, SWART E. Concept mapping：a tool for promoting and assessing conceptual change [J]. South African journal of higher education, 1997, 11 (2)：122 – 126.

⑦ 庞维国. 自主学习 [M]. 上海：华东师范大学出版社，2003：10 – 11.

在许多国家被广泛推广。

从国外的研究与应用现状来看，概念图①在教育领域中得到了更广泛的应用。

在 ERIC 出版的一份摘要中，Plotnick 回顾了概念图在教育领域中的应用。这篇文章提供了一个概念图的简要发展史，并指出了概念图在教育领域中应用的潜力，概念图的优势（大部分是基于视觉展示方面的）以及计算机支持的概念构图的优势。Plotnick 还提出了概念图的使用方法，包括构建、超文本设计（或者复杂结构的设计）、学习、评价、头脑风暴、复杂观念的传达等。

White 和 Gunstone 所描述的概念图在教育领域中的应用基本上是基于对学生学习改变的评价。② 这些应用包括评价学生对一个主题方面的理解，评价学生是否能够找到概念之间的联系，评价学生是否理解教学的目标、辨认关键概念以及促进学生之间的合作学习。

应用概念图作为教学工具，学生可以展现并修正自己的知识结构，这给学生提供了一种利用陈述性知识的方法。③ Klausmeier、Ghatala 和 Frayer（1974）以及诺瓦克、高温和约翰森（1983）都认为，利用概念图教学有助于学生认识他们长时记忆中陈述性知识的层次结构。

从国外的研究和应用情况来看，概念图在教育领域中的应用主要体现在以下三个方面：概念图作为支持学习的工具；概念图作为评价工具；概念图用于展示信息。④

国内对于概念图的研究时间不长，其基本理论与研究数据最初均参考国外的研究，与国外的研究存在一定差距。近年来，随着概念图应用逐步受到人们的关注，概念图被当作各领域的研究热点，在许多方面均有所突破，如陈云卿⑤首创对供应环节进行管理的概念图，这是对科学管理方面作出的贡献；杜

---

① 李远航. 概念图在高中物理陈述性知识教学中的应用研究［D］. 保定：河北大学，2006.

② 中华人民共和国教育部：全日制义务教育物理课程标准：实验稿［S］. 北京：人民教育出版社，2000.

③ 何克抗，郑永柏，谢幼如. 教学系统设计［M］. 北京：北京师范大学出版社，2002.

④ GAINES B R, SHAW M L G. Concept maps as hypermedia components［DB/OL］. http：//pages. cpsc. ucalgary. ca/~gaines/reports/HM/Concept Maps/Concept Maps. pdf.

⑤ 陈云卿. 完善供应环节分析图［J］. 管理科学文摘，1997（11）：23.

伟宇①、王立君②、永刚③等人将概念图作为一种评价工具，提出了基于概念图进行评价学习效果的方法，并对此类试题的难度、信度等方面进行了研究与讨论；刘晓霞则开发了一种以概念图为基础的知识表示方法，并将这个方法应用于一种专家系统当中。

从总体上看，概念图的研究目前主要集中在教学应用方面，对概念图在学科教学方面的研究占其中很大分量；对概念图的理论研究则以介绍性的文章为主。我国对于概念图的研究关注越来越多，各个方面均有重大发展，涉及概念图在教育教学方面的研究也很广泛。但是，经过深入探究和分析后可以发现，我国在概念图的研究方面还是存在较大的局限性。目前，概念图的工具性是国内研究的主流，而它很少被当作一种策略运用到教学设计等方面受到研究。概念图的相关理论综述也只在少数书籍中有简单提及，缺乏系统性。对概念图的理论研究比较浅显，通过搜索各学术论文网可以发现，以介绍和推广概念图为目的的已发表论文占相当大一部分，结合教学理论和教学方式去分析、开发概念图的则很少。

3.3.1.4 借鉴之处

概念图的编制是一个主动构建知识体系的过程。这个过程要求学生在自己已有的知识经验基础上，找出新知识归属的领域，并将其联系在一起，罗列出新知识中的主要概念并思考概念间的相互联系，最终形成网络结构图，它实质上就是有意义学习的构建过程。并且，概念图在长时记忆加工中的作用不容小觑，它能够把零散的知识整合到一个系统内，使知识点连成串，帮助联系记忆，减轻记忆的负担。在概念图的帮助下，我们可以轻松地实现知识的组合和记忆。④人的大脑是按照一定的结构来组织知识，并不是随意摆放的，而概念图也是如此。

概念图的上述优势恰好能够很好地帮助学生组织零散的知识，对知识有意义地记忆，达到我们所说的知识结构化的目的。故在实际物理教学中，建议教师将概念图作为知识结构化教学策略中的工具使用，应用概念图来教授学生基

---

① 杜伟宇，季春阳，梁红. 概念图在测评中的应用：一种现代认知心理学的测评方法［J］. 宁波大学学报（教育科学版），2004（1）：27－28.

② 王立君，姚广真. 物理概念图试题的评分方法［J］. 心理发展与教育，2004（4）：85－87.

③ 永刚. 概念图作为教学评价工具的发展［J］. 学科教育，2004（7）：46.

④ 李艳静. 概念图在高中地理教学中的应用研究［D］. 太原：山东师范大学，2006.

础的陈述性知识或者简单的程序性知识，由已知的知识的概念图拓展出新的版图，这样的直观刺激能够有效地引起学生头脑对已有知识的检索与再记忆作用，能较好地达到知识结构化的目的，帮助学生记忆与巩固知识。

3.3.2　中学物理思维导图研究概览与借鉴

3.3.2.1　思维导图的定义与发展历程

思维导图刚开始只是作为一种新的笔记方法，现在已经发展成为一种组织性思维工具，① 简单却又极其有效。思维导图又叫脑图、思维地图或心智地图。② 英国著名心理学家东尼·博赞在研究大脑的力量和潜能过程中，发现伟大的艺术家达·芬奇在他的笔记中使用了许多图画、代号和连线。他意识到，这正是达·芬奇拥有超级头脑的秘密所在。在此基础上，经过不懈的努力，东尼·博赞于 20 世纪 60 年代发明了思维导图这一风靡世界的思维工具，并创立了思维导图学说："思维导图是用观点和图片，从中心概念发散出的纲要形式。"③ 根据思维导图学说，每一种进入大脑的资料，无论是感觉、记忆还是想法，包括文字、数字、颜色、气味、节奏等，都可以成为一个"中心主题"，并由这些"中心主题"向外发散出成千上万的分支，每一分支代表与"中心主题"联结的一个"次主题"，而每一个"次主题"又可以成为另一个"中心主题"，再向外发散出成千上万的分支。由这一发散性的思维网络，逐步建立起一个有序的图，即"思维导图"④。

20 世纪 60 年代末期，美国的罗杰·斯伯里教授公布了他对大脑皮质的研究，研究发现人的左脑负责词汇、逻辑、数字、顺序、线性感、分析和列单，右脑负责节奏、空间意识、形态整体概念、想象、白日梦、色彩及维度。⑤ 研究表明，普通人终其一生也才用了 4% 至 6% 的大脑潜能。人的大脑是由两部分组成的，左脑负责逻辑、词汇、数字、顺序、分析，而右脑负责空间意识、

---

① 闫宇. 高中物理思维导图策略下的教学研究 [D]. 呼和浩特：内蒙古师范大学，2009.

② 戈登·德莱顿，珍妮特·沃斯，学习的革命：通向 21 世纪的个人护照 [M]. 上海：上海三联书店，1997：85 – 87.

③ 东尼·博赞. 思维导图：大脑使用说明书 [M]. 张鼎昆，徐克茹，译. 北京：外语教学与研究出版社，2005：4 – 6.

④ 托尼·巴赞. 思维导图 [M]. 李斯，译. 北京：作家出版社，1998：27.

⑤ 邓明珍，汪德莲. "思维导图" 与葡萄糖教学中的思维导图 [J]. 湖南科技学院学报，2005，26（5）：232.

形态整体概念、节奏、想象、色彩等。传统的学习方法侧重于左脑学习，右脑一直处于无事可做的状态。按照认知心理学的观点，人的短时记忆容量非常有限，仅有 7 个组块。① 这意味着，人脑的信息加工能力受着很大的限制。在此基础上，思维导图尽量利用大脑的结构，把左右脑的十几种功能全部集合在一起，并将概念进行分层，从而加大了知识的组块。在容量有限的情况下增加了可供加工的信息。它的核心思想就是把形象思维与抽象思维很好地结合起来，让左右脑同时运作，并将思维用图画和线条表现出来。

3.3.2.2　思维导图的基本特点②

思维导图意在表现各级主题之间的关系，将各主题的关系通过相互隶属或相关的层级图呈现出来，用图像、颜色等一些元素与主题关键词建立一定的记忆链接。它具有制作简单并且效果明显的特点，它能够用图像的方式将人脑的放射性思维表现出来。人脑具有放射性的思维特征，这种特征表明被吸收进入大脑的每一种感知、每一类思想、每一条信息以及每一种思想类型（包括图片、音乐、颜色）等，都可以通过思维分支的方式呈现出来，这种表现方式体现的是放射性的立体结构。思维导图的原理就是依据左右脑机能的特点，遵循其记忆功能、阅读及思维的客观规律，帮助人们在不同领域协调、平衡地发展。

思维导图能够对图像和形状进行深加工，从而表达出大脑进行思考的方式，也能够将知识与观念转化为图像，这种方式是能够具体反映出大脑放射性思维这一特点的。思维导图在具体制作过程中，运用了图像式的思考方法作为辅助工具，它能够将图形、色彩、代码等各种信息因素进行综合，使这些因素构成有机整体，并且能够将人脑思维活动方式呈现为一种逻辑、顺序、条理清晰的关系。同时思维导图能够体现出多维的、发散性的思维特点，从而表现出思维运用的具体过程。因此我们可以用思维导图来激发大脑的潜能，增进人们在学习科学与艺术上的兴趣，掌握两者之间的关系，形成良好的逻辑思维体系。

研究者指出，思维导图具有以下特征③：第一，关注的焦点问题明确地呈现在中央图形中；第二，焦点问题作为主干向四周延伸到各种分支；第三，分

---

① 彭耽龄.普通心理学［M］.北京：北京师范大学出版社，2001：203.

② 胡仕川.思维导图在高三物理实验复习中的应用研究［D］.贵阳：贵州师范大学，2016.

③ 玉贵梅.基于思维导图的初中物理导学案设计与实践［D］.呼和浩特：内蒙古师范大学，2015.

支可以是以一个图像或以一个写在线条上的关键词形成，由分支关键词联想到的问题也可以以下一个更高层次分支的形式继续呈现出来；第四，图形形成一个整体联结的节点结构，因此思维导图在整体表现上是一个网状或树状结构，应用者借助思维导图可以有效提高发散性思维、理清思维脉络及回顾整个思维的过程。①

除此之外，思维导图还具有很强的发散性和独创性：主题主干向四周发射关联分支，使其具有很强的思维发散性；在发散分支的过程中，由于应用者独特的前经验、思维习惯、个人倾向等因素，使得每个应用者创作出的思维导图具有明显的独创性。

3.3.2.3　思维导图与概念图的区别

（1）两者具有不同的历史背景。②

20 世纪 60 年代，美国康奈尔大学的诺瓦克博士提出了概念图。该理论来源于奥苏贝尔的有意义学习理论，概念图又叫概念构图或概念地图。奥苏贝尔的有意义学习指出：学生原有的知识基础是影响学习的关键因素，只有掌握了这一内容，才能够进行有针对性的教学。在他看来，学生进行学习活动，如果想取得成果的话，就应该尽可能地进行有意义学习，这是他整个学习理论体系的核心所在。

奥苏贝尔提出了有意义学习的两个条件，只有在学习中具备这两个条件，才是有意义学习。首先，学生自身应该具有有意义学习的倾向与意愿，这种倾向是指学生应该建立新学习的知识内容与自己原有的知识基础之间的联系。其次，学生学习的内容应该对自身具有可探索的意义，即可以与学习者原有的知识基础产生联系。奥苏贝尔认为，学生的认知结构是影响其自身在课堂教学中接受有意义学习的关键因素，而学生原有记忆中的事实、理论、内涵等是构成学生认知结构的组成要素。所以，促进学习者学习新知识，首先要了解学生原有的认知结构，帮助学生构建新知识与原来认知结构中知识的联系。

从这个方面来看，在教学过程中应该注意几个方面：第一，在教学过程中应该先教授该学科内涵范围广、概括性强的概念及原理，有利于学习者组织和整理学习内容。第二，要根据学习者的身心发展特点，循序渐进地进行教授。

---

① 王飞，卢虹宇. 近十年来我国思维导图研究综述［J］. 中国电子商务，2013，（21）：21－22.

② 胡仕川. 思维导图高三物理实验复习中的应用研究［D］.贵阳：贵州师范大学，2016.

这就要求教师在教学过程中，对于学习者的学习不应是急于求成的，而是应该根据学习者的学习特点进行合理的教学安排与课程设计。

如此一来就需要一种教学工具，能够展现出知识体系中原理与原理、概念与概念之间的联系，也能体现出学习者原有的认知结构与新的观念之间的联系与差别。概念图就是在这种历史背景下产生的，它能够以最快的速度，使学习者发现自身的认知结构与新知识结构体系间的联系与区别，从而决定是通过同化还是顺应达到目标一致，完成学习。

思维导图在 20 世纪 60 年代由英国人东尼·博赞所创立。他认为，传统的笔记方法有四个缺点，不利于学习者的学习生活。首先，传统的笔记忽视关键词的作用，导致学习者无法抓到重点。其次，它不利于学习者的记忆，笔记内容较为繁多，无法形成有序的知识体系。再次，传统的笔记对于学习者而言需要花费大量的时间与精力进行整理与复习，影响学习者的学习效率。最后，传统的笔记无法刺激大脑，更不能促进新内容与原有的知识基础产生关联，形成新的知识体系。

所以，一个简洁的、有效率的以及能够激发学习者积极性的工具对于学习者及学习生活来说是十分重要的。思维导图就是在这种传统的笔记方法逐渐失效的趋势下应运而生的。思维导图产生的最初也是最原始的目的就是为了改进笔记方法，提高学习者的学习效率，但是它的作用却在日后的研究和应用中不断被发现，产生了巨大的影响及效果。思维导图体现了人脑的思维广度和深度，分支的多少体现了思维的广度，而一个分支具有的长度又展现了思维的深度。最主要的原因往往分布在距离中心节点比较近的位置，而分布在距离中心节点较远的则是对主要原因的进一步发散。

（2）两者的定义不同 。

诺瓦克认为概念学习是学习的关键要素。概念图的定义强调的是用来组织和表达知识的工具。应用概念图这一工具的过程是在圆圈或者方框之中放置与某一主题相关的概念，然后把相关的概念和原理用直线连接起来，在连线上面标明两个概念间的关系。

思维导图表现的则是发散性思维，它与人类思维的自然功能的表现是极为相似的。所以思维导图可以开发出人脑的潜在功能，我们可以在生活的各个方面运用这种图形技术，通过提高人的学习能力并使其形成良好的思维能力来改善人的行为能力。

（3）两者具有不同的知识表示能力。

概念图意在构建一个清晰的知识体系，对学习者掌握整个知识架构具有积极的作用，同时也有利于形成直觉思维，促进学习者的知识迁移，学习者可以通过概念图对整个知识体系有一个宏观的掌握。

思维导图是对整个思维过程的一个呈现，学习者通过对思维导图的运用，提高自身的发散思维能力，并理清思维脉络，对给自己或者他人提供思维过程的回忆具有重要的意义。

（4）两者的创作方法不同。

概念图是将所有的知识、概念进行罗列，然后建立彼此之间的联系，在一个概念图中可以展示多个主要的概念。

思维导图是从一个中心点即一个主要的概念出发，随着思维的不断深入发展，建立起有序的图形，并且一个思维导图只能有一个中心点。

（5）两者具有不同的应用领域。

概念图主要局限在教育领域。它最初的形成与发展都是为了提高教学的效果，由最初作为评价工具发展到后来成了教和学的策略。

思维导图涉及的领域较为广泛，不只适用于教育领域，更在工业、商业、传媒设计等领域得到很好的应用。由于思维导图的目的是促进思维的碰撞，帮助人类形成发散性思维及激发灵感，所以借助可视化手段的思维导图在不同的领域都得到了重视。

3.3.2.4 思维导图的国内外研究现状

思维导图是英国的学者东尼·博赞在 20 世纪中后期通过"学习障碍者"活动形成的相关研究成果。该成果主要体现在放射性思维和相关的图形表达上。思维导图和基于思维可视化理论自引入教学领域以来，已经在教育教学过程中产生了积极的影响。例如思维导图可以促进灵感的产生和发散思维的形成。尤其是基于思维导图的学习过程很好地体现了其建构主义学习理论和灵活交互的特征，在国内外中小学教育改革实践项目中发展迅速。[①] 世界上许多国家，如英国、美国、澳大利亚、新加坡等，已经把普及思维导图的应用作为他们教育改革的策略之一，并在提高教学效果方面取得了显著成效：英国和新加坡已经将思维导图作为从幼儿园至大学的必修课程之一，要求学校教师都必须能自如地应用思维导图；在美国，思维导图已经成为必备的教学工具，中小学教师必须掌握思维导图的使用，学校使用的教案也大部分应用了思维导图；韩国、日本、德国、墨西哥、南非等国家的教育教学机构也已经对该课题进行了

---

① 罗涛涛. 运用思维导图优化中学物理课堂教学研究［D］. 长沙：湖南师范大学，2007.

研究和探索。①

在教育方面，新加坡从幼儿园到大学的必修课程之一就是思维导图的学习；美国大部分学校使用的教案也应用了思维导图的方法；英国已经把思维导图作为中小学的必修课程；新加坡、德国、韩国等国家也进行了相关的应用。

东尼·博赞针对"学习障碍者"活动的相关研究被编入《思维导图》中，如今在教育、金融、商业以及管理等领域被广泛地应用。在文化领域，《哈利·波特》的作者罗琳便是用思维导图描绘并塑造出小说中丰富多彩的故事情节的。

思维导图在工业领域的应用体现在美国波音公司的一份飞行工程手册上，该手册中包含的原本是需要高级航空工程师花费几年的时间才能够学会的东西，却因为思维导图的应用被压缩成为一卷 25 英尺长的图纸，由此便可以帮助波音公司节省约 1 100 万美元的成本。在培训方面，惠普医疗公司对学生的培训采用了思维导图的方式，该公司的高级经理 Jean Luc Kastner 运用思维导图进行医疗课程培训，使培训的学员都获得了较高的毕业分数。在商务工作领域，世界上越来越多的公司在日常办公中采取思维导图的方式，如 Fluor Daniel 公司在日常的工作安排、会议记录等方面都采用了思维导图，从而大大地提高了该公司的工作效率。该公司的总裁认为，在帮助员工打开思路方面，思维导图的运用是明智的，它产生的作用令人惊讶。人们使用思维导图来安排公司的会议日程、进行头脑风暴、设计组织结构图、记笔记以及写总结报告等。因此，随着思维导图在不同行业、不同领域的广泛运用及影响，它势必会成为通向未来的必备工具。

国内对思维导图也早有关注，以 1997 年《学习的革命》为开端，外研社引进并出版了东尼·博赞的《思维导图：大脑使用说明书》等思维导图系列图书；广东等地利用思维导图开展记忆力培训；许多大学相继成立了相关的协会，北京师范大学、南京师范大学等多家高校的教师和研究生对思维导图在教育中的应用展开了深入研究；北京、上海、广东、山东等省市的许多中小学教师学习和使用思维导图；而台湾地区、香港特别行政区的学校也推广和研究了思维导图。②

---

① 赵国庆．"运用思维导图引导学生写议论文"案例研究［J］.信息技术教育，2005（10）：51.

② 张豪锋，王娟，王龙．运用思维导图提高学习绩效［J］.中小学信息技术教育，2005（12）：13.

从引入中国起，中国的学者和研究人员就对思维导图进行了不断的钻研与实践，并取得了一定的成果，比如将其运用到基础数学、软件开发等领域。

目前，我国对于思维导图的应用已比较广泛，相关研究文献数量也与日俱增。针对研究范畴的不同可以将这些文献分为三类：第一类是对思维导图定义、性质、理论基础等方面的探讨。第二类是关于思维导图应用方面的开发，主要集中在教育领域的应用研究，且数量呈现递增趋势。其研究主要针对教学设计、学科教法、知识管理策略等各个方面。第三类是针对思维导图的制作研究，思维导图源于线性笔记，由此出发形成了融合图形、颜色、符号、关键词等信息的思维图像，一幅思维导图的创作过程也是人脑进行思维的全过程，由此看出对于思维导图的制作，手绘更能展现其价值意义。① 但是在现代科技的高速发展下，完全停留在手绘阶段是不切实际的，于是一批研究者对思维导图的软件制作进行了探索，出现了 Mind Manager、Inspiration、XMind 等一系列电脑软件，具有导出图片、制作幻灯片、制作 PDF 文本，打包、上传等功能，并日趋完善，它的优越性得到越来越多人的青睐，该领域已从个人思维整理软件的开发，向网络交流共享的方向迈进。

但思维导图在教学方面的应用仍处于探索阶段，只有少数小学和中学在教学过程中尝试应用思维导图。由此可以看出，国内在思维导图的应用方面存在着一些滞后及不足，如应用不够全面、涉及的领域不够宽泛、不同角度的研究较少等。2008 年齐伟主编的由湖南教育出版社发行的辅导用书《思维导图：高中物理》，虽然引入了思维导图，但只是机械地把实验分成几大模块，并没有充分剖析物理实验模块之间的联系；2011 年上海师范大学陈劼予的硕士学位论文《高中物理预习、复习作业设计的实践研究》，只是在预习和作业两个阶段引入了思维导图；2008 年河北师范大学孟祥东的硕士学位论文《思维导图在高中物理综合复习中的应用研究》，虽然对思维导图在物理学科的应用进行了研究，但此论文主要集中在重要知识点、一单元或一章知识之间的构建。随后 2016 年贵州师范大学胡仕川硕士学位论文《思维导图在高三物理实验复习中的应用研究》对实验复习板块进行了更加深入、详细的研究，并形成了知识体系。

虽然思维导图的研究日渐完善，但目前在国内仍只有少数中学开始尝试将思维导图应用到教学环节中去。

---

① 玉贵梅. 基于思维导图的初中物理导学案设计与实践 [D]. 呼和浩特：内蒙古师范大学，2015.

3.3.2.5　借鉴之处

思维导图是一种思维组织性工具。"思"就是想，"维"就是联系。思维就是"想联系"，也就是杂交、移植、嫁接信息。对于复杂问题的思考，单纯依靠内部语言不一定能理清头绪，而一旦拿起笔，在纸上将思维的过程用文字或图形画出，就可实现内部语言的外化过程，使得整个问题解决过程的诸要素，以及解决的方案都跃然纸上，方便问题的解决。也就是说，思维导图可以因思成图，观图导思。

思维导图也是一种学习工具。其在我国的应用如知识结构图等，它的核心部分是关键词，采用树状的分叉来表示不同的关键词之间的层次关系和联想关系。在应用中，建议用彩色笔画图以符合大脑思维的方式，并使用关键词来表达，同时出现多种刺激，形成视觉冲击，使用者可以通过视觉学习方式，合理地使用左右脑交替学习。

由于思维导图具有分层组织知识的特点，这使得学生在绘制思维导图时，必定要先在大脑中把相关的知识点进行筛选、排列，并进行组合、联想，进而理清它们之间的关系。这就好比一家商店刚进货时，所有的货物全都堆在一起，需要对它们整理、分类，然后上架。我们所学的知识一般都有其内在的逻辑关系，有时候这种逻辑关系不一定会非常明显，这时候就需要对它们进行分类整理，并且力求在整理的过程中，有所发散。这样，所学的知识就会得到合理的编码，以合理的组合方式储存入长时记忆之中，而且提取时非常方便。

由此看来，思维导图的应用实际上更适合学生自己完成，尤其是学习完新的知识后，由学生根据头脑中的知识，有逻辑地绘制思维导图，这一教学环节能够使学生将复杂模糊的问题简单化和清晰化，将新学的知识能动地添加到已有的知识结构中，达到同化或顺应作用。

在本书中，我们同样将思维导图作为知识结构化教学策略中的一种教学工具使用，它与上一节提到的概念图相辅相成，能更好地帮助学生有结构、有逻辑地学习、记忆与应用物理知识。除此之外我们不排除使用其他有助于学生知识结构化的教学工具，如知识清单、知识分布图等。

3.3.3　其他

3.3.3.1　"表格"式知识结构

利用表格，将知识之间进行横向和纵向的比较，得出知识的区别与联系、共性与个性，可以明确知识的要点，凸显其中的规律，适用于易混淆的知识的比较，有利于帮助学生清楚地掌握概念的本质，加深对知识的理解与应用，提高物理学科的复习效率。

指导学生拟制各种表格，是培养学生学习能力的有效途径之一。看表和制表都是学生实际能力的表现，自己拟制表格是学生高一级能力的反映。训练学生学习制表并将书本内容归纳总结，可将那些易于理解、难度不大的内容，安排学生自学。制表过程也是学生把书本知识转化为自己的知识的过程。如"电磁波"一课，学生设计的知识结构化表格如表 3 – 1 所示：

表 3 – 1　"电磁波"一课学生设计的知识结构化表格

	频率范围	发现者及其工具	发射源及产生机理	特征及作用
红外线				
紫外线				
伦琴射线				
γ 射线				

通过上表的制作，学生获得了知识，同时也培养了阅读、分析、归纳、类比的能力。一张设计合理的表格可以使学生将零散的知识化为整体，并明确它们之间的联系和规律，从而系统掌握知识。另外，在比较、分类和系统化方面，表格也体现出独特的功能。俄国教育学家乌申斯基说："比较是一切理解和思维的基础，我们正是通过比较了解一切的。"抓好表格教学也是培养学生比较分类和综合能力的重要方法之一，通过表格教学，可以使学生逐渐养成良好的思维品质，发展思维能力。①

3.3.3.2　"流程图"式知识结构

所谓流程图是将所要解决问题的各个步骤，用直观、简洁的框图，并用一定的图标、文字、符号等有机地结合在一起，按处理的逻辑顺序连接而成的图式。一般用矩形框表示要进行的工作，称为处理框，用菱形框表示需要判断某个条件是否满足，称为判断框，箭头表示操作顺序的流向。在总复习中通过设疑提问、交流研讨、整理归纳等方式，精选、精编习题，全面复习相关的知识。

现代教育心理学把知识分为陈述性知识和程序性知识。命题网络是陈述性知识的表现形式，它常见于各种教育书刊中。如光的性质的命题网络图（见图 3 – 11）。

---

① 陈玲，刘强 . 物理课中的表格教学［J］. 中专物理教学，1995（3）：11 – 12.

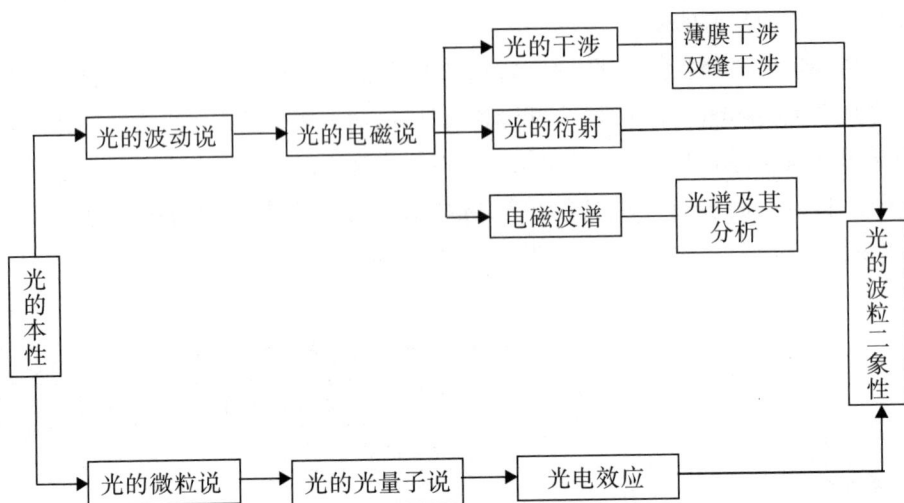

图 3 - 11　光的性质的命题网络图

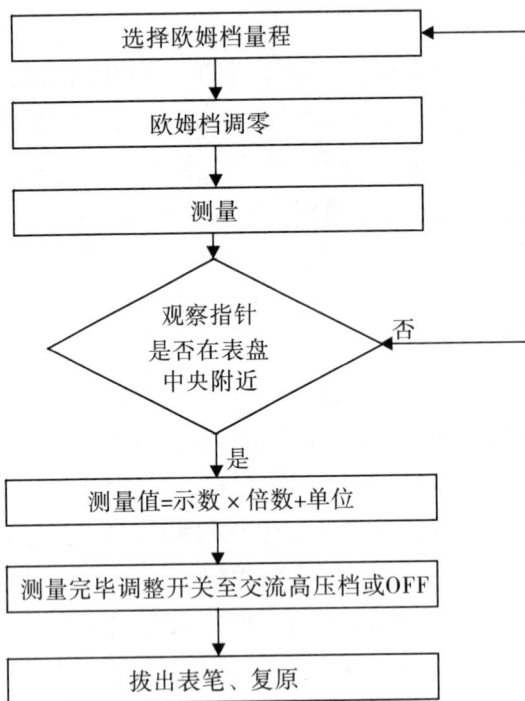

图 3 - 12　用万用电表欧姆档测电阻的流程图

流程图还可以应用在物理实验的教学上。如图 3-12 是用万用电表欧姆档测电阻的流程图，其中第一框是选择量程，若不知电阻大概的阻值，可先估测试测。第二框是使用欧姆档必须做的一步，是由欧姆档的工作原理决定的。第四框为判断框，是进行较准确测量的关键步骤，许多学生容易忽视或遗忘。当示数偏大或偏小时，即不满足条件时，要重新进行选择量程，重新进行调零、测量和判断，使指针尽可能指在中心刻度（中值电阻）附近，即多了一个"循环"过程，使我们能进行较准确的测量。第五框是测量结果的表示方法，要会正确读数。整个流程图是一个规范的实验操作过程。授课时，老师可边画图、边讲解、边演示，学生同步进行练习。利用流程图进行物理实验教学，由于形式新颖、直观、条理性强，学生兴趣很大，能极大地调动学生的学习积极性，收到较好的教学效果。

3.3.3.3 "知识清单"式知识结构

所谓"知识清单"，就是将所复习的重要知识点、基本解题方法、值得反复看的例题以表格的形式制成的一个清单。对照清单，学生可以把这一周所学习的内容快速地复习一遍，达到一个及时巩固的效果，同时"知识清单"也是每次大考前学生自主复习时的一个重要的抓手。

知识清单在编制的过程中要遵循课标，突出重难点的原则。课程标准指明了高考范围、简要指出了高考考查的知识点，可以根据课标看出高考侧重于哪方面的知识点。因此，编制知识清单前，首先要理解考纲的能力要求和知识要求，知识清单中不得出现超出考纲的内容。其次，可以依据考纲中的考点条目划分知识点，但也不要拘泥于考点条目，可以根据实际教学情况对考点删减、整合、细化，从而达到突出重难点的目的。例如江苏物理高考大纲中"质点参考系和坐标系""静电现象"等一些学生掌握得已经非常好的 I 级要求的考点就不需要编入知识清单中，而像"静电场、电场线、电势能、电势、等势面"等这一类考点包含的内容多、难度大，可以细分为"电场线""电势能、电势、电势差""等势面"等多个知识点条目，同时把每个知识点所涉及的内容分析得透彻一些，便于学生自主复习时能够更好地理解、记忆。如表3-2所示为周知识清单中"电场线"的内容。

知识清单重视总结解题方法、技巧的原则。知识清单不仅是一个知识的归纳清单，同时也是一个解题方法、技巧的归纳清单。表3-3为知识清单中"电势能、电势、电势差"的内容。在这份清单中，总结了比较电势高低的三种常用方法和比较电势能大小的两种常用方法。

在高中物理中，有些知识点容易混淆，如左手定则和右手定则、干涉图样和衍射图样等. 在编制周知识清单时，应尽量把易混淆的内容放在一起进行对比分析，以便于学生更好地辨别、记忆。表 3 - 4 为周知识清单中"等势面"的内容，在这份清单中，对两等量异种电荷和两等量同种电荷的连线上、中垂线上电势高低的变化情况进行了详细的对比分析，便于学生记忆、区分。

表 3 - 2　"电场线"知识清单

知识点	基础知识、基本方法	典型例题
电场线	特点：从正电荷（或无限远处）出发，终止于负电荷（或无限远处）；电场线的疏密表示场强的大小；电场线的切线方向表示场强的方向；任何两条电场线永不相交	"电场力的性质"例 5
	两等量异种点电荷的电场线：在两点电荷的连线上，场强方向一致（正电荷指向负电荷），场强先变小后变大，中点处最小；中点两侧对称点场强相同 在中垂线上，场强方向一致（垂直中垂线指向负电荷一侧），由中点到无穷远处场强一直变小，中点处最大；中点两侧对称点场强相同	"电场力的性质"例 3
	两等量同种点电荷的电场线：在两点电荷的连线上，中点两侧场强方向相反，场强先变小后变大，中点处最小（为零）；中点两侧对称点场强大小相等，方向相反 在中垂线上，中点两侧场强方向相反，由中点到无穷远处场强先变大后变小；中点两侧对称点场强大小相等，方向相反	"电场力的性质"例 2

表3-3 "电势能、电势、电势差"知识清单

知识点	基础知识、基本方法	典型例题
电势能 电势 电势差	电势能 E_p：等于把电荷从该点移到零势能位置时电场力所做的功 电势 φ：电荷在电场中某一点的电势能与它的电荷量的比值，$\varphi = E_p/q$ 电势差 U_{AB}：电荷 q 在电场中 A，B 两点间移动时，电场力所做的功 W_{AB} 跟它的电荷量 q 的比值，$U_{AB} = W_{AB}/q$ 相互关系：$U_{AB} = \varphi_A - \varphi_B$　$E_p = q\varphi$　$W_{AB} = qU_{AB} = E_{pA} - E_{pB}$	"电场能的性质"例3
	比较电势高低的方法：①沿着电场线，电势逐渐降低；②正电荷电势能大处电势高，负电荷电势能大处电势低；③$U_{AB} = \varphi_A - \varphi_B > 0$，则 $\varphi_A > \varphi_B$ 比较电势能大小的方法：①电场力做正功，电势能减小；电场力做负功，电势能增加。②正电荷在电势高处电势能大，负电荷在电势高处电势能小	"电场能的性质"例2

表3-4 "等势面"知识清单

知识点	基础知识、基本方法	典型例题
等势面	等势面的特点：①电场线跟等势面垂直，即场强的方向跟等势面垂直；②在等势面上移动电荷时电场力不做功；③电场线总是从电势高的等势面指向电势低的等势面；④等差等势面越密的地方电场强度越大	"电场能的性质"例5
	两等量异种电荷电场的等势面：两点电荷的连线上，从正电荷到负电荷电势降低，连接的两侧对称点等势；中垂线上，中垂线为零等势面，中垂线正电荷一侧电势都大于零，负电荷一侧电势都小于零	"电场能的性质"例7
	两等量同种电荷电场的等势面：两点电荷的连线上，中点电势最低，连线的两侧对称点等势；中垂线上，中点电势最高，中点到无穷远处电势降低，中垂线两侧对称点等势	

在编制知识清单时有几个误区需要注意。第一，在编制知识清单时注意不要按照考纲上的考点条目把复习的所有知识点全部罗列出来，这样编制出来的周知识清单就显得冗长、重难点不够突出。老师应在充分了解学情的基础上，把学生掌握得比较透彻、记忆比较深刻的知识点删去，而只把学生易错、易混、易忘的知识点列在清单上。这样可以提高学生利用知识清单进行自主复习的效率。

第二，现在很多高三物理复习资料上都有"知识梳理"或相应的栏目，以章或节为单位列出知识点或知识体系、知识网络结构这样的知识梳理缺少解题方法、技巧方面的总结，学生看得懂，但解题时仍然不能灵活运用。编制周知识清单时应从教学案例中的具体例题出发，提炼出应该掌握的知识点、解题方法及技巧。例如在编制"带电粒子在电场中的运动"的知识清单时，根据例题出现的几种情况把带电粒子在电场中的运动划分为匀速直线运动、匀加速直线运功、变加速直线运动、匀强电场中的偏转运动、周期性变化电场中的偏转运动和复合场中的圆周运动共六类运动，再列出每一类运动的特点、处理方法，同时列出结合例题总结出的一些解题技巧。

3.4　影响因素

影响知识结构化的因素主要有三个方面：知识的类型、知识的表征、知识的组织。知识的类型是指以不同的方式对知识进行分类的结果；知识的表征是指知识或信息在头脑中的表示形式；知识的组织是由一系列相互作用、相互联系的知识形成的有机整体。知识的表征形式直接影响知识的结构化程度，知识的组织决定着知识结构化的灵活性和广泛性，所以根据知识类型的不同，采用合适的表征方式和组织形式，将组织有序的结构化的知识呈现给学生或教会学生将知识结构化的方法，将有利于学生理解知识、记忆知识和有效地检索并提取知识。

在知识的类型影响因素方面，知识有不同的分类形式，现代认知心理学家将知识的类型从广义上分为三类：陈述性知识、程序性知识和策略性知识。陈述性知识是指关于事实"是什么"的知识，是自然和社会的事实性知识；程序性知识是关于"怎么办"的知识，是指在一定条件下可以使用的一系列操作步骤或算法，其核心成分是概念和规则的运用；策略性知识是指如何学习、记忆、思维或解决问题的一般方法的知识，策略性知识也属于程序性知识的范畴。由于各类知识的特征不同，实现结构化时的途径和方式也不同。因此，在具体的物理教学过程中，我们应该针对不同类型知识的特点，采取不同的结构化方式。

在知识的表征影响因素方面，表征是指知识或信息以什么样的形式储存在学生的头脑中，即知识或信息在头脑中是如何表示的。同一知识可以用不同的方式来表征，即可以用许多不同的编码形式，如形象码、语义码、运动码等来表征。在学生学习的过程中，输入的知识信息并不是在学生的头脑中直接表示出来的，而是转化成了有意义的符号，各种物理概念和原理总要以各种具体的事实性知识、言语、运动编码为依托。在物理教学中，教师应重视运用实物、图片、模型和实验，使学生在抽象知识和具体表象之间建立正确的有效联系，形成对物理知识的多重编码。物理学科内容特点决定了物理学习中特有的"三重表征"形式：宏观表征、微观表征（即分子、原子和离子微粒构成的微观世界）和符号表征（即物理公式），物理学习要实现上述三重表征的融合。

知识的结构化程度直接受知识的表征影响。学生认知结构中物理知识的表征如果多维而有序，再学习的知识会比较容易与其相关知识建立连接，从而使物理知识的结构化顺利实现；但如果学生的知识表征不恰当，将会使物理知识"僵化"而难以迅速提取和应用，导致物理知识的结构化难以实现。

在知识的组织影响因素方面，美国心理学家布鲁纳认为，人类记忆的首要问题不是储存而是检索，而检索的关键在于结构组织。知识的组织即所谓的"图式"，它是由一系列相互联系、相互作用的知识形成的有机整体。如果学生头脑中的物理知识结构组织有序、系统良好、层次分明，就能在一定的刺激下被激活，就会在需要时成功地被提取或检索，在解决问题的过程中，在同化与顺应的作用下，完成知识组织的扩展与深化。学生物理认知结构中知识的组织决定着知识结构化的灵活性和广泛性。

4 物理教师知识结构化教学现状调查

为了解当前物理教师对知识结构化教学的认识与应用情况，促进物理学科结构化教学的研究与应用，提高结构化教学质量，我们对广州市的初、高中物理教师进行了问卷调查。

4.1 问卷设计及调查实施

4.1.1 初中物理教师知识结构化教学现状调查问卷设计及调查实施

自编问卷从初中物理教师对知识结构化教学的认识、应用和背景知识三方面来调查初中物理教师知识结构化教学的具体情况。问题设计如表 4-1 所示：

表 4-1　调查问卷的问题分类

问题分类		问题的具体表述
认识情况		11. 学生出现以下哪些情况，您认为他的知识结构存在问题？
		12. 在填写本问卷之前，您是否听说过"知识结构化"？
		13. 您认为可以进行结构化的知识之间有什么联系？
		14. 您认为以下哪些行为是进行知识结构化教学？
		15. 对于不同课型，您认为是否适合进行知识结构化教学？
		16. 您认为知识结构化教学的教育功能最明显表现在哪里？
应用情况	应用程度	1. 在教学中，您会经常帮助学生整理物理知识吗？
		3. 在教学中，您会经常引导学生进行知识迁移、举一反三、触类旁通吗？
		5. 在教学中，您是否会对物理习题进行归类小结？
	应用手段	2. 您最常用哪种方式帮助学生整理物理知识？
		4. 在教学中，您侧重于用哪种方式帮助学生记忆理解物理知识？
		6. 您最常用哪种方法引导学生建立知识之间的联系？
		7. 以下五种不同形式的知识结构图，您使用的频率是？

（续上表）

问题分类	问题的具体表述
背景知识的储存情况	8. 您主要是根据什么来确定哪些是物理核心概念、规律的？ 9. 在讲解"利用乒乓球弹开来认识振动发声"的内容时，您是否会联系到科学方法？ 10. 在讲解到下列哪些物理概念时您会用到"比值定义法"这一科学方法？

选取广东省广州市的 124 名初中物理教师作为调查对象，采用现场填写形式，共发放问卷 128 份，回收问卷 128 份，有效问卷 124 份，问卷有效率 96.9%。采用 SPSS 17.0 软件完成数据输入与统计工作。问卷中的 Q1、Q3、Q5、Q7、Q12、Q15 题采用李克特量表赋分来进行程度性描述，对选项进行赋分，求平均值（以 4 分以上为优良水平，3.5 分为中等水平，3 分为及格水平划分等级），其他题目均采用频数统计法分析。

对调查样本基本信息的统计显示（见表 4-2），样本具有较广泛的代表性，能为研究初中物理教师对知识结构化教学的认识与应用情况提供可靠数据。

表 4-2　初中物理教师调查样本情况统计

项目	分类	人数/人	百分比/%
性别	男	55	44.4
	女	69	55.6
教龄	1~5 年	36	29.0
	6~10 年	22	17.7
	11~15 年	20	16.1
	16~20 年	25	20.2
	20 年以上	21	16.9
学历	硕士及以上	18	14.5
	本科	102	82.3
	大专	4	3.2
职称	二级教师	64	51.6
	一级教师	40	32.3
	高级教师及以上	20	16.1
学校属性	市属及以上	33	26.6
	区属	91	73.4

4.1.2　高中物理教师知识结构化教学现状调查问卷设计及调查实施

自编"高中物理教师知识结构化教学现状调查问卷"作为研究工具，见附录1。问卷共13题，题型包括单选题、多选题，从高中物理教师对知识结构化教学的认识情况、应用情况以及必备基础知识的储存情况三个维度展开调查。本次问卷向8位中学物理教学专家和教师进行内容效度与结构效度的专家函询，结果良好。调查的结果采用SPSS 17.0软件完成数据的输入与统计工作，问卷中的Q1、Q4、Q13题采用李克特量表赋分进行程度性描述，其他题目均采用频数统计法分析。

研究选取广东省广州市的153位高中物理教师作为调查对象，采用现场问卷填写的形式，于2017年9月24日完成数据的采集工作。共发放问卷158份，回收问卷158份，有效问卷153份，问卷有效率96.8%。被试背景信息分布如表4-3所示。被试覆盖了广州市的越秀区、荔湾区、海珠区、黄埔区、天河区、白云区、萝岗区、花都区、番禺区、增城区、从化区11个地区，教龄涵盖1年到20年以上各段，任职学校包括了普通中学、示范性高中以及重点中学。因此，被试覆盖面积大，涉及层面广，具有较广泛的代表性，可以比较全面地了解高中物理教师对知识结构化教学的认识与应用现状。

表4-3　高中物理教师调查样本情况统计

项目	分类	人数/人	百分比/%
性别	女	75	49.0
	男	78	51.0
教龄	1～2年	58	37.9
	3～5年	25	16.3
	6～10年	22	14.4
	11～15年	13	8.5
	15～20年	18	11.8
	20年以上	17	11.1
学历	博士	1	0.7
	硕士	59	38.6
	本科及大专	93	60.8

（续上表）

项目	分类	人数/人	百分比/%
职称	二级教师	84	54.9
	一级教师	44	28.8
	高级教师	21	13.7
	正高级教师及以上	4	2.6
学校属性	市属及以上	51	33.3
	区属及以下	102	66.7

4.2 调查结果与分析

本研究通过对被试的问卷调查，得到物理教师关于知识结构化教学的相关情况。对所选被试的问卷进行以下三个方面的统计分析。

4.2.1 对知识结构化教学的认识情况统计

4.2.1.1 初中物理教师认知情况

关于初中物理教师对"知识结构化"了解情况的调查（第1题），结果显示76.6%的教师听说过"知识结构化"并有大概了解，采用5级李克特量表测试教师对知识结构化的了解程度，统计结果显示该项平均得分为3.056分（属于及格水平），说明教师对"知识结构化"了解程度处于比较浅层水平。

下面就从学生知识结构、知识本身、知识结构化教学来看教师的具体认识情况。

知识结构包括两种：学生头脑中的认知结构和学科知识结构，对"知识结构"的认识将影响到教师后面的"结构化"教学开展，据此，问卷题目分别从学生和知识本身这两个角度来调查教师的认识情况：在"教师对学生知识结构不良的认识"的调查中，题目给出的四个选项均属于知识结构不良的表现，结果显示（见图4-1）仅15.32%教师全选；在"教师对结构化知识之间联系的认识"的调查中，题目给出的五个选项均符合，然而结果显示（见图4-2）仅8.87%教师全选，两项的统计结果均有一半以上教师选两个或一个，这说明教师对学生知识结构不良和结构化知识之间联系的认识不足。

第11题 学生出现以下哪些情况,您认为他的知识结构存在问题?

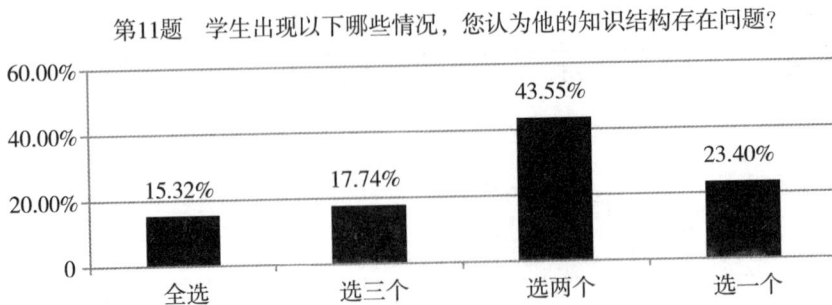

图4-1 对学生知识结构不良的认识的统计结果

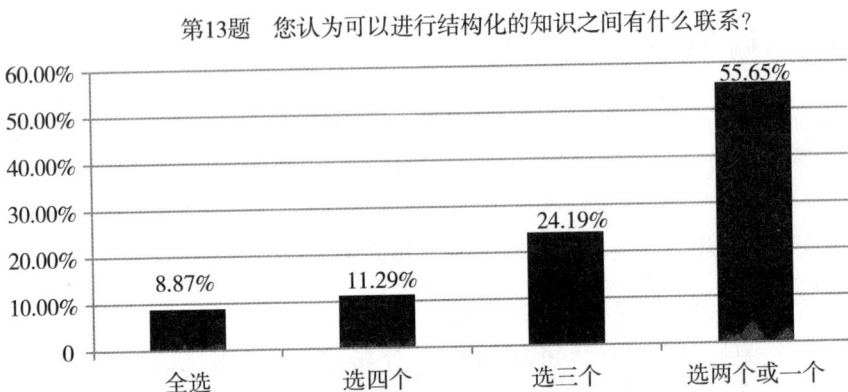

第13题 您认为可以进行结构化的知识之间有什么联系?

图4-2 对结构化知识之间联系的认识的统计结果

　　知识结构化教学是教师从理论到实践的关键一步,教师应首先对该教学策略有一定认识,那么认识情况如何?问卷通过三道题目来进行调查。为了帮助教师正确理解"知识结构化"教学策略,问卷前言对"知识结构化"教学策略进行描述,据此,教师(教龄涵盖1年到20年以上各段)结合自身实践经验,判断知识结构化教学行为、结构化教学与课型适合度,以及知识结构化教学的教育功能,并从侧面反映教师对知识结构化教学的认识与认可。

　　关于教师对知识结构化教学行为判断的调查(第14题),结果显示,仅有5.65%的教师能够完全正确地判断知识结构化的教学行为,绝大多数教师漏选(占60.48%)或错选(占33.87%),在一定程度上说明初中物理教师对知识结构化教学行为的认识不全面。进一步统计发现,在漏选的教师中,选择"复习课时引导学生做知识的思维导图"和"课后对知识、方法的小结"的教师占比大,分别为77.03%和71.62%,选择"新课讲授前通过习题的形式回忆旧知识"选项的教师占比次之（占40.54%），"讲授'比热容'公式时类比'密度'公式"选项的教师占比最少（占29.73%）。由此可见，教师偏向认为知识结构化教学是采用知识结构图（如思维导图、概念图、知识清单等）归纳小结物理知识。然而知识结构化教学并不局限于此，凡是能将知识有意义地连接起来的教学行为，无论是通过语言引导、习题分析还是画知识结构图，都属于知识结构化教学行为。另外，结合教师对物理知识和科学方法关系的认识的调查结果，不难发现，较多教师漏选选项，是因为对科学方法认识不足。错选现象说明教师对知识结构化教学行为的理解有偏差，进一步研究发现，错选的教师中大部分都选择了"分析习题的解题步骤"选项，只有少部分选择了"实验前演示操作步骤"选项。知识结构化教学的目标在于帮助学生在头脑中形成有意义的知识结构，从而使学生能应对不同的物理问题，所以凡是不能起到结构化效果的教学行为，并不符合知识结构化教学策略的要求。比如教师在讲解综合习题时，严格规定解题步骤而缺乏讲解所涉及的多个知识点的联系，学生只能机械记忆解题步骤，没有真正建立起知识间的关联，当碰到同样知识点但不同类型的题目时，学生很可能就做不出来了。

关于教师对结构化教学与课型适合度判断的调查（第15题），采用5分等级量表的方式对选项进行赋分，求平均值（$M > 4.0$，非常合适；$3.5 < M < 4.0$，比较合适；$3.0 < M < 3.5$，一般；$3.0 < M < 2.5$，不太合适；$M < 2.5$，不合适），统计结果（见图4–3）表明大部分教师认为除实验课外，其他课型均适合使用知识结构化策略进行教学。

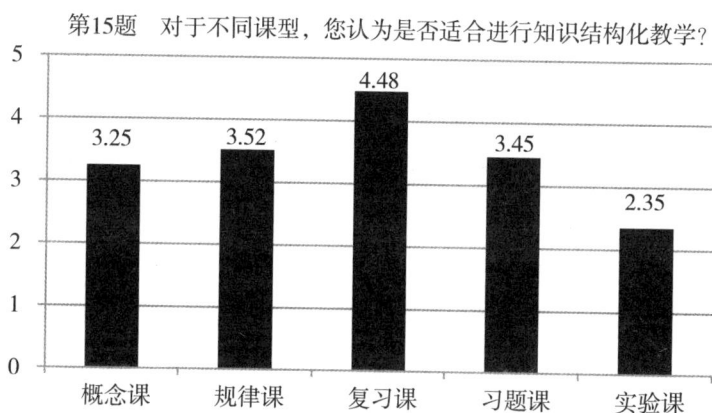

第15题　对于不同课型，您认为是否适合进行知识结构化教学？

图4–3　对结构化教学与课型适合度判断的统计结果

对适合度进行排序：复习课（非常合适）＞规律课（比较合适）＞习题课（一般）＞概念课（一般）。初中学习的物理规律大多建立在物理概念上，规律课适合采用知识结构化教学策略，而概念课的适合度自然相对低；习题课往往安排在学完新课学习后用于巩固新知识，而复习课则安排在学完一章知识后或考试前，后者的知识量较前者大，适合系统全面地巩固知识，因此教师们认为，复习课更适合使用该策略进行教学。

关于教师对知识结构化教学教育功能认可的调查（第16题），问题以多选的形式出题，结果显示（见图4－4），91.12%教师认为知识结构化教学策略的教育功能最明显表现在"促进构建知识网络"，"改变认知方式"次之，其余三个功能不太明显。知识结构化教学的教育功能可分为直接和间接两种，直接功能如"促进构建知识网络"，初中物理知识包括声学、热学、力学、光学和电磁学，知识覆盖面比较广，知识点深浅不一，知识间关系紧密，教师进行知识结构化教学，毫无疑问首先是促进学生构建知识网络，在有意义地建立过程中不断地理解知识，最终把握整个知识框架。间接功能有"改变认知方式""培养创新思维""提高学习兴趣""促进合作学习"等。学生是能动者，面对相同的学科知识结构时有自己的认知方式，而知识结构化的方式是不尽相同的，教师若能培养学生从不同的角度去学习并理解知识，学生可以在保留其原来的认知方式上增加其他认知方式，例如，初二学生先学会对物体进行受力分析，之后再学习用功和能的角度分析物体做功情况。

第16题　您认为知识结构化教学的教育功能最明显表现在哪里？

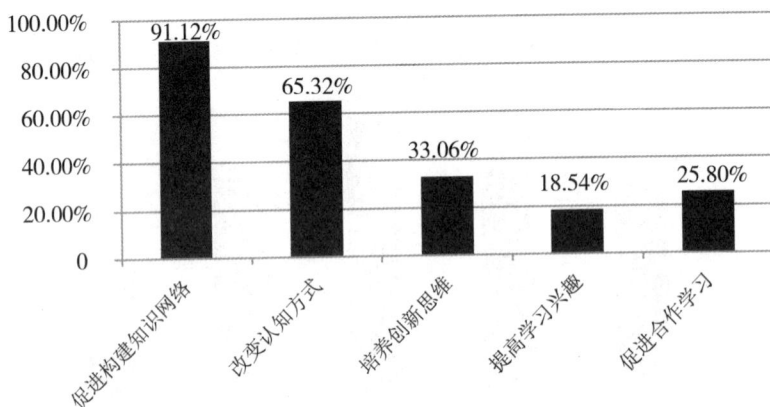

图4－4　对知识结构化教学教育功能认可的统计结果

4.2.1.2　高中物理教师认知情况

关于高中物理教师对"知识结构化"认识情况（第 1 题）的调查，对选项进行赋分，求平均值（以 4 分及以上为优良水平，3.5 分为中等水平，3 分为及格水平划分等级）。调查结果显示该项平均得分 3.588 2 分，标准误差 0.069，属于中等水平，说明教师认为自身对知识结构化教学还是比较了解的。对该项目的各个选项做频数统计发现，仅 5.20% 的教师"没听说过"，这说明知识结构化教学在高中物理教师的教学培训中比较普遍，绝大多数教师对其有所了解。

在关于教师对知识结构化的教学行为判断（第 2 题）的调查中，问卷以多选的形式出题，给出的四个选项均属于知识结构化的教学行为，调查结果显示，仅 20.92% 的教师能够全选对，其余教师均出现少选现象，累积答对三个选项的教师占 44.50%，说明大部分高中物理教师不能准确判断哪些行为属于结构化教学。选择"复习课时引导学生做知识的思维导图"的教师居多（占 83.7%），其他三个选项选择率在 50% 左右。很多教师在提到知识结构化教学时往往想到的只有知识结构图的教学，如概念图、思维导图的教学，但实际上知识结构化的教学并不仅如此，知识结构化应该说是一种教学意识，它应涉及教学实践的方方面面。联系已有认知的情景创设、学习新知识时的类比法、课后小结再梳理、习题方法的归纳法等，都能够将知识有目的、有层次、有系统地传授给学生，并使学生头脑中的知识网络化、结构化，便于学习、记忆并在头脑中形成良好的知识结构，这些教学手段都属于结构化的教学。

关于教师对学生知识结构存在问题的判断情况（第 9 题）的调查，问卷同样以多选的形式出题，四个选项中学生的表现均属于知识结构不良的情况。结果显示，仅有 11.10% 的教师能够全部选出四个选项，选择三个选项的累积百分比为 28.70%，说明高中物理教师对学生知识结构化不良的表现的判断能力是较薄弱的。理论研究显示，学生知识结构不良是造成学生学习困难的重要原因，表现为物理知识储备不足、知识组织程度低、知识表征不完善等。[①] 而教师对学生知识结构不良的表现判断力弱，很容易造成物理学习困难的学生由于原有知识基础不牢，往往在学习过程中容易"卡壳"，跟不上教师的讲课步伐，导致后面的知识也难以学懂等现象。这也从侧面说明教师对知识结构化的了解并不深入，无法全面地判断学生知识结构不良的

---

① 云云. 物理学习困难成因及对策探讨［D］. 长春：东北师范大学，2003：4 - 5.

表现。

对有助于学生知识结构化学习的知识表达形式的调查（第 4 题），为探寻物理教师对几种知识图表的有效结构化教学的肯定程度，本项目采用分等级赋分的方式处理数据（$M > 4.0$，很好；$3.5 < M < 4.0$，比较好；$3.0 < M < 3.5$，一般；$M < 3.0$，不太好）。分析结果显示，教师认为思维导图（$M = 3.666\ 7$）的结构化作用比较好，知识清单（$M = 3.405\ 2$）和流程图（$M = 3.169\ 9$）作用一般，而表格图（$M = 2.568\ 6$）和概念图（$M = 1.993\ 5$）的结构化作用不太好。但在教学中，不同的结构图有其自身的优越性。思维导图独特的发散性能够激发学生的思维潜能，使用者可以通过思维导图理清思维的脉络，并可供自己或他人回顾整个思维过程，知识间逻辑性、结构性较强。[1] 流程图具有较强的步骤性与条理性，适用于程序性知识的方法归纳等教学辅助。[2] 表格图与知识清单作用相似，多用于知识间的类比教学与知识的简单归纳，但其明显的对比作用能够有效建立起知识间的联系。概念图能够表示知识体系中概念以及概念之间固有的联系，更容易使学生记忆与理解，当前的研究中，概念图用于陈述性知识的结构化教学最为丰富，理论研究也证明其有效性最强。[3] 因此，教师在面对不同情境与知识的讲授时，应合理选择知识结构图辅助教学。

4.2.2　对知识结构化教学策略的应用情况的统计

4.2.2.1　初中物理教师应用情况

（1）应用策略统计。

在教学策略应用情况方面，关于初中物理教师是否会"经常帮助学生整理物理知识"（第 1 题）、"经常引导学生进行知识迁移"（第 3 题）、"对物理习题进行归类小结"（第 5 题）的调查，采用 5 级李克特量表测试教师对知识结构化教学策略的应用程度，对选项进行赋分，求平均值（$M > 4.0$，很高；$3.5 < M < 4.0$，比较高；$3.0 < M < 3.5$，一般；$M < 3.0$，偏低）。统计结果显示三项的平均得分依次为 3.838 7——应用程度比较高、3.871 0——应用程度比较高、3.475 8——应用程度一般。知识结构化教学途径有多种，其中，引

---

① 唐敏，杨成．思维导图在培养中学生物理发散性思维中的应用探索［J］．中国教育信息化，2009（12）：58－61．

② 李栽践．浅谈初中物理探究实验教学的捷径之一：理清流程图解析物理实验［J］．中学物理，2010，28（20）：59－60．

③ 马孝忠，张红洋，马兰花．概念图在物理学习认知障碍中的教学策略探析［J］．课程教学研究，2016（5）：66－70．

导学生举一反三、触类旁通，是建立在知识间的共同点（或区别）上的，该方式属于寻找知识间的联系；整理物理知识点、归类小结习题均属于系统性整理知识网络，这三种方式都是典型的知识结构化教学的途径。三项得分表明，教师总体上对知识结构化教学策略的应用程度比较高。

虽然大部分初中物理教师在日常教学中能经常帮助学生整理物理知识，进行知识迁移，但"归类小结习题"一项的得分明显低于另外两项，即教师对习题进行的是"部分归类小结"。整理物理知识和进行知识迁移大多属于陈述性知识讲授（包括物理概念、规律等），而习题归类小结涉及程序性知识应用，即如何解题。这反映了初中物理教师更侧重于陈述性知识的结构化教学。

（2）应用手段统计。

从教师帮助学生整理物理知识的方式、记忆理解物理知识的方式、建立知识联系的方法以及知识结构图使用频率四方面，调查初中物理教师如何开展知识结构化教学。

关于教师帮助学生整理知识的方式的调查（第2题），该问题提供的四个选项均是知识整理的常用方法："图表形式"即以图表的形式对课本某一知识进行整理，其直观形象有利于提高学生的记忆效率，但由于只适用于某一知识点的识记与理解，因此前后逻辑缺失会导致表达欠缺条理性；"要点形式"是指提炼课本中的"观点性"语言，按课本既定框架作"去粗存精"式整理，容易操作且方便记忆，但是知识的系统性和条理性都不强；"'问题—答案'形式"即打破课本单元、课题、框题的设置，以"问题—答案"的形式对课本知识点进行整理，一问一答，条理清楚，有利于培养主观题的答题习惯，但容易形成思维定式，知识结构化是发散思维而非定式；"知识框架形式"指打破课本单元、课题、框题的设置，将相关性强的知识点以框架的形式进行整理，知识点的系统性和条理性强，对知识点理解程度的要求高。统计结果表明，选择"知识框架形式"的教师占比最大（占41.94%），"要点形式"次之（占36.29%），选择"图表形式"（占11.29%）和"'问题—答案'形式"（占10.48%）的人数比例较少且相近。初中阶段的物理课本比较全面地涵盖了物理学科的基础知识，教师通常会选择容易操作的"要点形式"来帮助学生整理知识，但是由于该形式存在缺点，因此教师还选择了"知识框架形式"，使学生系统地、有条理地学习物理知识。

关于教师侧重采取哪种方式帮助学生记忆理解物理知识的调查（第4题），统计结果显示50.00%的教师选择"知识结构图"，选择"各类图像"和"用教材的语言表述"的人数占比分别为24.19%、17.74%，仅有

8.07% 教师选择"记忆口诀"。对初中学生而言,初中物理知识点多且不容易记住,特别是力学和电学部分的规律、公式,"知识结构图"的结构化程度高,包括了知识点和知识点间有意义的联系,因此可以降低学生的理解难度,且提高记忆效率。图像属于图表形式的一种,"各类图像"和"用教材的语言表述"两项可从上文中的"图表形式"和"要点形式"解释中看到其优缺点,教师对这两项的选择在两题中的占比是相反的,表明教师认为适合整理初中物理知识的"要点形式"不适用于记忆理解知识,而不太适合整理知识的"图表形式"相对适用于记忆理解知识。"记忆口诀"可以帮助学生快速记忆,但由于缺乏解释性语言,初学者特别是学习困难生不能很好地理解口诀的意思,从调查结果看,初中物理教师不提倡采取这种方式帮助学生学习。

关于教师采用哪种方法引导学生建立知识之间联系的调查(第6题),题目选项提供了三种方法:"语言表述,将新旧知识联系""画知识结构图""选用新旧知识混合的综合练习题",统计结果显示,选择"画知识结构图"的教师人数最多(39.52%),选择"语言表述,将新旧知识联系""选用新旧知识混合的综合练习题"分别占比29.84%、25.81%,其他为4.83%。总体来看,"知识结构图"是最多教师选择的知识结构化教学的手段。

关于教师对知识结构图的使用频率的调查(第7题),采用5分等级量表的方式对选项进行赋分,求平均值($M > 4.0$,总是使用;$3.5 < M < 4.0$,经常使用;$3.0 < M < 3.5$,偶尔使用;$3.0 < M < 2.5$,几乎不用;$M < 2.5$,不使用),统计结果如图4-5所示。

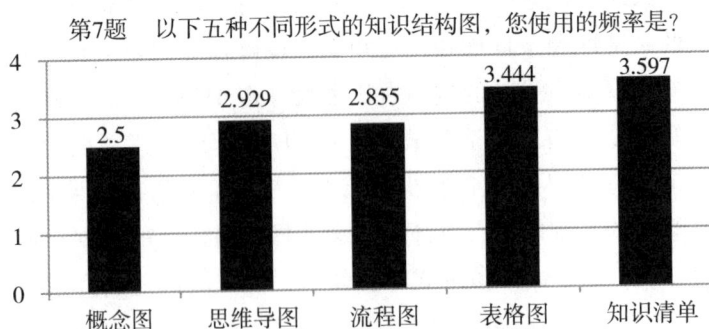

图4-5 知识结构图使用频率的统计结果

五种知识结构图中，初中物理教师对知识清单（$M = 3.597$）的使用频率最高，处于"经常使用"的水平；表格图（$M = 3.444$）的使用频率次之，处于"偶尔使用"的水平；思维导图、流程图和概念图的得分均低于3.0，使用频率较低，处于"几乎不用"的水平。可以看到，虽然很多教师选择知识结构图进行结构化教学，但是使用的形式以知识清单表格为主，这两种形式主要是罗列知识，很少涉及知识之间的有意义联系，不利于学生真正理解物理知识。可见初中物理教师对知识结构图的使用的整体效果不好。

4.2.2.2　高中物理教师应用情况

（1）意识程度。

对高中物理教师在日常教学中，是否有意识地引导学生进行知识结构化学习的调查（第3题），结果显示，77.1%（118人）的教师表示会有意识地引导学生进行知识结构化学习，22.9%（35人）的教师持否定态度。说明在高中物理教师中大多数教师对知识结构化的教学持肯定的态度，且会在教学中实施。为进一步调查教师在教学实践中结构化教学应用情况，问卷对选择"有意识"的118位教师做以下知识结构化教学应用情况的调查（见图4-6）。

可以看到，虽然教师有意识地想使用结构化教学策略，但是超过60%的教师表示没有相应的理论指导，往往无从下手，也有超过40%的教师认为要分析学生的认知发展水平和前概念难度较大，从而影响了结构化教学策略的使用。

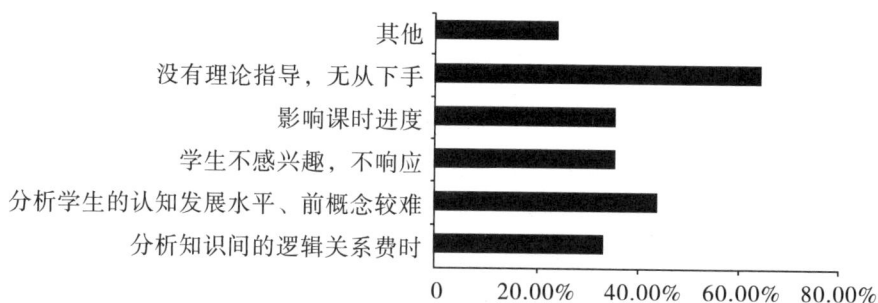

图4-6　不使用知识结构化教学策略的原因

（2）应用手段。

对教学中最常用什么方式来引导学生开展知识结构化学习的调查（第6题），高中物理教师选择言语引导的人数最多，占46.6%，有13.60%的教师最常用的方式是综合习题，能够运用知识结构图来引导学生学习的教师仅占

39.80%。高中的物理科目在内容上比较繁杂，知识的抽象性比较强，但是其在知识体系上有着自己的独特性，利用物理学科知识间的逻辑性，应用适当的知识结构图等形式将知识用结构化的方式显现出来，是知识结构化教学最有效的手段。语言的引导和综合习题都有知识结构化的效果，但语言引导的时效性短，对复杂知识实用性不高，而综合习题在检验学生知识结构时作用比较明显，在引导学生学会应用程序性知识时我们也会以综合习题为例，但最终还要以流程图等形式将解题思路或者方法提炼出来，单纯以综合习题引导学生知识结构化学习的作用不大。

对"常见几种知识结构图的使用情况"的调查（第4题）采用5分等级量表的方式对选项进行赋分，求平均值（$M > 4.0$，经常使用；$3.5 < M < 4.0$，偶尔使用；$3.0 < M < 3.5$，不常用；$M < 3.0$，不用）。其结果显示，在问卷列出的常见的五种知识结构图，知识清单（$M = 3.7034$）的使用率得分最高，但其使用情况仅达到"偶尔使用"的水平；而概念图（$M = 3.0169$）、思维导图（$M = 3.0678$）、流程图（$M = 3.1949$）、表格图（$M = 3.2627$）的得分均不高，仅达到"不常用"的水平。说明高中物理教师在教学中对几种图表的使用均不多，且使用形式单一。结合知识结构图的有效性调查结果，我们不难发现，知识清单的知识结构化能力较弱，但教师对其的肯定度与使用的频率均是比较高的，同时，对于知识结构化较好的几种图表，如概念图、思维导图的使用频率最低。说明虽然高中物理教师在教学中能够有意识地引导学生开展知识结构化的学习，但其结构化教学的质量却不高。

对不同课型是否使用知识结构化的教学策略（第5题）的调查，结果显示（见图4-7），除实验课外，其他课型的使用率均高于60%，说明大多数高中物理教师能够将知识结构化的教学策略应用于各个课型。此外，高中物理教师对知识结构化教学策略使用率最高的课型为复习课，94.92%的教师选择了这个选项，概念课、规律课的使用率差不多，均有80%左右的教师表示会使用知识结构化教学。而习题课与实验课使用知识结构化教学的频率不高，其中实验课仅有40.68%的教师会使用知识结构化教学。概念课、规律课、复习课大多针对的是陈述性知识的讲授，而实验课、习题课则更多的是锻炼学生程序性知识的应用。图中结果也能从侧面说明高中物理教师在讲授陈述性知识时能够使用知识结构化的教学，而在讲授程序性知识时应用较少。

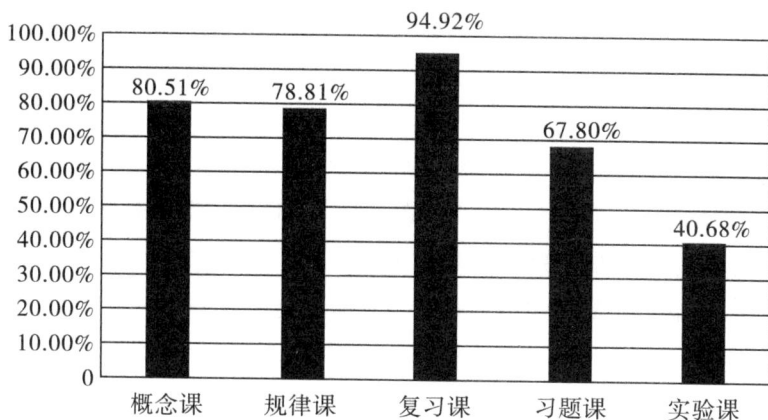

图 4-7　各课型教师使用知识结构化教学策略的情况

4.2.3　背景知识的储存情况统计

张宪魁先生认为，在物理学知识点建立、引申和扩展的过程中，知识点与知识点之间的连接处一定存在物理科学方法因素。[①] 在物理学科的知识结构化教学中，知识、科学方法是必不可分的，将两者有逻辑地组织起来，使得科学方法在学生头脑中的知识结构里处于"节点"的地位，其连接着相应的物理知识，由此形成一张张物理知识网络。因此，物理教师对科学方法、物理知识的深刻理解是物理结构化教学的重要基础，而确立核心知识、建立物理知识与科学方法间的联系是应用物理知识结构化教学的重要前提。

4.2.3.1　初中物理教师背景知识储备调查

问卷除了调查初中物理教师对中学物理知识结构化教学策略的认识和应用情况外，还对他们必备的知识结构化的基础知识进行了调查，从而了解初中物理教师相关背景知识的储存情况。首先从学科知识结构中的核心知识出发，了解教师对物理核心知识确立的依据；其次立足物理科学方法，调查教师对科学方法的掌握以及科学方法和物理知识之间的认识情况。

（1）对确定核心知识的依据认识情况。

关于核心知识的确定依据的调查（第 8 题），统计结果显示，仅 0.81% 的教师选择不区别物理核心知识，从反面说明大部分初中物理教师重视物理核心知识的确立，在知识结构化教学过程中，确定核心知识是进行知识结构化的重

---

① 张宪魁. 物理科学方法教育［M］. 青岛：中国海洋大学出版社，2015.

要前提。有大量学者研究过核心知识确立的标准，如赫德的 7 条确定核心概念的标准，虽然学者们的意见不同，但无论是参考课程标准和教学大纲，还是专家意见，毋庸置疑的一点是核心知识有一个共同点，即位于学科中心位置，我们称为知识的科学地位，这将为核心知识的确立提供有力标准。分析结果表明，根据"知识的科学地位"来确立核心知识的教师人数占比最多（占45.97%），选择"课程标准"和"中考"的教师人数占比分别为 36.29% 和14.52%，还有 2.41% 的教师根据自身经验确立核心知识。要明确的是，课程标准中的重要知识点是根据知识的科学地位来确立的，而考试中出现频率高的考点主要是根据课程标准来命题，因此最根本的还是知识的科学地位。从统计结果来看，一半以上的被试选择了其他依据而非"知识的科学地位"，这从整体上反映了教师对核心知识确立的科学依据认识不清晰。

（2）对物理知识与科学方法关系的认识情况。

问卷从两个方面来调查教师对物理知识与科学方法关系的认识情况，分别为：教师能否从物理知识联系到相关科学方法，以及教师能否从科学方法联系到相关物理知识。

关于教师能否从物理知识联系到相关科学方法的调查（第 9 题），以"放大转换法"为例设置问题。调查结果显示，20.97% 的教师在讲授"利用乒乓球弹开来认识振动发声"的内容时联系到科学方法，而 79.03% 的教师能联系到科学方法，由此说明初中物理教师对科学方法的教学比较重视，其中57.26% 的教师能正确写出放大转换法，21.77% 的教师填写了其他科学方法。进一步研究教师教龄与"教师从物理知识联系到相关科学方法"的关系（见图 4 - 8），发现教龄在 1 ~ 15 年范围内的教师，没有联系到科学方法和正确填写"放大转换法"的人数比例相近，其中 1 ~ 5 年教龄的教师人数占比最大，这说明年轻教师从物理知识联系到相关科学方法的情况不理想；工作了 16 ~ 20 年的教师正确答题的人数比相对没有联想到科学方法的人数占比高，联想到其他科学方法的人数占比最少，该教龄范围的初中物理教师"从物理知识联系到相关科学方法"的表现相对较好；工作 20 年以上的教师正确填写"放大转换法"的人数比例最低，而联想到其他科学方法的人数比例却是最高的，答案出现"控制变量法""理想模型法""等效替代法"等其他科学方法，说明部分初中物理教师特别是老教师对物理知识与科学方法之间关系的把握不准确。

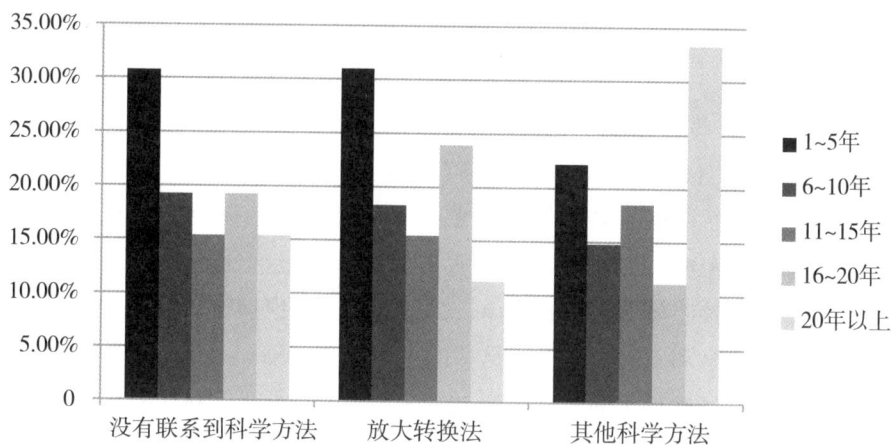

图 4 - 8　不同教龄的教师从物理知识联系到相关科学方法的情况统计

关于教师能否从科学方法联系到相关物理知识的调查（第 10 题），以"比值定义法"为例，题目给出六个初中阶段的物理概念：速度、密度、压强、电阻、功率和比热容，要求被试选出由"比值定义法"定义的物理概念。根据"比值定义法"的定义，六个选项皆符合，但统计发现仅仅 13 名教师能全选，其余教师均漏选。从图 4 - 9 可见，教龄为 15 年以上的教师全选的人数比例比 15 年教龄以下的多，漏选情况出现在每个教龄阶段，其中年轻教师的人数比例占多，说明老教师在该题的答对率相对较高；总体漏选情况严重，说明初中物理教师从科学方法联系到相关物理知识的情况不理想。

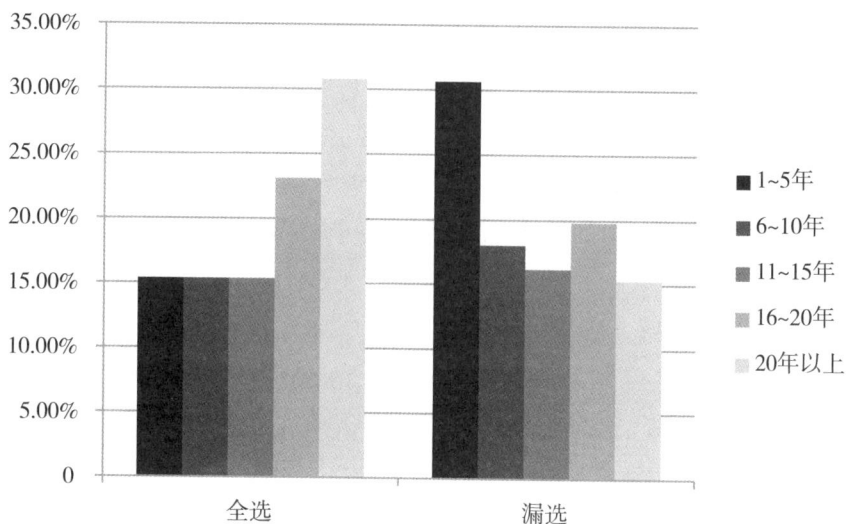

图 4 - 9　不同教龄的教师从科学方法联系到相关物理知识的情况统计

从以上两项的调查情况来看，初中物理教师对物理知识与科学方法的关系认识较浅。

4.2.3.2　高中物理教师背景知识储备调查

（1）物理教师对核心知识的认识。

调查高中物理教师制定核心知识的依据（第 10 题），统计结果显示，仅 3.96% 的教师不制定核心知识，说明绝大多数的教师比较重视核心知识的确立。核心知识包括核心概念与核心规律，美国著名教育家赫德认为核心概念是展现科学图景的概念和原理，是学科结构的主干部分。Sarah Michael 等研究者认为核心知识是已经被很多的测验验证过、证实了的、处于学科中心位置的科学知识，如牛顿运动定律、细胞理论、进化论、物质的原子理论等，这些都被认为是学科中最基础的知识。核心知识的确立有利于学生知识的迁移，而围绕核心概念组织知识能够帮助学生形成良好的知识结构。但是在制定核心知识时，仅 48.40% 的教师会考虑到知识的科学地位。说明高中物理教师虽然重视核心知识的界定，却对核心知识的了解并不深入，在具体的知识分类方面存在不足。

（2）物理教师对科学方法与物理知识关系的认识。

图 4-10 是关于教师在讲解"力的合成与分解""速度的合成与分解"等物理规律时联想到的科学方法（第 11 题）的调查结果统计图。"力的合成与分解""速度的合成与分解"是高中重要的应用类知识，在讲授时教师应教给学生相应的科学方法，让学生学会举一反三。本例题中对应的科学方法是等效替代法。"等效替代法"是高中重要的应用知识的物理方法。本题要求教师对科学方法有比较好的了解，能够由六个已知的、常见的物理知识归纳出相应的科学方法。调查结果显示 49.70% 的教师在讲授时没有联想到科学方法，由此可知高中物理教师对科学方法的教学并不重视。被试中能正确写出等效替代法的教师仅占 20.30%，即绝大多数（占 78.70%）的教师在讲授重要的物理知识时不能正确联想到对应的科学方法，说明高中物理教师对科学方法的认识还比较浅。

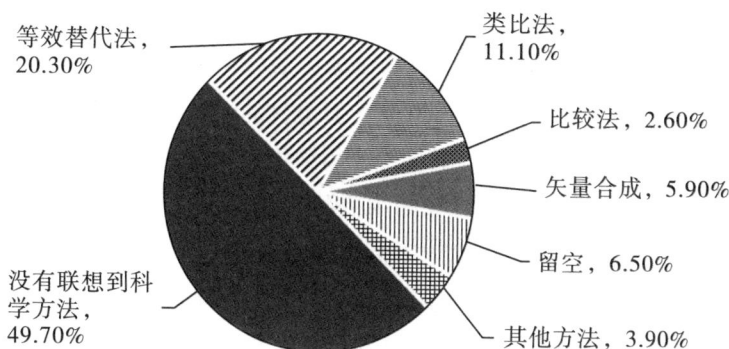

图4－10　"力的合成与分解""速度的合成与分解"等物理规律，对应的科学方法统计情况

关于提及科学方法时联系相关的物理知识的调查（第12题），问卷以"比值定义法"为例对高中物理教师进行调查。比值定义法是获得物理知识的重要方法，高中物理学习中有13个物理知识是通过比值定义法获得的，例如电场强度、磁感应强度、电势、加速度等。本题要求教师对高中物理知识的本质有比较深入的了解，由科学方法推演出相应的物理知识。问卷列出八个物理知识，其中有六个物理概念是根据比值定义法而得来的。调查显示仅28.6%的教师能够完全选择相关知识，其余教师均有漏选。可见物理教师对常见物理概念（规律）的获得方法理解不深。综合最后两项调查结果可知，教师对物理知识与科学方法的关系认识较浅。

4.3　调查结论

调查显示，知识的结构化教学在初、高中物理教学中是普遍存在的，绝大多数教师表示他们或多或少地接触过知识结构化教学。在对知识结构化教学的认识方面，绝大部分物理教师能比较正确地认识知识结构化策略与课型适合度，以及知识结构化教学的教育功能。但是通过进一步的调查发现，他们对知识结构化教学的认识程度整体偏低，主要表现为：绝大部分教师无法全面地判断知识结构化的教学行为，近九成教师无法全面判断学生知识结构不良的表现，且教师对几种知识表达形式的结构化作用的认识存在偏差。教师对知识结构化教学的认识程度会直接影响实际应用的教学效果。在对初、高中物理教师使用知识结构化教学策略的情况的调查中便验证了这一点。

关于"知识结构化教学"策略的应用方面，相对于高中教师，初中物理教师普遍使用知识结构化教学策略，在实际教学中，他们倾向于借助系统性与条理性更强的知识结构图的手段，帮助学生整理学过的知识、记忆理解物理知识和建立知识之间的联系；高中物理教师实际教学中最常用语言引导的方式来进行结构化的教学，这种做法简单方便，但语言的引导存在时效性，对复杂知识结构化的引导作用较差，所以语言引导的结构化效果并不大。概念图、思维导图、流程图等结构化效果较好的知识表达形式，无论是哪个阶段的物理教师，经调查分析显示，其使用率均不高。此外，物理学科是一门应用型的学科，而在程序性知识的讲授中结构化教学的应用反而比较少。因此，虽然绝大多数的教师能够有意识地引导学生采用结构化的学习，但其结构化的教学质量并不高。知识结构不良的教学，教给学生的只会是片段化、孤立的知识"点"。试问，如果学生头脑中的知识结构性不高，知识是零散、无序的，在解决问题时还如何能被有效激活呢？

此外，物理教师对知识结构化教学的必备背景知识的储存较为不足。从调查结果看，初、高中物理教师中近八成的教师有区分核心知识的意识，但他们判断是否是核心知识的依据存在偏差，一半的教师不知道核心知识的确定是来自于知识本身的科学性，这也说明教师对核心知识的理解并不清晰。此外，教师对科学方法的教学并不重视，在实际教学中并不能形成物理知识与科学方法的有效连接；无论是对应用知识的科学方法还是对获得知识的科学方法均表现出比较低的认识水平。而物理教师缺乏对科学方法的认知也会影响他们对物理重要知识的本质理解。物理教学是以培养能力为目的和方法的教学。知识是显而易见的，如何由知识学会科学方法是教学的重点也是难点，而知识结构化策略如何发挥相应的作用，有待进一步的思考。

4.4　基于调查的若干建议

4.4.1　重视知识的结构化教学，构建学生结构化的认知体系

一个良好的物理认知结构需要具备信息储存量大、有序化程度高和开放性好三个特征，而认知结构缺陷是导致学生物理学习困难的主要原因，表现为物理知识储备不足、知识组织程度低、知识表征不完善等。[①] 学生学习的过程也是构建认知体系的过程，学生的物理认知结构是物理知识结构在头脑中的主观反映。认知心理学认为，只有组织有序的知识才能在一定的刺激下被激活，才

---

① 巩俊龙，王林，潘璠. 浅谈高中物理认知结构的构建［J］. 佳木斯教育学院学报，2013（1）：206－207.

能在需要应用时被成功地提取，因此，有效构建学生结构化的认知体系，解决学生物理学习困难等现象，需要物理教师进行知识结构化的物理教学。

知识的结构化，就是把所学的知识要素按其相互作用、相互联系的方式和秩序组合起来，使知识由繁杂变成简化概括，使学生对知识的体系和结构产生形象化的感觉和认识，便于学习记忆。西南交大附中的马淑琴老师表示：每节课的教学中都应贯穿结构化知识的观念，不断强调，不断强化，这样在每一章结束时，教材的知识结构在教学中已经多次再现，应掌握的知识点在学生的头脑中织成了知识网，形成了结构化知识。① 因此，有效构建学生结构化的知识体系，需要教师的高度重视，不仅要重视教学的过程，也要重视学生应用的结果。

4.4.2　加强知识结构化教学的理论学习，提高结构化教学质量

物理教师对知识结构化教学策略的了解全面与否，将直接影响课堂结构化教学的质量，而有效的结构化教学需要教师清晰地理解什么是知识的结构化教学策略，因此，加强知识结构化教学策略的理论学习势在必行。从知识结构化的角度看，教师应当熟悉教材的逻辑结构，把握知识的呈现顺序；深入了解学生原有的认知结构，准确把握教学的起点，巧妙进行教学设计，以促进学生的知识构建；指导学生依据知识间的内在联系归纳总结，主动构建知识结构化框图。因此，教师选择有效的知识结构化策略，引导学生把孤立、零散的中学物理知识连接成网络，呈现不同形式的结构化的物理知识，使学生头脑中的知识系统化、层次化、结构化，对培养和提高学生的物理学习能力至关重要。目前对物理知识结构化教学策略的研究较少，但在其他学科，例如化学、生物、英语等已经建立了比较完善的理论基础，建议物理教师在学习教学理论知识时，结合物理学科特色对其他学科的理论基础做参考学习；此外也可以在网上下载相关的文献进行阅读，加强自身对知识结构化教学的理论学习。

---

① 马淑琴. 在课堂教学中强化知识结构：高一物理教学的一点尝试 ［J］. 广西师范大学学报（自然科学版），2000（S2）：199 – 201.

4.4.3   增强结构化教学背景知识的补充与沉淀，显化科学方法

近年来国际上的研究指出：科学素养是国际科学教育的核心目标，科学方法是科学素养的重要内容。[①] 如果一个学生学习了一门学科，却没有掌握这门学科的科学方法，那么，充其量只能说他学过了这门学科，而不是掌握了这门学科。[②] 因此，学生头脑中的知识结构图不能仅仅只有物理知识，更重要的是还要有与知识相连接的属于物理学科所独有的物理科学方法。

物理学科的知识结构化教学是将物理科学方法与物理知识有机连接，在学生头脑中形成有层次、有系统的结构良好的知识组块的过程。因此，构建具有物理学科特色的知识结构体系，不仅仅需要物理教师掌握物理知识，还要求物理教师能够清楚地知道物理学科的科学方法、科学方法与物理知识的关系等专业知识。增强物理教师对科学方法的理解，不仅是应用物理知识结构化教学的基础，也是教师重新学习的过程，同时也是教师的知识结构不断更新、改善并趋向合理的过程。因此，建议学校或相关部门加强对教师知识分类、科学方法等内容的学习组织与培训工作，另外，也需要教师充分利用网络资源、各种培训等多条途径有计划、有针对性、有步骤地加强物理结构化教学必备的背景知识的补充和沉淀。

总之，要构建突出物理学科特色的知识结构体系，解决学生认知结构凌乱、物理学习困难等现象，需要物理教师重视物理知识的结构化教学，加强自身对物理科学方法的理解，多阅读，全面学习知识结构化教学策略的理论知识。相信物理知识的结构化不仅能有效帮助学生深刻理解物理知识的本质，掌握物理科学方法，有效记忆与应用所学知识，还能促进教师自身专业发展，提高物理教学质量。

---

① KOSSO P. The large-scale structure of scientific method [J]. Science & education，2009 (18)：33 – 42.

② 袁振国. 反思科学教育 [J]. 中小学教育，1999 (12)：2 – 5.

5　中学生物理知识结构化学习
情况的调查与分析

上一章展示了对教师知识结构化教学现状的调查结果，那么学生的知识结构化学习现状是怎样的呢？他们在日常的学习生活中会不会有意识地开展知识结构化的记忆和理解？他们有哪些知识结构化学习行为表现？对"梳理知识""知识结构图""结构化学习"的认识与态度是怎样的呢？是什么影响了他们结构化地梳理知识？为了探寻上述问题的答案，我们分别对初、高中阶段的学生发放了《学生物理知识结构化学习情况调查问卷》（见附录2），分析调查结果并为教学提出建议。

5.1　初中生知识结构化学习情况的调查与分析

5.1.1　调查设计与实施

依据知识结构化的相关理论和学生实际情况，编制了相应的调查问卷，主要调查三大方面的主题：第一，从静态知识方面测量学生的认知结构，[①] 了解学生知识结构中受阻部分以及前概念的问题，为具体教学模式建构提供思路；第二，了解学生对知识结构化学习的认知以及学生结构化学习行为习惯等；第三，了解学生对初中阶段的科学方法的掌握情况。

调查以广州市海珠区两所中学的初二、初三学生为问卷发放对象，发放调查问卷700份，回收685份，回收率为97.86%。剔除废卷16份，有效问卷669份，有效率为97.66%。

---

① 贺江江. 高中生物理认知结构测评及优化策略研究［D］. 西安：陕西师范大学，2014.

5.1.2 调查数据分析

5.1.2.1 静态知识的调查数据分析

概念图可以反映学生对某一知识领域的认知结构。为了降低作答难度，问卷设计填空型试题：给出四个不完整的概念图，分别是力学、热学、光学和电磁学知识，如图 5 - 1 至 5 - 4 所示，提供中心概念和概念图的整体框架，但缺失部分节点（概念）和连接词，学生根据已掌握的知识填充空缺。[1] 目的是考查学生对重要的概念或术语、定理、定律和公式的理解记忆程度。[2]

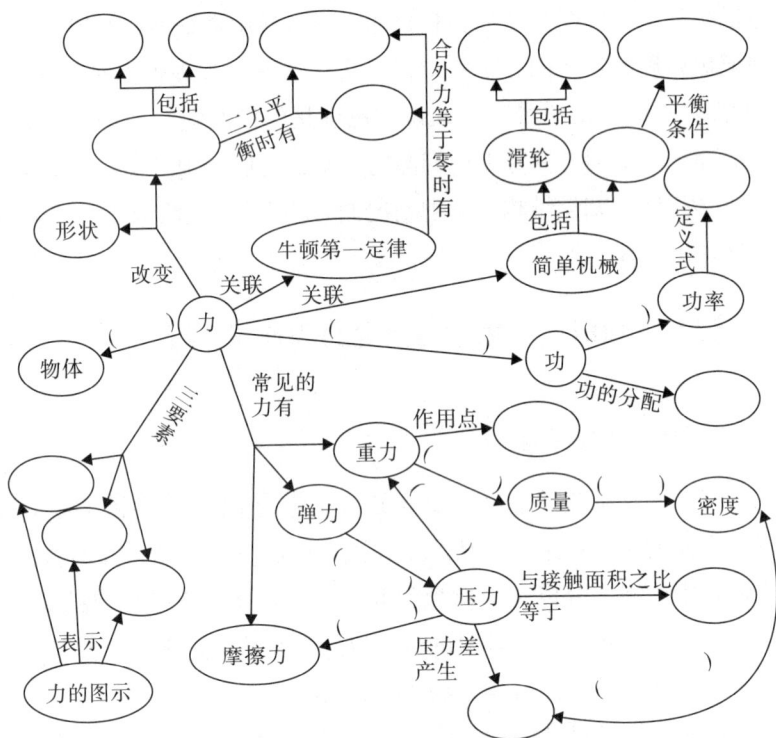

图 5 - 1　力学

---

[1]　于志．概念图评价的试题设计：美国概念图评价研究的新进展［J］．教育测量与评价（理论版），2009（11）：56 - 59．

[2]　周育英．基于概念图的物理教学评价研究［D］．重庆：重庆师范大学，2009．

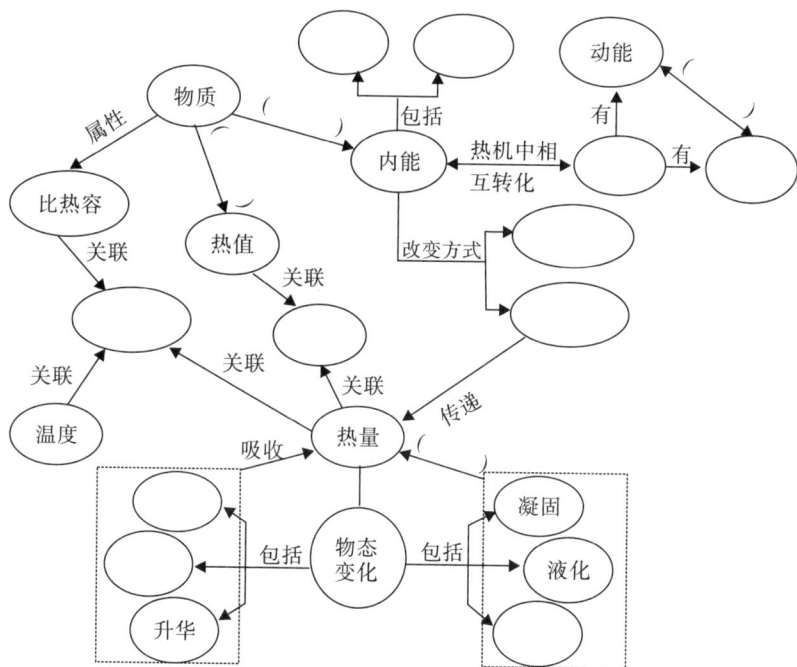

图 5-2 热学

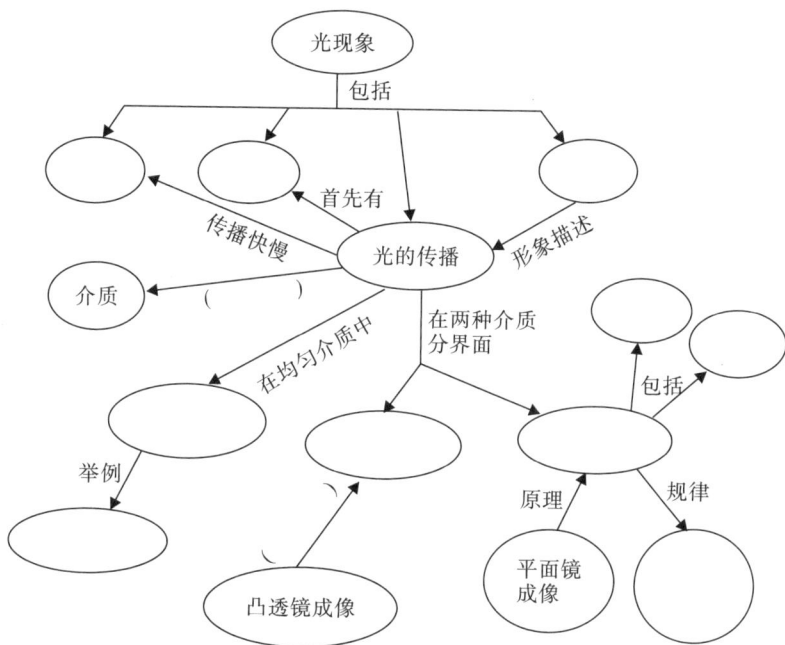

图 5-3 光学

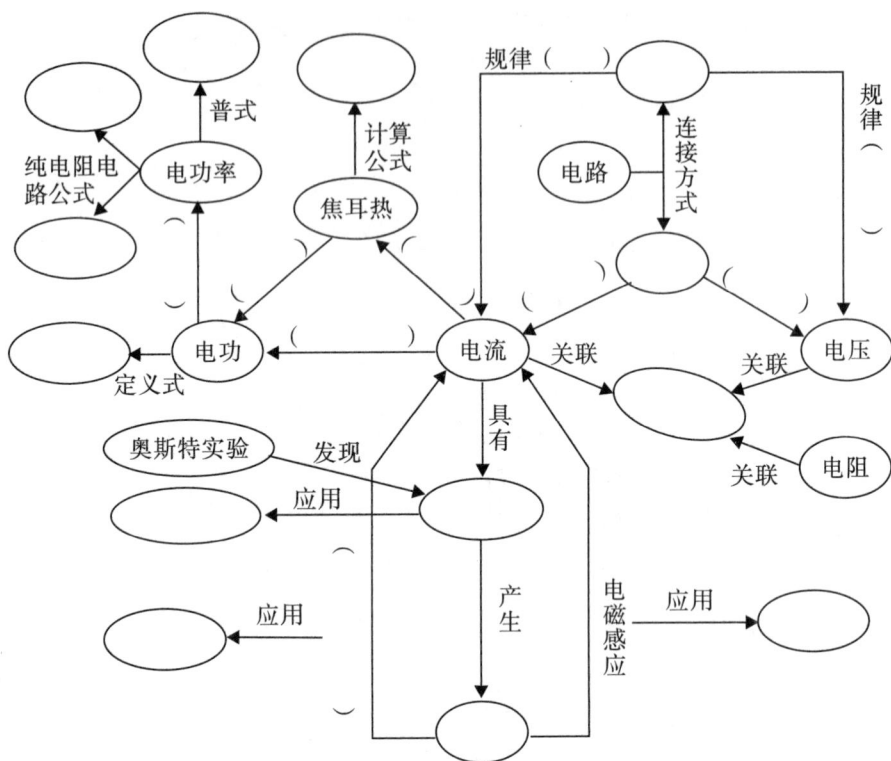

图 5-4　电磁学

　　把每个被试的填图成绩转化成标准分数（计算公式：$Z = \dfrac{X - \overline{X}}{S}$，$Z$ 代表标准分数，X 代表原始分数，S 代表原始分数的标准差，$\overline{X}$ 代表群体中所有被试的原始分数的平均数）。标准分数反映了群体中个体学业成绩偏离中心位置的程度，标准分数在 +1 以上的个体在群体中处于优秀地位，在 -1 以下的个体在群体中就处于弱势地位。[①] 把力学、热学、光学、电磁学的标准分数的分布进行统计，如图 5-5 所示。

---

　　① 李海云. 初中数学学困生与学优生差异的调查研究［D］. 天津：天津师范大学，2011.

标准分数占比

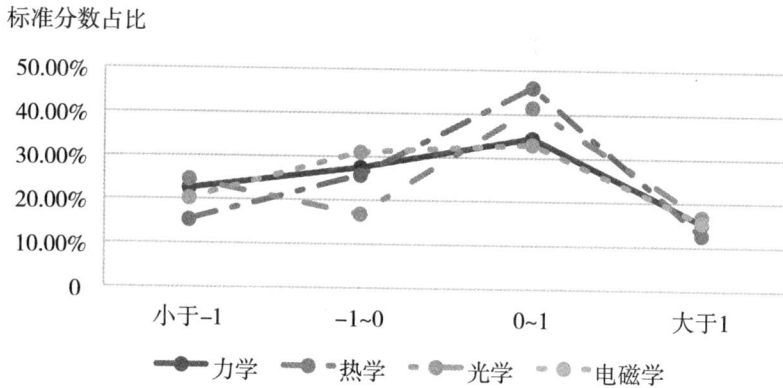

图 5 - 5　学生在四类物理知识概念图填空中的标准分数分布情况

从图 5 - 5 的数据可见，对于初中力学、热学、光学和电磁学四类知识的记忆和理解程度，处于劣势地位（标准分数小于 - 1）的学生占比均高于处于优秀地位（标准分数大于 1）的学生，而绝大部分学生处于"0 至 1"范围中，"大于 1"范围的学生占比偏低，均少于 20%，说明初中生对重要的概念或术语、重要的定理、重要的定律和公式的理解记忆的整体水平不高。

根据标准分数的性质①：标准分数的平均值为 0，若学生的标准分数为负值，作答情况低于平均分；反之，学生作答情况高于平均分。对数据进行统计，得到学生在四类物理知识概念图填空中的标准分数低于 0 的占比如表5 - 1所示：

表 5 - 1　学生在四类物理知识概念图填空中的标准分数分布情况

	力学	热学	光学	电磁学
标准分数低于 0 的人数占比/%	50.15	41.16	41.54	51.30

学生在电磁学概念图填空中的标准分数低于 0 的人数占比最多，力学的占比仅比电磁学的少 1.15%，说明学生对力学和电磁学的知识点掌握不理想，特别是电磁学。学生在热学和光学概念图填空中的标准分数低于 0 的人数占比均比另外两类约低 10%，相对而言，学生对热学和光学的知识掌握比另外两

① 包红岩. 标准分数是教育测量的重要工具 [J]. 辽宁教育学院学报，2000（5）：89 - 90, 96.

类好。由于学生的热学标准分在 0 ~ 1 的比例高于光学，所以学生对热学的知识掌握最好。

下面对每一类物理知识概念图的填写情况进行分析。

（1）力学知识的调查数据分析。

力学概念图需要学生补充 17 个节点和 9 个连接词。正确填写节点和连接词平均个数分别是 7 个和 2 个。

节点填空情况如图 5 - 6 所示，除了"速度大小"和"速度方向"，其他节点的答对率均达到 50% 以上，答对率高的前七个节点是：定滑轮、动滑轮、压强、力的三要素、重心、杠杆、运动状态。连接词填空情况如图 5 - 7 所示，答对率高的前两个连接词是：浮力公式和 G/g。

答对率

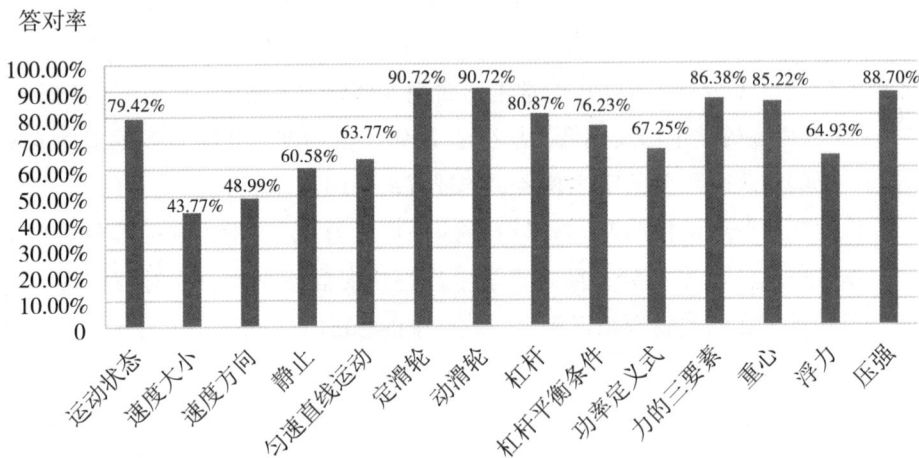

图 5 - 6　力学概念图的节点填空情况

人教版初中物理教材中"力学"知识有：力的基本知识（包括概念、作用效果、三要素等）、力的分类（包括弹力、重力、摩擦力、浮力）、力与运动、力与功、力与简单机械。

从学生填写力学概念图的答对率数据来看，"力的三要素""运动状态"答对率很高，但是"运动状态"下的"速度大小"和"速度方向"以及力是物体间的"相互作用"的答对率比较低，可见学生对力的基本知识掌握不全面。

答对率

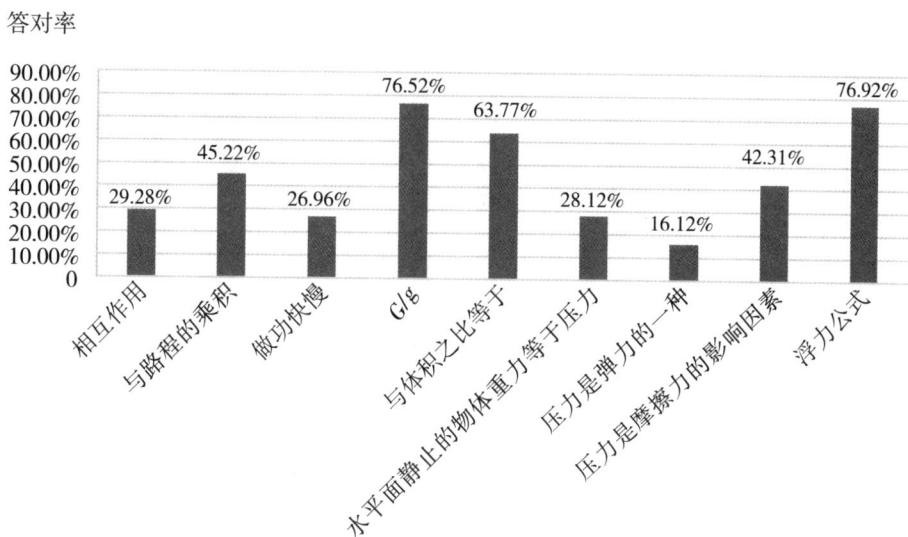

图 5 - 7　力学概念图的连接词填空情况

　　关于力的分类，概念图设置由三种力延伸出来的质量、密度、压强和浮力知识点，学生答对"重心""浮力""压强""浮力公式""G/g"，以及质量"与体积之比等于"密度的人数占比较大，而"水平面静止的物体重力等于压力""压力是弹力的一种""压力是摩擦力的影响因素"的答对率尤为低，可见学生可以记住每一种力以及延伸出来的知识，但是不能很好地理解重力、压力、摩擦力之间的关系。

　　力与简单机械涉及滑轮和杠杆，学生答对率较高，特别是滑轮，答对率高达 90% 以上，相对力的其他部分，学生对这部分静态知识掌握最好。力与运动涉及"牛顿第一定律"和"二力平衡"，学生在该部分的答对率占 60% 左右，掌握程度一般。

　　关于力与功，虽然"功率定义式"的答对率为 67.25%，但是比较少学生答对连接词：力"与路程的乘积"等于功，功率表示"做功快慢"，表明大部分学生对力与功的关系、功与功率关系的理解不到位，只是记住公式而不理解公式的意义。

　　（2）热学知识的调查数据分析。

　　热学概念图需要学生补充 11 个节点和 4 个连接词。正确填写节点和连接词平均数分别是 7 个和 2 个。节点填空情况如图 5 - 8 所示，除了"热值公式"，其他节点的答对率均达到 50% 以上，答对率高的前七个节点是：熔化、汽化、做功、热传递、凝华、机械能、势能。连接词填空情况如图 5 - 9 所示，答对率高的前两个连接词是：放出和属性。

答对率

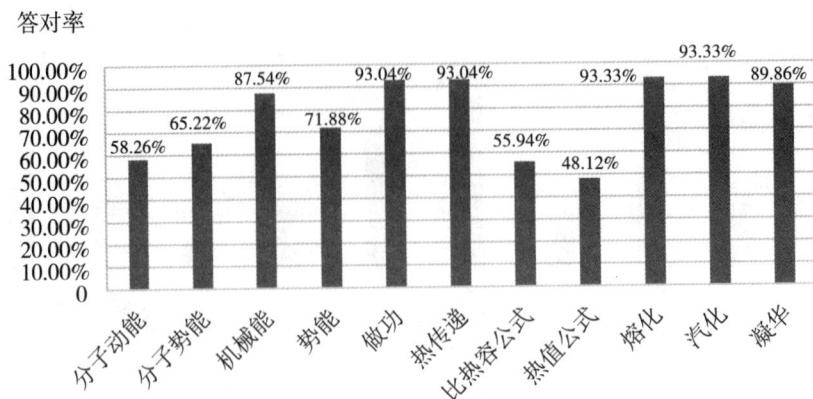

图 5 - 8   热学概念图的节点填空情况

答对率

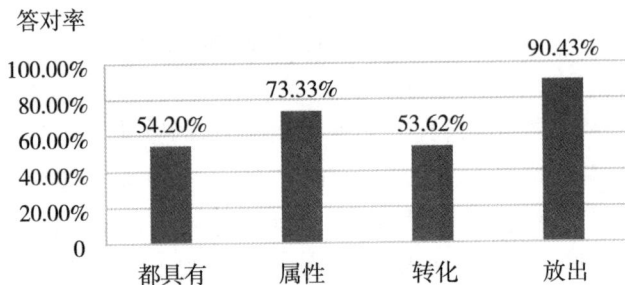

图 5 - 9   热学概念图的连接词填空情况

初中物理教材中"热学"知识包括：内能（包括分子热运动、比热容、热值、热量等）、内能的利用（包括热机、能量转化与守恒等）、物态变化（包括温度、6 种物态变化）。

从热学概念图的节点和连接词填空数据可见，节点"熔化""汽化""做功""热传递"和连接词"放出"热量的答对率超过 90%，学生对改变内能的方式、物态变化的记忆比较牢固；节点"分子动能""分子势能"，连接词物质"都具有"内能的答对率稍微低一些，分别为 58.26%、65.22% 和 54.20%，表明有一半左右学生没记住内能的分类、内能的性质；与内能密切相关的"比热容"和"热值"的答对率也不高。总体来说，对于内能的基本知识，学生掌握情况并不理想。

关于内能的利用，涉及内能与机械能的相互转化，学生对节点"势能"和"机械能"答对情况分别是 71.88%、87.54%，但是连接词动能与势能

"转化"的答对率仅占 53.62%，由此可见学生对"动能""势能"和"机械能"记忆深刻，但是有一半学生还没形成能量转化的观念。

（3）光学知识的调查数据分析。

光学概念图需要学生补充 10 个节点和 2 个连接词。正确填写节点和连接词平均数分别是 5 个和 1 个。

节点填空情况如图 5 - 10 所示，答对率超过 50% 的节点是"光源""光的直线传播""光的折射""光的反射"。正确填写连接词平均数是 1 个，统计得出连接词光的传播"不需要"介质和"应用"的比率分别为 43.56%、50.48%。

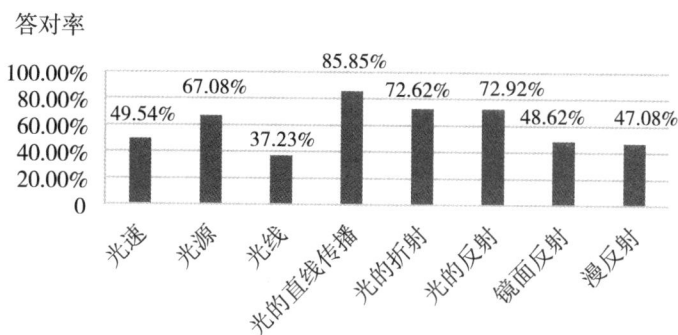

图 5 - 10　光学概念图的节点填空情况

初中物理教材中"光学"知识包括：光的传播基本知识（包括光源、光速、光线等）、光传播的分类（包括光的直线传播、光的折射、光的反射）、平面镜成像（光的反射原理）、透镜（重点是凸透镜成像）。

"光速""光源""光线""光的直线传播"都是光现象包含的内容，属于二级命题，其中学生对"光源"的答对率相对最高（占 67.08%），说明学生对光传播的前提条件记忆相对深刻，而"光速""光线"的答对率较低，对光传播的快慢和光传播的形象描述记忆不深。

关于光传播的分类，学生对节点"光的直线传播""光的折射"和"光的反射"的答对率分别占 85.85%、72.62% 和 72.92%，学生对这三种传播方式的区分比较到位；虽然"光的反射"传播方式深入学生心里，但是对于"光的反射"的分类和相关的举例，答对率都较低，均低于 50%。总体上看，大部分学生经过光学知识的学习后，认知结构依然不完善。

（4）电磁学知识的调查数据分析。

电磁学概念图需要学生补充 13 个节点和 9 个连接词。正确填写节点和连接词平均数分别是 6 个和 2 个。

节点填空情况如图 5 - 11 所示，答对率高的前六个节点是：串联、并联、焦耳定律（公式）、发电机、电动机、欧姆定律（公式）。连接词填空情况如图 5 - 12 所示，答对率高的两个连接词是：串联电路的电流规律、并联电路的电压规律。

答对率

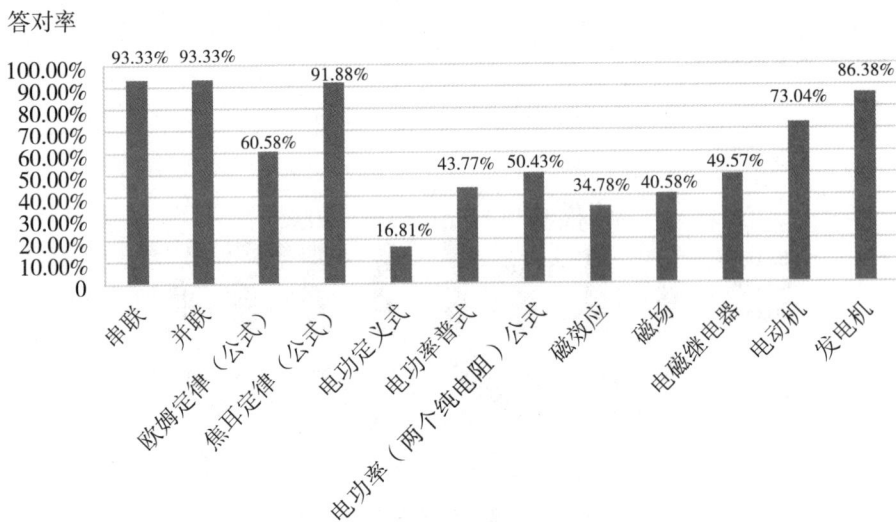

图 5 - 11　电磁学概念图的节点填空情况

答对率

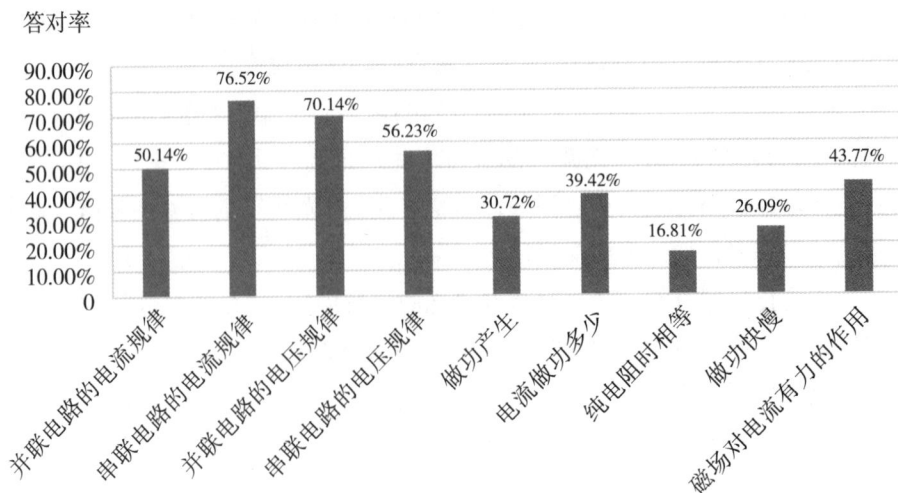

图 5 - 12　电磁学概念图的连接词填空情况

初中要求学生掌握的电学知识主要包括：电路（包括电路元件、连接方式等）、电流、电压、电阻、欧姆定律、电功、电功率和焦耳定律；磁场知识主要包括：磁场、电与磁关系（电生磁、磁生电）、电磁应用（电磁继电器、电动机、发电机等）。

根据电磁学概念图的填空情况数据可知，"串联""并联"答对率都是93.33%，串、并联电路的电流、电压规律答对率都超过50%，证明学生对电路的认识比较到位；"串联电路的电流规律"和"并联电路的电压规律"均高出"并联电路的电流规律"和"串联电路的电压规律"。客观上来看，前两者均是相等关系，相对容易记住，后两者需要进行运算，从这方面可以看出初中学生善于记住简单结论，但是对于稍微复杂的知识，容易忘记或者混淆。在调查具体答案时发现，有些学习困难学生把串、并联电路的规律混淆。

"欧姆定律（公式）"是电流、电阻和电压三者关系的反映，而且是初中非常重要的知识点，但仅有60.58%的学生填对。焦耳热是电流做功产生的，学生的"焦耳定律（公式）"答对率高达91.88%，但是仅有30.72%的学生答对焦耳热与电流关系的连接词（"做功产生"），另外学生对电功与电流、电功与焦耳热的关系的连接词填写正确率分别是39.42%、16.81%，说明学生对这些物理量之间的关系把握不清晰。

关于电功与电功率知识点，连接词"做功快慢"答对率仅有26.09%，力学概念图同样设置该连接词，学生的答对率为26.96%，足以说明学生对电功与电功率关系把握不够。而从节点情况看，需要学生填写电功定义式、电功率普式、电功率（两个纯电阻）公式，答对率分别为16.81%、43.77%、50.43%，从学生具体填写的答案可以发现，大部分学生能记住公式，但是填错了位置，说明学生对这些公式的适用条件还不明确。

关于磁场知识的填写情况，节点"磁效应""磁场""电磁继电器"和连接词"磁场对电流有力的作用"的正确率均在50%以下，而节点"电动机""发电机"的正确率均在70%以上。一方面，数据反映了学生对闭合回路电流产生磁场和该结论的应用（电磁继电器）、磁场对电流的作用的记忆不深，理解不到位；另一方面，学生对两个应用知识点的答对率高，掌握比较好。

从总体上看，学生对电路的连接方式、欧姆定律、焦耳定律、电生磁的应用、磁生电的应用的知识掌握得比较好，但对电功、电功率、磁场的知识的记忆不深、理解不透。

5.1.2.2　初中生知识结构化学习行为情况调查分析

问卷设置的题目要求学生以赋分形式作答，赋分值的标准：5分表示完全符合；4 分表示比较符合；3 分表示一般符合；2 分表示不太符合；1 分表示完全不符合。调查数据以百分比形式呈现，如表 5 - 2 所示。

表 5 - 2　初中生关于知识结构化的学习行为情况问卷调查

学习行为分类	行为描述	1 分	2 分	3 分	4 分	5 分
预习	2. 看到新的物理概念或规律会联想到可能相关的知识	2.69%	8.37%	29.15%	32.74%	27.06%
新课	3. 在学习新的物理概念或规律后，你习惯将新知识归纳整理	3.58%	8.08%	35.37%	28.51%	24.48%
	4. 你经常用画"知识框图"的方法来记录或整理笔记	19.43%	23.02%	33.48%	15.70%	8.37%
习题	7. 做物理习题前先复习当天所学的知识	8.22%	13.90%	43.05%	22.27%	12.56%
	9. 当问题能够被解决就不会去思考其他解法	7.17%	13.75%	32.44%	27.50%	19.13%
	11. 对做过的物理习题归类小结	8.82%	18.24%	39.76%	20.03%	13.15%
复习	12. 考前、单元结束后或期末，你会进行复习	7.78%	8.53%	25.30%	28.44%	29.94%
	13. 复习时你会理清每个知识点间的关系	5.25%	10.79%	32.23%	32.83%	18.89%
	14. 为了避免混淆概念，你通常只记忆单个物理知识	11.41%	19.97%	34.38%	22.07%	12.16%

（1）大部分初中生有进行知识结构化的学习行为。

根据本调查问卷第 2 题"看到新的物理概念或规律会联想到可能相关的知识"，第 3 题"在学习新的物理概念或规律后，你习惯将新知识归纳整理"，第 11 题"对做过的物理习题归类小结"，以及第 13 题"复习时你会理清每个知识点间的关系"，调查结果如图 5 - 13 所示：

赋分值占比

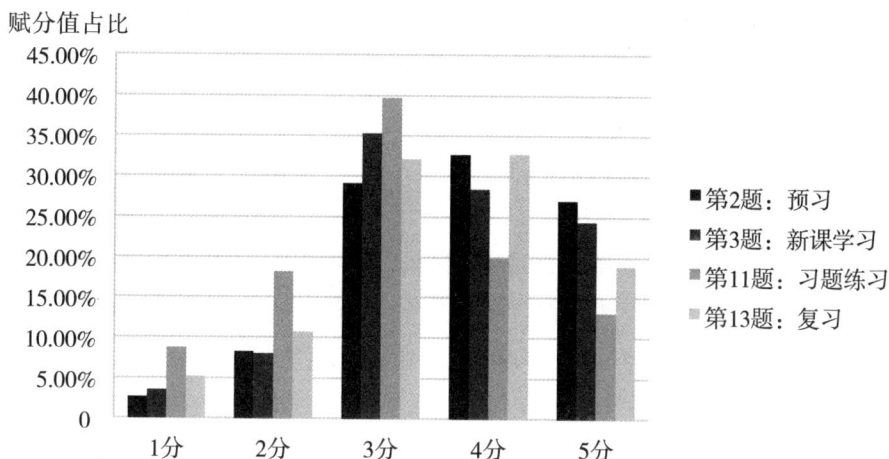

图 5 – 13 初中生的物理知识结构化学习行为情况调查

根据图 5 – 13 的调查结果，选择 "3 ~ 5" 分的学生占比较大，说明大部分初中生在预习、新课学习、习题练习和复习四个学习环节中都有知识结构化学习的行为习惯。通过进一步统计，结果表明，学生在预习、新课学习和复习方面，平均赋分值相对较高，分别为 3.73、3.62 和 3.50，习题练习方面的赋分相对较低，仅有 3.10，说明学生注重在前三方面的学习中进行知识结构化，但做习题时欠缺知识结构化的习惯。

（2）知识结构化的学习比较符合学优生的学习习惯。

考虑不同层次学生的行为习惯不同，将影响到知识结构化具体教学措施的进行，对调查对象中的学困生与学优生对上述第 2、3、11、13 题的选择情况进一步统计，得到以下调查结果（见图 5 – 14）。

赋分值

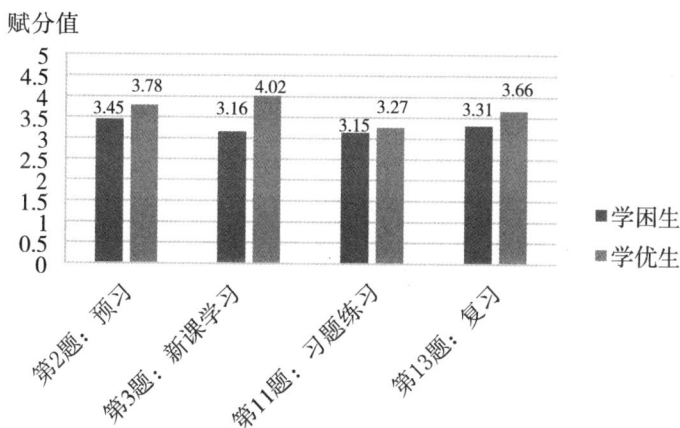

图 5 – 14 初中学困生与学优生物理知识结构化学习行为情况调查

根据图 5-14 的数据可知，在四个学习环节中，学优生进行知识结构化学习的分数均比学困生高，特别是在新课学习环节高出 0.86 分，这说明学优生在物理学习中经常进行知识结构化。据此，采用知识结构化教学时需要考虑重点班与非重点班学生的结构化学习行为。

（3）初中生比较少使用知识结构图。

根据本调查问卷第 4 题"你经常用画'知识框图'的方法来记录或整理笔记"，如表 5-2 所示，赋分在"1~3"分区域的学生占比是 75.93%，该题赋分的平均值为 2.72。对调查对象中的学困生与学优生的数据进行统计，调查结果如图 5-15 所示：

赋分值占比

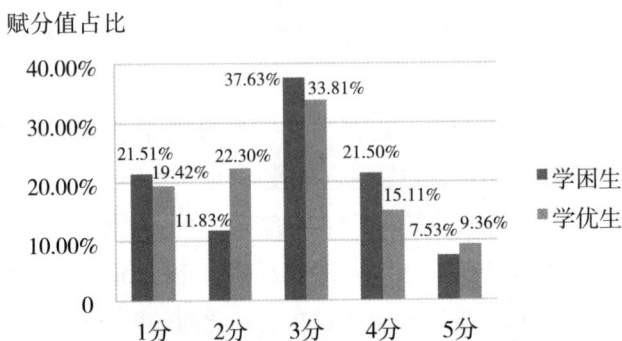

图 5-15 初中学困生与学优生使用知识结构图情况调查

由图 5-15 的数据可以看到，无论学困生还是学优生，经常使用知识结构图的人数占比均较少，赋分 4~5 分的学困生占 29.03%，学优生占 24.47%，即仅少部分学生在平时学习中经常使用知识结构图。知识结构图包括概念图、思维导图、流程图、表格、知识清单等，学生用得少，说明教师在教学过程中也比较少使用知识结构图。

根据教师问卷调查的数据显示，表格与知识清单是使用率相对高些的知识结构图。在本调查问卷中，设置第 17 题"以下知识图谱，你认识哪些？根据你的认识与应用程度在括号后打分，最高分 7 分，最低分 1 分（分数越高说明越了解）"，调查学生对知识结构图的了解与熟悉程度，对每一种知识结构图的赋分平均值进行统计，结果如图 5-16 所示。

分值区间在 [1，3] 表示了解程度低， [3，4] 表示了解程度中等，[4，6] 表示了解程度比较高，[6，7] 表示非常了解。根据图 5-16 数据显示，学生对知识结构图的了解程度排序如下：流程图 > 概念图 > 表格 > 知识清

单 > 思维导图，其中前三种知识结构图处于了解程度中等水平，超过分值 3.5 的仅仅只有流程图，最后两种处于了解程度低的水平。总体上看，初中生对每一种知识结构图的了解程度都不高，对比教师问卷的结果，虽然教师经常使用表格与知识清单，但是学生对这两种知识结构的熟悉程度并不是最高的。原因可能是学生较少使用这两种结构图，即使教师在教学中教过学生，但是由于学生不会主动使用，这两种工具也就难以内化到学生的学习习惯中，更难以成为学生认知结构的一部分。

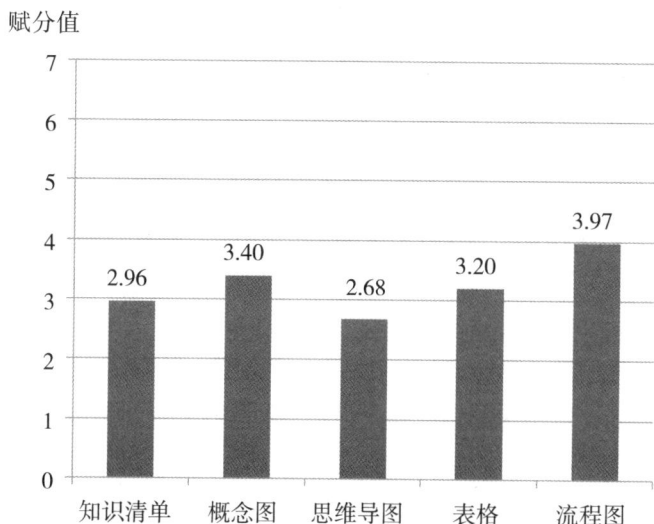

图 5 - 16　初中生对知识结构图了解程度调查

（4）初中生缺乏思维发散的主动性。

本调查问卷第 9 题为："当问题能够被解决就不会去思考其他解法"，如表 5 - 2 所示，赋分在 "1 ~ 3" 分区域的学生占比是 53.36%，即面对一个物理问题，过半学生通常只掌握一种解法即止，而不会主动去寻找其他解法。该题赋分的平均值为 3.37。对调查对象中的学困生与学优生的数据进行统计，调查结果如图 5 - 17 所示。

赋分值占比

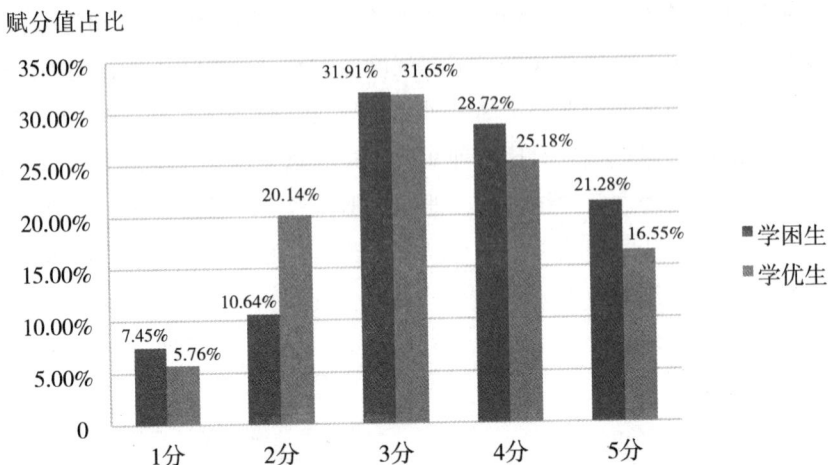

图 5 - 17　学困生与学优生发散思维情况调查

由图 5 - 17 的数据可以看到，学优生和学困生的思维发散行为表现没有明显区别，表明被试的学习成绩与思维发散没有必然联系。从该题的赋分平均值和低分占比可见，整体上初中生比较少主动进行思维发散学习行为。

发散性思维的培养是中学课堂的一个目标，也是许多教育者的研究方向。本书所提倡的知识结构化教学借助知识结构图等途径，引导学生进行知识结构化学习，能帮助学生培养发散思维的习惯和能力。通过物理知识结构化教学，帮助学生培养思维发散的习惯是有必要的。

5.1.2.3　初中生对知识结构化学习的认识情况数据分析

关于初中生对知识结构化学习的认识情况，调查的问题如表 5 - 3 所示。

表 5 - 3　初中生对知识结构化学习的认识

认识方面	具体描述
知识结构	1. 初中有许多物理概念和物理规律，你认为知识间会有一定联系
知识结构的作用	6. 你认为知道各个概念间的关系，对物理学习有很大帮助
知识结构化的方法	10. 你认为"刷题"比梳理知识更有效 16. 你认为"知识结构图"的表达方式不能帮你更好地理解知识

相应的调查数据统计如图 5 - 18 和 5 - 19 所示。

赋分值占比

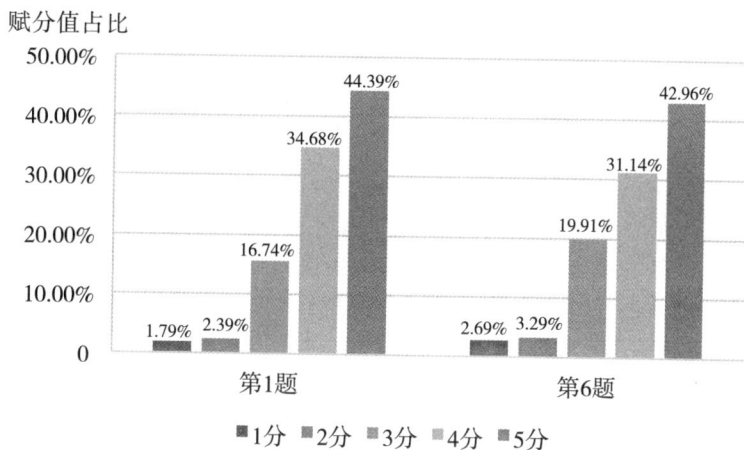

图5-18　初中生对知识结构和知识结构作用的认可度调查

赋分值占比

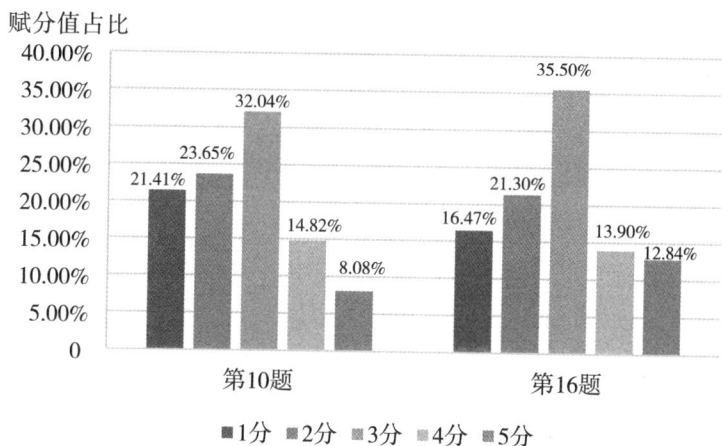

图5-19　初中生对知识结构方法的认识情况调查

　　从图5-18中的数据可见，分值在3~5分的人数占比大，超过90%，表明初中生承认物理概念和规律间是有一定联系的，如果掌握各个物理概念间的关系将会对物理学习有很大的帮助。

　　分析学生对知识结构化方法的认知情况，调查结果如图5-19所示。通过第10题的调查结果可知，大部分学生的分值小于4分，说明学生并不认为"刷题"比梳理知识更有效。然而第16题的调查结果显示，仅有26.74%的学生认为"知识结构图"能够更好地帮助他们梳理知识，37.77%的学生认为"知识结构图"并不能更好地帮助他们梳理知识。从上述数据来看，学生对有效促进学习的知识结构化方法没有足够明确的认知，他们能够比较清楚地知道"刷题"并不是最好的方式，但并不清楚哪些方式是有效的。

5.1.3　调查结果与建议

通过对以上调查数据的分析，可以得出以下结果：

第一，初中生对知识结构化学习的认可度较高。初中物理概念、物理规律等知识，多数初中生认为采用知识结构化学习方式，可以促进物理知识的学习。

第二，初中生对知识结构有初步认识，对知识结构化学习方法有一定的认识。较少学生认为"刷题"比梳理知识对物理学习更有效，对知识结构图的认识度不高。

第三，大部分初中生在物理学习中能做到知识结构化。在预习、新课学习、复习和习题练习四个环节中，初中生主要在前三个学习环节注重采用知识结构化学习方式。

第四，初中生的知识结构体系较不理想。静态知识结构体系调查中，初中生对物理知识点的记忆和理解，整体水平不高，对电学知识掌握情况最不理想，同时学生知识运用能力比较薄弱。

鉴于调查中发现的问题，提出以下教学建议：

第一，在静态知识结构图节点填写情况中，学生出现知道一些关键概念，但是下位概念不能写出来的情况，比如不少学生知道"光的反射"，但是不清楚"光的反射"分为"镜面反射"和"漫反射"；知道力可以改变物体的"运动状态"，却不知道"运动状态"包括"速度大小"和"速度方向"。这说明学生不能有效地识记下位概念，或者容易忘记。一般情况下，新授课时学生能记住下位的知识点，但是记忆比较短暂，因此教师可采取巩固的措施，比如课堂小结时运用思维导图等帮助学生记忆，在复习课或者下节新课的引入环节适当回顾已学知识。

第二，调查中发现学生对连接词的填写情况比节点填写情况差，节点的填写测量陈述性知识，连接词的填写测量程序性知识，反映了学生对程序性知识的掌握比陈述性知识差，因此教师在知识结构化教学中需要思考怎么将程序性知识内化到学生的认知结构中，比如及时对比和总结解题的方法，一边解释实验现象一边画出流程图。

5.2　高中生知识结构化学习情况的调查与分析

5.2.1　调查设计与实施

本次调查采用自编的《学生物理知识结构化学习情况调查问卷》（附录2）作为研究工具，问卷采用李克特五级量表，以 1～5 分分别代表"完全不符合""基本不符合""不知道""基本符合""完全符合"五个等级。

问卷共计 21 道命题，设为三个部分，第一部分调查高中生知识结构化学习的行为表现现状，分为六个方面，分别是复习回顾、总结归纳、画结构图、联想记忆、发散思考、规划目标。第二部分调查学生对"梳理知识""知识结构图""知识结构化学习""知识关联性记忆"等内容的认知态度。第三部分调查影响学生知识结构化学习的三个因素，分别是"学习时间""教师引导""知识复杂性"。

学生知识结构化学习是指学生能够有意识、有规划地根据知识与知识之间的联系、知识与科学方法之间的关系，将所学的内容以大概念为核心，连接成为结构性良好的知识组块，长期保存在头脑中的一种学习方法。当前有关物理学科的知识结构化的研究比较少，但是其在化学学科已经得到了比较好的应用。参照刘淑花等人的相关研究，总结出知识结构化学习应该表现为能够定期复习学习内容，避免短期遗忘，对自身的学习内容和学习方式有一定的规划，记忆知识点时能够学会联系相关内容记忆与理解，对下位知识能够归纳整理，将其纳入更大的概念中，对上位知识能够发散联想相关的下位知识，将知识有效整合，同时自主应用知识结构图梳理知识间的联系，学会反思。基于此，对学生知识结构化学习的行为表现的调查中，分别对复习回顾、总结归纳、画结构图、联想记忆、发散思考、规划目标六个方面开展调查。

以广州市某中学的高一、高二年级的理科班学生作为调查对象，共计 917人。根据学生的中考成绩以及期末考试成绩，将学生分成学优组、平行组和学困组，研究对象分布如表 5-4 所示。

表 5-4　研究对象分布表

单位：人

成绩分组	总人数	高一	高二	男生	女生
学优组	260	130	130	121	139

（续上表）

成绩分组	总人数	高一	高二	男生	女生
平行组	443	189	254	297	146
学困组	214	111	103	133	81
合计	917	430	487	551	366

5.2.2　调查数据分析

调查完成之后将统计数据录入 SPSS 软件进行均值统计。统计结果如表5-5所示。

表 5-5　高中生知识结构化学习的调查结果

维度		题号	项目内容	平均分
行为表现	复习回顾	1	我每天都会复习当天所学内容	2.87
		2	考前或期末，我会对学习的内容进行复习	3.32
	总结归纳	3	做过的物理习题都会归类小结	2.96
		4	我会对物理知识进行归纳整理	3.03
	画结构图	5	在物理学习或者复习的过程中，我会画知识结构图来记忆和理解知识	2.51
		6	我会把一段时间里学习的内容用画"知识框图"的形式梳理出来	2.29
	联想记忆	7	在学习"加速度"的概念时，我会联想"速度"来帮助理解和记忆	3.42
		8	我清楚地知道合外力、速度、加速度之间的关系	3.81
	发散思考	9	当问题已经被解决时，我还会去思考其他解法	2.76
		10	遇到难题时，一种方法行不通，我会尝试用不同的方法解题	3.46
	规划目标	11	我会对学习内容有所规划或制定学习目标	2.77
		12	每次写作业、测试我都会规定完成的时间	2.61
元认知		13	我认为"刷题"比梳理知识更有效	2.11
		14	我认为梳理知识等同于背诵	2.58
		15	对学过的物理知识，我清楚哪些知识是很重要的，必须牢固掌握	3.49

（续上表）

维度	题号	项目内容	平均分
元认知	16	我认为"知识结构图"这种方法有利于对知识的理解	3.30
	17	我认为知道各个概念间的关系，对我的物理学习有很大帮助	3.55
	18	我知道将知识以结构化的方式去学习和记忆是好的	3.48
影响因素	19	老师的学习建议对我有很大的影响	3.61
	20	我有很充足的时间可以梳理知识	2.60
	21	知识点多且复杂是造成我学习困难的主要原因	3.10

关于行为表现维度分析如下：

第1、2题主要调查学生在什么阶段进行复习回顾，结果显示学生偶尔会在考前或一个阶段性学习结束后对学习内容进行复习，但很少会对当天的学习内容进行复习。

第3、4题调查学生是否会对习题和知识做归纳整理，结果显示学生归纳整理的意识比较薄弱，尤其对习题的整理较少。

第5、6题调查学生是否会利用知识结构图来进行知识的梳理，结果显示高中生几乎不用知识结构图。

第7、8题调查学生在记忆概念时是否会通过建立概念间的联系来帮助记忆与理解，结果显示高中生在记忆概念时经常将相关的概念联系起来记忆，在理解概念时绝大多数情况下会联想相关的概念来帮助理解。

第9、10题调查学生在解决问题时是否会发散思考，结果显示大部分学生只有在一种方法解决不了问题时才会被动地去发散思考，而在没有要解决的问题时很少有学生会主动发散思考。

第11、12题调查学生的规划意识，调查显示高中生在日常学习中学习目标的规划意识较弱。

总体而言，高中生的知识结构化学习行为不足，被调查的六个方面，除了联想记忆做得比较好外，其他五项行为都表现不足，尤其是画知识结构图和目标规划两方面尤为突出。

关于元认知维度分析如下：

第13、14题调查学生对"梳理知识"的认识，结果显示学生对梳理知识的认识一般。

通过第 15 题的调查可以知道大部分学生能够明确不同物理知识的重要性，知道哪些是重要概念。

第 16～18 题的调查结果均为良好（$M > 3.0$），依次说明了大部分高中生认为画知识结构图、知识关联性记忆、将知识以结构化的方式去记忆对学习有很大的帮助。

通过以上调查分析可知，高中生对"画知识结构图""知识关联性记忆""知识结构化学习"等内容的态度是比较积极的。

关于影响因素分析，由调查结果可知，高中生几乎没有时间来梳理知识。他们普遍认为知识点多且复杂是造成他们学习困难的主要原因，且教师的学习建议对他们有很大的影响。

由调查结果可知，学生对"知识结构化学习""联想记忆"持比较积极的态度，学生的知识结构化学习行为的表现却不明显。

学生很少会复习学过的内容，只是在考前做简单的突击，而短时间内复习，关注的是主要的概念、解题方法等内容，这就很容易把各个章节中的小概念或是细节知识、科学方法、科学思维忽略，这也是现在的学生看似考试分数很高，但是对物理这一学科其实并不了解的原因之一。

调查结果显示高中生的归纳整理意识薄弱，在元认知的调查中，仅有部分学生认为梳理知识比"刷题"更有效，所以我们经常看到学生在"刷题"，而不是在梳理知识。物理学科是一门以知识为基础，将方法应用于解决实际问题的学科。在平常的大小考试中，我们很难看到单纯考查知识点的题目，绝大多数都是情景类的实际应用问题。所以，虽然高中生和教师都知道物理基础知识的基础性和重要性，但是迫于考试的压力，还是会把绝大部分的时间用于"刷题"。

高中生认为画知识结构图梳理知识对知识点的理解和记忆有很大帮助，但学生对知识结构图了解甚少，在日常的学习中基本不会通过画知识结构图来梳理知识。原因有以下几点：对于知识结构图，学生大多会在教学辅导书中看到，但是较少在课堂上看到。教师对学生学习行为的影响很大，但是在对教师知识结构化教学的调查中发现，高中物理教师课堂的知识结构化质量并不高，教师也较少应用知识结构图。这就使得学生对知识结构图的认识不够，同时，教师也没有起到积极的引领作用。调查显示学生很少有时间能够梳理知识，巨大的课业负担压得学生喘不过气来，学生完成作业已经费了九牛二虎之力，也就没有空余的时间来画知识结构图了。

5.2.3 调查结论与启示

5.2.3.1 高中生已具备知识结构化的意识

由调查结果可知，物理概念在高中生的头脑中是以相互关联的方式储存的，并被标识为"重要""不那么重要"加以分类。这种潜意识的知识处理方式表明了学生已具备知识结构化的意识，也恰好说明了知识结构化不仅符合学生的认知规律，还能够满足学生的学习需求。尽管如此，高中生仍面临因物理知识点多且复杂而造成的学习困难。这是因为学生虽然有了知识结构化的意识，但这种系统性、层次性不足的知识结构分散在学生的头脑中，难以互相连接，无法形成组织程度高的图式，阻碍了新的知识结构的构建，造成学习困难。

5.2.3.2 知识结构化学习行为不足

调查结果显示，高中生在日常的学习中缺乏知识结构化的学习行为。原因可能有以下三点：首先，高中课业繁重，学生几乎没有时间来梳理知识；其次，学生在学习上缺乏技巧，不明白哪些方法可以提高自身知识的结构化程度；最后，考试的压力使得学生将学习重心更多地放在解题上，而忽略了梳理知识的重要性。

5.2.3.3 元认知与行为表现反差较大

结合调查结果可知，高中生元认知与行为表现的反差较大。例如，高中生认为知识结构图有利于对知识的理解，但几乎不画知识结构图以辅助学习；高中生认为知识关联性记忆对物理学习帮助很大，但较少进行知识归纳和小结。造成上述现象的重要原因是物理教师没有发挥良好的引导作用。在学习方法和习惯的培养上，教师对学生的影响是很大的。学生缺乏教师的有效引导，对知识结构图等学习方法的了解较少，必然会削弱知识结构化的行为表现。

5.2.3.4 学生被动接受知识，而非主动构建体系

由调查结果发现，高中生在解决物理问题时，对于已经解决的问题，较少主动发散思考；同时，高中生严重缺乏学习目标和内容的规划意识。这些现象说明当前高中生并不能主动构建知识体系，而是处于被动接受物理知识的状态。虽然新课改的大旗已高举多年，但大部分的一线教师还处于传统教学模式与建构教学模式的过渡阶段，课堂上多以讲述为主，全面培养学生主动学习的意识显得不足。

5.3　高中生知识结构化水平诊断——以"静电场"为例

5.3.1　高中物理知识结构化水平层次划分

SOLO 分类理论建立在皮亚杰理论的基础之上，体现了现代心理学研究的成果，具有严格的理论形态，其评价对象是学生的学习结果，而不是学习行为，依据学习结果在结构上的复杂程度反映学生学习"质"的不同。知识结构化源于认知心理学，在诊断知识结构化水平时，是对学生头脑中知识结构的关联整合程度进行诊断，即知识结构化学习结果的诊断。因此我们将应用 SOLO 分类理论，对高中生物理知识结构化水平进行层次划分。

从本质上说，SOLO 分类是一种认知发展的理论，其内容主要包括两个方面：第一，任务或被试反应的性质及其抽象程度，即思维方式以及各种方法对应的知识类型，包括感觉运动方式—隐性知识、形象方式—直觉知识、具体符号方式—陈述性知识、形式方式—理论知识、后形式方式—高层次、高抽象的理论知识；第二，以较为复杂的方式处理相关信息的能力，即反应水平，SOLO 分类将学习结果分为前结构水平、单点结构水平、多点结构水平、关联结构水平和扩展抽象水平五个反应水平。本研究将 SOLO 反应水平的五个层级与物理知识结构化外在表现整合，对高中物理知识结构化水平进行划分。

（1）前结构水平：学生不能对问题做出任何有意义的反应。处于这一水平的学生并不能很好地理解单个物理概念的含义，无法将物理概念与其他知识建立关联，或学生能够比较好地理解单个物理概念的含义，但仅限于机械记忆的理解，并不能与其他相关概念建立联系。

（2）单点结构水平：学生仅能对一个相关信息或线索做出反应，或只能做出一步反应。处于这一水平的学生，能够比较好地理解单个物理概念、规律、现象，并且能够建立两个相关概念间的关联。

（3）多点结构水平：学生可以使用两个或两个以上的相关因素对问题做出反应。处于这一水平的学生，能够比较好地理解单个物理概念、规律、现象，能够在两个以上的相关概念间建立关联，但是尚未意识到概念与核心概念的关系。

（4）关联结构水平：学生能够从整体上把握题目的要求。处于这一水平的学生，不仅能够在多个概念间建立关联，而且能够知道主干知识与核心概念的关系，以及主干知识在核心概念体系中的地位，或能够从核心概念的角度来理解考核知识的内涵。

（5）扩展抽象水平：学生会归纳问题，在归纳中概括新的和更抽象的特征。在这个水平层次的学生不仅能够在多个概念间建立关联、知道主干知识与核心概念的关系，最重要的是能够从更高的角度整合知识，即能够围绕核心概念构建知识体系。

综合上述分析，我们选取 SOLO 分类理论中的反应水平作为知识结构化水平层次划分的理论参考，结合对物理知识结构化外在表现的思考，得到如表 5-6 所示的高中物理知识结构化水平层次划分标准，下文将依据水平划分的结果进行测试题的编制和赋分。

表 5-6　高中物理知识结构化水平层次划分标准

水平层次		表现
水平 4	扩展抽象水平	能够围绕核心概念建构物理知识体系
水平 3	关联结构水平	能够说明主干知识与核心概念之间的关系，知道主干知识在核心概念体系中的地位
水平 2	多点结构水平	能够对多个（两个以上）主干知识建立联系，但并不能建立与核心概念间的关系
水平 1	单点结构水平	能够建立主干知识间的联系，但并不能建立与核心概念间的关系
水平 0	前结构水平	仅是基于生活和常识的角度来理解概念内涵，或基本理解概念内涵，但仅关注概念本身，并不能将概念与相关概念建立关联

5.3.2　"静电场"知识结构要素分析

就高中物理"静电场"而言，其抽象性成为学生难以逾越的障碍，该章的概念和公式十分繁杂，各物理量之间的联系以及功和能的关系都是本章的难点。因此，无论从教材分析还是学情分析，都能看出本章是高中学生较难掌握的一部分。我们通过梳理高中物理教材（选修 3-1）、新课标对"静电场"一章的教学要求以及学业要求，提取"静电场"一章中构成本部分知识框架的知识结构要素。

5.3.2.1　教材内容分析

（1）物理概念、规律、现象的分析。

表 5-7 列出了高中物理课本"静电场"一章中的主要概念描述，通过梳理本章知识脉络，把握本章主要内容，从而提炼本章的核心概念。

表5-7　高中物理课本"静电场"一章中的主要概念描述

序号	基本概念
1	同种电荷相排斥，异种电荷相吸引
2	摩擦起电的原因是电子的转移
3	物体带电的本质是微观带电粒子（如电子）在物体之间或物体内部的转移
4	电荷既不会创生，也不会消灭，只能从一个物体转移到另一个物体，或者从物体的一个部分转移到另一个部分；在转移的过程中，电荷的总量保持不变
5	真空中两个静止点电荷之间的相互作用，与它们的电荷量的乘积成正比，与它们的距离的二次方成反比，作用力的方向在它们的连线上。库仑定律是电磁学的基本定律之一。任何一个带电体都可以看成是由许多点电荷组成的
6	电荷的周围存在着由它产生的电场，处在电场中的其他电荷受到的作用力就是这个电场给予的
7	电场强度是描述电场性质的物理量，电场的作用是可以相互叠加的
8	电场线能够简洁、形象地描述电场中各点的电场强度的方向和大小
9	匀强电场中各点电场强度大小相等、方向相同
10	静电力做功与电荷的起始位置和终止位置有关，但与电荷经过的路径无关
11	由于移动电荷时静电力做功与位移的路径无关，电荷在电场中也具有电势，这种势能就叫做电势能（保守力做功都有对应的势能）
12	静电力做功等于电势能的减少量
13	电荷在某点的电势能，等于把它从这个点移动到零势能位置时静电力做的功
14	电势是电荷在电场中某一点的电势能与它的电荷量的比值，是表征电场性质的重要物理量。沿着电场线方向电势逐渐降低
15	电势能和电势的大小的确定，首先要选定零电势能点或者零电势点
16	电场线跟等势面垂直，并且由电势高的等势面指向电势低的等势面
17	电势差是电场中两点间电势的差值，电势差与静电力做功之间的关系是 $U_{AB} = \dfrac{W_{AB}}{q}$
18	匀强电场中两点间的电势差等于电场强度与这两点沿电场线方向的距离的乘积。电场强度在垂直方向上等于沿电场方向每单位距离上降低的电势
19	处于静电平衡状态的导体，内部的电场处处为零。电荷只分布在外表面，整个导体是个等势面，其外表面附近任何一点场强方向必定与这点的表面垂直
20	电容是表示电容器容纳电荷本领的物理量
21	带电粒子在电场中受到静电力的作用，会产生加速度，速度的大小和方向都有可能发生变化

基于教材内容,将教材中提及的主要概念做如下整合归纳(见图5-20)。"静电场"一章,从学生熟悉的电荷引入电场的学习,由电荷间的相互作用的规律——库仑定律,到电荷间通过电场产生相互作用,电荷周围产生电场,由此展开对电场的学习,之后应用比值定义法定义表示电场强弱的物理量——电场强度,再通过类比法引入电势的学习,由此可知,静电场对其中的电荷有力的作用,也有能的作用,从两个方面描述了静电场对电荷的作用。从教材内容看,本章的主要内容是围绕着电场的产生和电场对其中电荷的力和能的作用而展开的教学,因此,"静电场"一章的核心概念为"静电场"或"电场"。

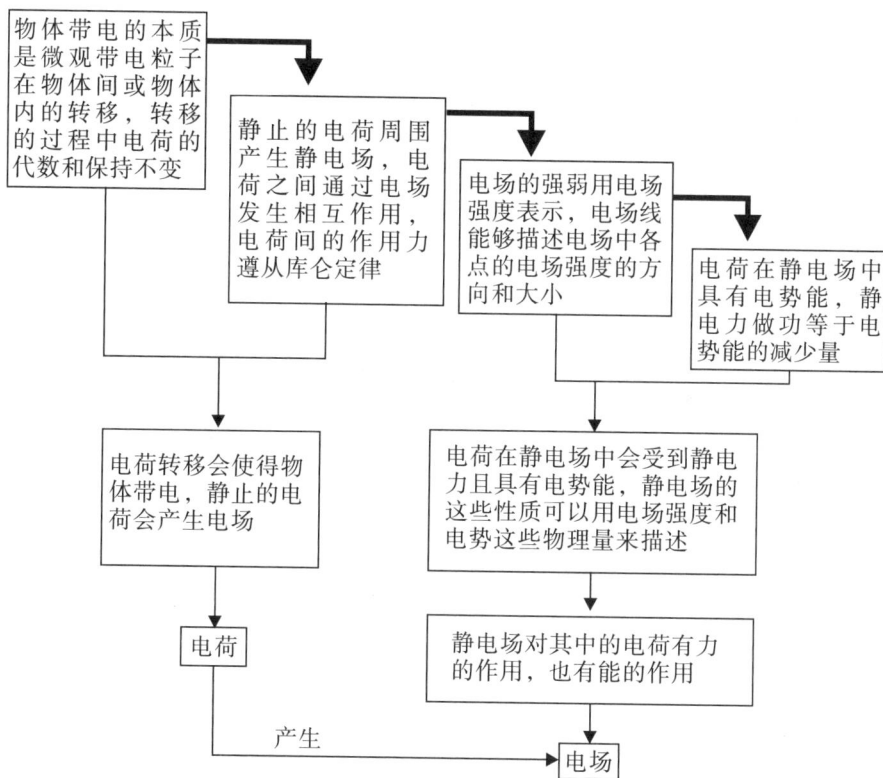

图5-20 教材梳理图

(2)物理科学方法的分析。

物理科学方法是研究物理概念、总结物理规律、描述物理现象、做物理实验时所应用的各种手段与方法。尽管这些显性的知识内容与隐性的科学方法呈现方式不同,但它们是密不可分的。物理方法是概念、规律等知识性内容间建立起联系的关节。

本次研究参照张宪魁的"物理科学方法因素判定原理",挖掘物理教材中知识点与知识点连接处隐性的科学方法。根据教材分析结果(见表 5 - 8)可知,"静电场"一章中比较突出的科学方法有类比法、比值定义法、理想模型法和实验法。在描述静电场的物理概念的产生或连接处,常用的科学方法是比值定义法和类比法。综上所述,本次研究将比值定义法和类比法作为"静电场"一章复习课中的重要科学方法。

表 5 - 8　科学方法分析

教材内容	科学方法
电荷间相互作用表现出来的特征——万有引力的特征	类比法 作用:通过类比猜测电荷间相互作用关系式与万有引力定律相似
库仑定律——点电荷	理想模型法、类比法 作用:类比质点,深化对点电荷的理解
库仑定律的得出	实验法
库仑定律——万有引力	类比法 作用:证明电场的存在
电场——电场强度;电场强度的引入	实验法 作用:通过实验发现小球所受静电力与它所处位置有关
	理想模型法 作用:试探电荷的学习
	比值定义法 作用:"电场强度"物理量的建立
电场线	图像法 作用:描述电场分布情况
电势能的引入	类比法 作用:静电力做功与电荷的始末位置有关,与路径无关,类比重力做功
电势的引入	比值定义法 作用:"电势"物理量的建立
电势差——电场强度	比较法 作用:建立电势差与电场强度的关系
电容的引入	比值定义法 作用:"电容"物理量的建立

5.3.2.2 新课标教学要求分析

进一步分析我国《普通高中物理课程标准（2017年版）》对于"静电场"一章的教学要求，如表5-9所示。该章涉及的主要物理概念、规律或现象包括：电荷守恒定律、静电现象、点电荷、库仑定律、电场强度、电场线、电势能、电势、电势差、电容器、电容。

表5-9 对"静电场"的教学要求

序号	教学要求
1	通过实验，了解静电现象。能用原子结构模型和电荷守恒的观念分析静电现象
2	知道点电荷，体会科学研究中的理想模型法。知道两个点电荷间相互作用的规律。体会库仑定律探究过程中的科学思想和方法
3	知道电场是一种物质。了解电场强度，体会用比值定义物理量的方法。会用电场线描述电场
4	了解生产生活中对静电的利用与防护
5	知道静电场中的电荷具有电势能。了解电势能、电势的含义。知道电势差及其与电场强度的关系。能分析带电粒子在电场中的运动情况，能解决简单的实际问题
6	观察电容器的构造，了解电容器的电容，观察电容器的充放电现象，能举例说明电容器的应用

5.3.2.3 新课标学业要求分析

表5-10是《普通高中物理课程标准（2017年版）》对"静电场"一章的学业要求。从学业要求可知，要求学生在学习静电场后，能够知道电场的物质性；能用电场强度、电势等物理量描述电场，掌握比值定义法这个科学方法；会用库仑定律和点电荷模型分析电荷间的相互作用；初步形成物质观、运动和相互作用观、能量观。综上所述，学业要求中主要强调的重要知识为电场强度、电势、比值定义法、库仑定律、电荷、电场线等。

表 5 – 10　对"静电场"的学业要求

序号	学业要求
1	能用电场强度、电势等物理量描述电场
2	会用库仑定律分析点电荷间的相互作用
3	知道电场的物质性，能利用场的性质解释有关现象
4	形成初步的物质观、运动与相互作用观、能量观，并能以此观察和解释简单的自然现象，解决简单的实际问题
5	能用点电荷模型研究电荷间的相互作用，能用物理量之比定义电场强度、电势等物理量，进一步了解用两个物理量的比值来定义一个新物理量的方法
6	能用电场线分析电场中比较简单的问题，并得出结论

综合上述物理课本、高中物理课程标准和学业要求可知，"静电场"始终围绕着电荷及其性质、电场的力的性质以及电场的能的性质展开。因此将本章的核心概念定为静电场（电场）；主要知识确定为电荷、库仑定律、电场力、电场强度、电场线、电势能、电势差、电势这八个物理概念；与核心概念"静电场"之间关联的重要知识锁定在电荷、电场强度和电势三个知识组块，如图 5 – 21 所示；重要科学方法定为比值定义法和类比法。

根据知识间的关系和物理规律，将八个重要的物理概念相关联，如图 5 – 22所示。后续试卷的命题和教学策略的研究将在图 5 – 21 和图 5 – 22 的基础上展开。

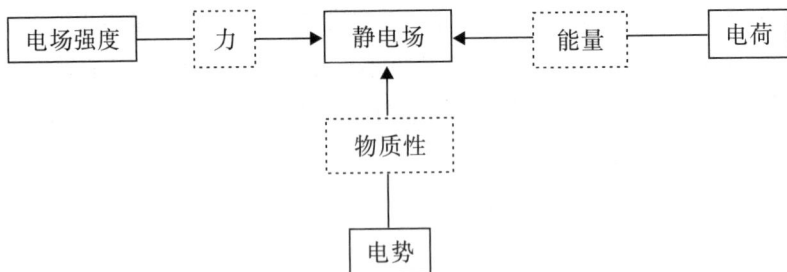

图 5 – 21　电场强度、电势、电荷与静电场关联图

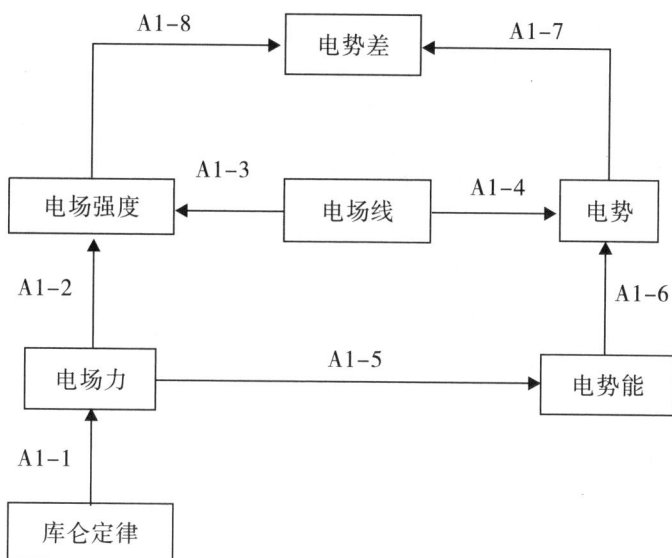

图 5 – 22　"静电场"重要概念间的关联图

5.3.3　测试题设计

5.3.3.1　试题双向细目表

测试卷共 4 道大题，每道大题分成若干小题，计 16 小题，试题的难度由所属水平决定，即每个小题代表测试要求能够达到的最高水平。例如，第 1 题考查的最高水平为水平 1 的单点结构水平，测试题涵盖水平 0、水平 1；第 11 题考查的最高水平为水平 3 的关联结构水平，测试题涵盖水平 0、水平 1、水平 2、水平 3。试卷的编制将围绕上述物理概念和科学方法展开，其考查内容如表 5 – 11、5 – 12 所示。

表 5 – 11　双向细目表

编号	题号	测试内容	编号	题号	测试内容
1	一（1）	电势与电势差	5	一（5）	电势与电势能
2	一（2）	电势与电场线	6	一（6）	电场力与电势能
3	一（3）	电场强度与电场线	7	一（7）	电场强度与电势差
4	一（4）	电场力与库仑定律	8	二（2）	电荷知识组块的考查

（续上表）

编号	题号	测试内容	编号	题号	测试内容
9	二（4）	电势知识组块的考查	13	三（1）	电势知识组块
10	二（3）	电场强度知识组块的考查	14	三（2）	电场强度知识组块
11	二（5）	电势、电场强度、比值定义法、类比法	15	二（1）	静电场概念考查
12	二（6）	电势、电场强度、电荷与静电场的关系	16	四	"静电场"一章概念整合

表 5 - 12　细目及权重表

	单点结构水平	多点结构水平	关联结构水平	扩展抽象水平
题目	1、2、3、4、5、6、7	8、9、10、14、15	11、12、13	16
单题分值	2	4	6	20
总分值	14	20	18	20
权重/%	19.4	27.8	25.0	27.8

5.3.3.2　题型的选择

对于概念间关系构建的测试采用简单计算题，考查学生在简单情境中对于两个概念的理解与应用情况，该部分的测试题要求学生写出相关的论证内容，若只写出结果，没有相应的证据，将判为零分。对于多个概念间关系的构建和主要概念间的关联测试，测试卷采用综合计算题和简答题，根据简答题的回答，结合表 5-6 的水平层次划分标准进行回答的等级划分；对扩展抽象水平的测试，参照当前知识结构和认知结构测试中比较流行的概念图测试，通过分析学生构建的概念图中关键概念数、有效命题数、概念图的全面性、复杂程度来判断学生的扩展抽象水平情况。

5.3.3.3　赋分标准

测试卷采用累计积分的方法，测试卷的总分数可反映学生知识结构化水平的高低，测试的分数越高，则知识结构化程度越高。第一部分的简答题，重点考查两两概念间的关联情况，采用 02 赋分法，学生答题正确或基本正确给 2 分，回答错误或没有相应的论据则给 0 分。第二部分的简答题，测试的最高水平层级为多点结构水平和关联结构水平，因此根据学生回答给分数。例如，在多点结构水平简答题中，若学生回答错误或答与物理学无关内容，给 0 分；回答中包含一个相关概念给2分；回答中包含多个概念关系的整合则给4分，满分为4分。在关联结构水平简答题中，根据学生回答情况给0、2、4、6分，关联程度越高，分数越高，回答中涉及知识与核心概念的关系，则给6分，满分6分。综合计算题，考查多点结构水平，因此在赋分时，若学生写出正确答案或基本列对计算式子给4分；只列出部分公式给2分；基本不正确给0分。第四大题围绕核心概念"静电场"构建知识体系，在构建的概念图中，涉及本章提炼的8个重要概念给1分，其他概念给0.5分，概念间有效关系的建构给0.5分，本题最高分20分。

　　本次测试卷只涉及水平1层次的测试题为1~7题，满分为14分，8~15题为更高水平层次测试，但包含水平1层次和水平2层次的测试，每一题达到水平1层次给2分，因此，水平1层次的测试题（包含1~15题）满分为30分。依次类推，涉及水平2层次的测试题为8~15题，该水平段的测试分值为16分，累计满分为46分；涉及水平3层次的测试题为11~13题，该水平段分值为8分，累计满分为54分。扩展抽象水平的测试题为第16题，满分20分，累计满分72分。表5-13为测试题水平分值细目表。

表 5 - 13　测试题水平分值细目表

水平层次	考查题目	该水平分值	累计分值
单点结构水平	1~15	30	30
多点结构水平	8、9、10、14、15	16	46
关联结构水平	11~13	6	52
扩展抽象水平	16	20	72
合计	16	72	72

5.3.4　测试过程及测试卷修订

5.3.4.1　测试对象及过程

　　本次测试对象为广东省广州市普通中学的高三年级学生，调查对象在接受测试时处于高考一轮复习阶段，但并未开始对"静电场"内容进行复习。测试对象为5个班的学生，其中重点班2个、平行班3个，共计218人。采用当堂纸笔测试的方法，选用该学校周二下午的第七节自习课，测试时间为一个课时，即40分钟。共计发放测试卷218份，回收测试卷207份，回收率95.0%；

对测试卷做简单的预处理，剔除空白卷与无效答卷 17 份，有效问卷为 190 份，有效率为 91.8%，其中男生 91 人，占 47.9%；女生 99 人，占 52.1%。

5.3.4.2 相关性检验

将测试数据导入 SPSS 24.0，对测试结果做统计处理前，先对测试卷的相关性、区分度、信度、效度进行检验。

为更好达到测试目标，提高测试卷的有效性，需要对各个题目与总分的相关性进行检验，剔除达不到指标的题目。将每个题目的得分与总分进行双变量相关分析，在显著性检验中，$p < 0.005$ 则表示两者之间的相关性显著。检验结果如表 5 – 14 所示。根据检验结果可知，16 道测试题中有 15 道得分均与总分呈极显著性相关，说明测试卷的各个题目的检验结果相关性较好。

表 5 – 14 测试卷中 16 道题目与总分相关性分析结果

题序	人数	皮尔逊相关性	显著性（双尾）
第 1 题	190	0.451	0.003 **
第 2 题	190	0.491	0.000 **
第 3 题	190	0.453	0.000 **
第 4 题	190	0.429	0.000 **
第 5 题	190	0.348	0.041 *
第 6 题	190	0.505	0.000 **
第 7 题	190	0.594	0.000 **
第 8 题	190	0.650	0.000 **
第 9 题	190	0.539	0.000 **
第 10 题	190	0.553	0.000 **
第 11 题	190	0.615	0.000 **
第 12 题	190	0.577	0.000 **
第 13 题	190	0.688	0.000 **
第 14 题	190	0.474	0.000 **
第 15 题	190	0.469	0.000 **
第 16 题	190	0.651	0.000 **

注：* 表示双尾显著性 $p < 0.005$，呈显著性相关；** 表示双尾显著性 $p < 0.001$，呈极显著性相关。

5.3.4.3　区分度（D）检测

将测试学生的测试总分按照低分到高分的顺序排列。选取前 23% ~ 27% 的学生作为高分组，后 23% ~ 27% 的学生作为低分组，然后对两个组的测试者做关于总分和各个题目的独立样本 t 检验，检验结果若呈现显著性差异（双尾），则说明该项目的区分度较好。本次测试 51 人的总体情况为：高分组均值 53.22，低分组均值 20.37，两者区分度检验呈极大差异（0.000）。各个题目的区分度情况如表 5 - 15 所示，由统计结果可知，测试总分的整体区分度较好，各个题目的区分度检验均呈现显著性差异。

表 5 - 15　总分与各题目区分度检验结果

题序	组别	人数	均值	显著性	题序	组别	人数	均值	显著性
第 1 题	高分组	51	1.73	0.000**	第 9 题	高分组	51	2.82	0.000**
	低分组	51	0.59			低分组	51	0.75	
第 2 题	高分组	51	1.73	0.000**	第 10 题	高分组	51	3.18	0.000**
	低分组	51	0.67			低分组	51	1.57	
第 3 题	高分组	51	1.69	0.000**	第 11 题	高分组	51	3.65	0.000**
	低分组	51	0.43			低分组	51	0.82	
第 4 题	高分组	51	1.69	0.002*	第 12 题	高分组	51	4.63	0.000**
	低分组	51	1.37			低分组	51	0.82	
第 5 题	高分组	51	1.73	0.000**	第 13 题	高分组	51	3.49	0.000**
	低分组	51	0.59			低分组	51	0.67	
第 6 题	高分组	51	1.73	0.000**	第 14 题	高分组	51	3.49	0.000**
	低分组	51	0.69			低分组	51	0.51	
第 7 题	高分组	51	1.69	0.000**	第 15 题	高分组	51	3.57	0.000**
	低分组	51	0.43			低分组	51	1.22	
第 8 题	高分组	51	3.76	0.000**	第 16 题	高分组	51	12.67	0.000**
	低分组	51	1.25			低分组	51	6.61	

注：* 表示显著性 $p < 0.005$，呈显著性差异；** 表示显著性 $p < 0.001$，呈极大差异。

5.3.4.4　信度、效度检验

对测试数据的总体项目、各个水平的测试项目进行可靠性分析，本次测试总体的 α 值为 0.834，大于 0.8，处于置信区间，说明测试结果有较好的信度。

对测试卷的效度进行分析，主要是对测试卷的 KMO 值和 Bartlett 进行检验。检验结果显示，知识结构化测试卷的总体 KMO 值为 0.856，大于 0.8，Bartlett 检验的卡方值为 917.634，自由度为 120，显著性为 0.000，说明测试卷的结构效度较好。

基于对测试卷的信度、效度分析，证明该测试卷可以较好地保证测量结果的稳定性和一致性。

5.3.5　测试结果分析

5.3.5.1　总体分析

将各个题目的得分相加，得到每个测试者的测试总分，在 SPSS 24.0 中对测试卷的总分做描述性统计。统计结果显示，本次测试总分的最大值是 64 分，最小值为 13 分，整体平均分 34.73 分（ ±0.782 43，SD10.76）。独立性 t 检验结果表明，正态分布的峰度为 −0.046，说明学生整体得分并不高，峰值左移。

本次研究依据 SOLO 分类理论将高中物理知识结构化划分为 5 个层次 4 个水平段，基于此展开试卷编制和赋分，赋分制采用累计积分法，即测试总分越高表示学生的知识结构化程度越高。根据表 5 - 13 测试题水平分值细目表对总分的划分，将学生的测试总分由低到高排列，把学生划分到四个知识结构化水平层级中，即总分≤30 属于水平 1，为单点结构水平；30 < 总分≤46 属于水平 2，为多点结构水平；46 < 总分≤52 属于水平 3，为关联结构水平；总分 > 52 属于扩展抽象水平。

统计结果表明，"静电场"知识结构化水平测试中，36% 的学学处于单点结构水平，48% 的学生处于多点结构水平，仅 9% 和 7% 的学生分别处于关联结构水平和扩展抽象水平。由此可知，绝大多数学生处于较低水平，即对于"静电场"一章的知识，学生能够建立多个概念间的关联，并知道物理规律使用的基本条件，但并不能很好地建立主干知识与核心概念"静电场"的关联，更不能以"静电场"为核心自主建立知识体系。

5.3.5.2　单点结构水平测试结果分析

单点结构水平的测试题为测试卷的 1 ~ 7 题，考查两两概念间的关联程度，每题 2 分，该水平测试总分 14 分。对单点结构水平的调查结果做描述性统计，统计结果如表 5 - 16 所示。

表 5 - 16　单点结构水平测试总分与各题目的描述性统计结果

题目	人数	最小值	最大值	平均值	标准误差	标准差
第 5 题	190	0	2	1.021 1	0.063 64	0.877 26
第 7 题	190	0	2	1.052 6	0.072 41	0.998 13
第 6 题	190	0	2	1.105 3	0.069 74	0.961 29
第 2 题	190	0	2	1.294 7	0.068 76	0.947 76
第 3 题	190	0	2	1.368 4	0.066 33	0.914 26
第 4 题	190	0	2	1.378 9	0.062 77	0.865 25
第 1 题	190	0	2	1.400 0	0.060 87	0.839 10
总分	190	2	14	8.621 1	0.204 32	2.816 29

由表 5 - 16 可知，学生平均得分为 8.621 1 分，每道题的平均得分为 1.23 分，与整体平均分对比，第 5 题的平均分低于其他题目，此外第 7 题和第 6 题的得分也低于整体的平均分。对第 5 题、第 7 题以及第 6 题的测试内容进一步分析可知，第 5 题对应电势与电势能的关联，第 7 题对应电场强度与电势差的关联，第 6 题对应电势能与动能关联。分析表明，学生对概念间关联较弱的几个概念均属于"电势"知识组块，即电场能的性质以及电荷在运动过程中能量的转化问题。

5.3.5.3　多点结构水平测试结果分析

多点结构水平是对多个重要概念间的关联情况做测试，包含 5 道测试题目。该水平测试题最高分为 4 分，最低分为 0 分，满分为 20 分。对测试题目总分和各个小题做描述性统计，统计结果如表 5 - 17 所示。由统计结果可知，在多点结构水平的测试中，学生的总分平均值为 10.336 9 分，每道题的平均得分为 2.07 分。该水平测试中，低分题目主要是第 10 题和第 8 题，这两道题主要考查对"电势"和"电荷"重要概念的理解及其与其他相关概念的关联情况，由统计结果可知，学生对这两个概念的掌握较差。

表 5 - 17　多点结构水平测试总分与各题目的描述性统计结果

题目	人数	最小值	最大值	平均值	标准误差	标准差
第 10 题	190	0	4	1.610 5	0.080 29	1.106 72
第 8 题	190	0	4	1.936 8	0.098 77	1.361 44
第 9 题	190	0	4	2.189 5	0.089 54	1.234 25

（续上表）

题目	人数	最小值	最大值	平均值	标准误差	标准差
第 14 题	190	0	4	2.189 5	0.134 02	1.847 30
第 15 题	190	0	4	2.368 4	0.113 18	1.560 05
总分	190	0	20	10.336 9	0.335 38	4.622 91

下面，对多点结构水平测试中分值较低的两道题目的答题情况做详细分析。

（1）关于"电势"的概念。

第 10 题是考查学生对"电势"概念的认识及其与相关概念的关联情况。本题要求学生在理解电势内涵的基础上，联想其他物理概念，即知道电势是电势能与电荷的比值，知道电势与电势差、电势能以及电场线的关系，知道电势是描述电场相对位置所具备"能"的物理量。将第 10 题的答题情况分为 3 个分档，分析如下：

0 分档——错误理解电势的概念，混淆电势与静电力做功、电势能；或只能写出基本公式，即仅停留在对电势单个物理量的理解。该分档的学生有 59 人，占总人数的 31.10%。学生答题示例：

学生 1：正电荷从该点到零电势点所做的功。

学生 2：一个单位电荷所有的势能称为电势。

学生 3：单位电荷从某一处到另一处所做的功。

学生 4：$\varphi = \dfrac{E_p}{q}$。

学生 5：电荷内部具有的能量。

学生 6：与零电势点 P 的电势差。

2 分档——能够联系其他物理量解释电势，建立电势与电势差（或电势能、电场线、电场强度等）两个物理量间的关联。该分档的学生有 102 人，占总人数的 63.20%。学生答题示例：

学生 1：单位电荷的电势能与它的电荷量的比值。

学生 2：在电场中选取参考点 P（零势能点），某点 A 的电势在数值上等于把单位正电荷从 A 移动到 P 时电场力做的功。

学生 3：一带电粒子在电场中某一位置只受库仑力所做的功与其所带电荷量的比值。

4 分档——在 2 分档的基础上，关联的物理量达到 3 个及以上，或能够从

"静电场"的角度来描述电势的物理意义，即说明电势是描述电场能的性质的物理量。该分档的学生有 11 人，占总人数的 5.80%。学生答题示例：

学生 1：单位电荷在电场中某点所带的势能，就是电场该点的电势，电势用以描述电场所具有的能量。

学生 2：描述电场具有能量的物理量，与试探电荷大小无关。

（2）关于"电荷"的概念。

第 8 题是关于"电荷"的理解。电荷在"静电场"一章中统领库仑定律、电荷守恒定律、三种起电方式等内容，电荷是产生电场的原因，是电场物质性的主要体现。因此本题考查学生在理解初中电荷学习内容的基础上，结合库仑定律、电荷守恒定律和起电方式，描述电荷的性质。将第 8 题的答题情况分为3 个分档，分析如下：

0 分档——错误理解电荷的概念，或基于生活常识理解电荷，或仅能写出初中电荷的学习内容（两种电荷；同性相斥，异性相吸等）。该分档的学生有68 人，占总人数的 35.79%。学生答题示例：

学生 1：电荷有正电荷和负电荷，同性相排斥，异性相吸引。

学生 2：电荷肉眼看不到，但是处处存在电荷。

学生 3：电荷的转移会使物体带电，一般转移的是负电荷，正电荷不转移。

学生 4：电荷是成对出现的，缺少一个电荷，物体就会带电。

2 分档——能够关联电荷守恒定律、库仑定律等内容理解电荷概念，但没有提及电场的产生以及电荷的客观存在性等内容。该分档的学生有 94 人，占总人数的 49.47%。学生答题示例：

学生 1：电荷在物体间转移，使物体带电，但是电荷总量不变。

学生 2：电荷间的相互作用力叫做库仑力，满足库仑定律。

学生 3：电荷间相互作用，距离越远，作用力越小；两个电荷的电荷量越大，作用力越大。

4 分档——在理解电荷的基础上，能够写出电荷通过电场相互作用、电荷与电场的客观存在性、电荷和电场的形态等内容。该分档的学生有 28 人，占总人数的 14.74%。学生答题示例：

学生 1：电荷虽然看不到，但是客观存在，通过摩擦起电可以知道电荷转移了。

学生 2：电荷间通过电场产生相互作用。

学生 3：电荷周围产生电场，用电场线来描述电场。

5.3.5.4　关联结构水平测试结果分析

关联结构水平的测试题目是三道关于电场的简答题，主要考查学生对重要概念与核心概念"场"之间的关联程度。表 5 - 18 是针对关联结构水平测试题目的结果做的描述性统计，检测结果表明，关联结构水平测试题目整体分数偏低，满分 18 分，学生平均得分 6.673 7 分，平均得分远低于题目的及格分数（18 × 60% = 10.8），说明学生对于重要概念与核心概念"场"的关联程度严重不足，不能从物理观念的角度对"场"进行理解。

表 5 - 18　关联结构水平测试总分与各题目的描述性统计结果

题目	人数	最小值	最大值	平均值	标准误差	标准差
第 13 题	190	0	6	1.852 6	0.097 53	1.330 15
第 11 题	190	0	6	2.115 8	0.113 56	1.792 84
第 12 题	190	0	6	2.663 2	0.114 03	1.741 14
总分	190	0	18	6.673 7	0.269 67	3.806 88

下面针对该水平测试中分数较低的题目进行详细分析。

（1）对"电场"的理解。

第 13 题考查学生对"场"的理解，请学生用自己的话描述"电场"。中学阶段目前学习的"场"有电场和引力场。在"静电场"一章中，要求学生能够在理解电场物质性、电场对其中电荷有力的作用、电场中电荷运动伴随能量变化等方面的基础上，结合重力（引力）场的相关概念进一步加深对"静电场"及其相关概念的认识。将第 13 题的答题情况分为 4 个分档，分析如下：

0 分档——学生只能基于生活常识对电场做出描述，或描述错误。该分档的学生有 91 人，占总人数的 47.89%。学生答题示例：

学生 1：电场是矢量，有方向，有大小。

学生 2：电场对不带电的东西没有作用力，所以平时看不到它。

学生 3：电场具有对称性，有大小和方向。

学生 4：电场能够产生能量，是库仑力的载体。

2 分档——学生能够写出电场的物质性（客观存在性、电场分布形态等）、电场中的电荷受力作用、电场中运动电荷有能的变化等内容中的一个。该分档的学生有 78 人，占总人数的 41.05%。学生答题示例：

学生 1：用电场线的分布描述电场，不同场源电荷产生的电场不同。

学生 2：电场看不见摸不着，却是存在的。

学生 3：电荷在电场中受到库仑力，力的大小与场源电荷的电荷量有关，跟距离也有关。

4 分档——学生能够写出电场的物质性（客观存在性、电场分布形态等）、电场中的电荷受力作用、电场中运动电荷有能的变化等内容中的两个。该分档的学生有 17 人，占总人数的 8.95%。学生答题示例：

学生 1：电荷通过电场相互作用，电场看不到，却是客观存在的，物理学中常用电场线来描述电场。

学生 2：电场里的电荷会受到库仑力，只受库仑力做功，做正功电势能降低，做负功电势能增大。

6 分档——学生能够写出电场的物质性（客观存在性、电场分布形态等）、电场中的电荷受力作用、电场中运动电荷有能的变化，通过类比引力场描述电场，从上述三个方面描述电场。该分档的学生有 4 人，占总人数的 2.11%。学生答题示例：

学生 1：电场虽然肉眼看不到，但是客观存在，电荷在电场中会受到库仑力，越靠近场源电荷力越大，受电场力运动，电荷的电势能和动能可相互转化。

学生 2：电荷产生电场，通过电场与其他电荷相互作用，电荷在电场中可以加速运动，也可以偏转，运动的过程中电势能发生变化。

（2）关于电势和电场强度的关联。

第 11 题是关于电势、电场强度两个重要的物理概念间关联度的考查，电势和电场强度均是描述电场性质的物理量，均是用比值定义法定义的物理量，均是与电荷的比值关系，但是与试探电荷的大小无关，这两个物理量只与电场场源电荷的大小、相对距离有关。该题目要求学生能够从"静电场"的角度来理解电势、电场强度这两个物理概念，显化对电场强度、电势两个重要概念的建立过程中蕴含的科学方法，并与其他相关概念如电场线、电场力等建立关联。将第 11 题的答题情况分为 4 个分档，分析如下：

0 分档——对电势或电场强度存在错误理解，未总结出两个概念之间的联系。该分档的学生有 90 人，占总人数的 47.37%。学生答题示例：

学生 1：电场强度表示电势降落的快慢。

学生 2：电势相同，电场强度大小相同；电场强度相同，电势相同。

学生 3：两者都是矢量。

学生 4：沿电场强度方向，电势不断降低。

学生5：都存在于电场中，都有数值大小。

2分档——能够写出两个物理量均是用比值定义法定义的物理量；与试探电荷的大小无关；沿电场线方向电势降低、电场线越密集电场强度越大两者之一。但不能从电场的角度对物理量进行关联。该分档的学生有74人，占总人数的38.95%。学生答题示例：

学生1：都是两个物理量的比值，但是与试探电荷无关。

学生2：用比值定义法定义的。

学生3：在同一个电场中，电场线越密集，等势面越密集。

学生4：在匀强电场中，沿电场线方向，任意两点之间的电势差等于场强与这两点间距离的乘积。

4分档——能够写出两个物理量均是用比值定义法定义的物理量；与试探电荷的大小无关；沿电场线方向电势降低，电场线越密集电场强度越大。但不能从电场的角度对物理量进行关联。该分档的学生有10人，占总人数的5.26%。学生答题示例：

学生1：都是比值定义法，且电场线越密集电场强度越大，等势面越密集。

学生2：都与试探电荷无关，沿电场线方向电势降低，电场线越密集电场强度越大。

学生3：都是描述电场的物理量；都能用电场线的分布描述。

6分档——能够写出电势与电场强度均是描述电场性质的物理量，其大小由电场决定。该分档的学生有16人，占总人数的8.42%。学生答题示例：

学生1：电势和电场线都是只和电场本身相关的物理量，与试探电荷无关，电势描述电场能的性质，电场强度描述电场力的性质。

学生2：电势是描述电场能量的物理量，电场强度是描述电场对电荷作用力大小的物理量。

5.3.5.5　扩展抽象水平测试结果分析

知识结构化扩展抽象水平的测试题选用概念图测试。图5-23是关于"静电场"概念图的测试结果，由统计结果可知，学生对概念图的建构率整体不高，累计50%的学生能达到7分，整体平均分7.7632。这说明学生围绕核心概念"静电场"整合知识的能力较差。

整理学生的概念图，命题/节点的比值越大，说明学生知识结构网越复杂，关联性越大。对学生的命题/节点比值做描述性统计，最小值0.29，最大值1.71，均值为0.7601，说明学生构建的概念图关联程度并不大。将比值划分为四个水平段，比值≤0.5 为水平1，比值0.5～1.0 为水平2，比值1.0～1.5 为水平3，比值>1.5 为水平4。由图5-24"静电场"概念图命题/节点比值一人数直方图可知，测试者的概念图关联程度处于较低的水平2阶段。

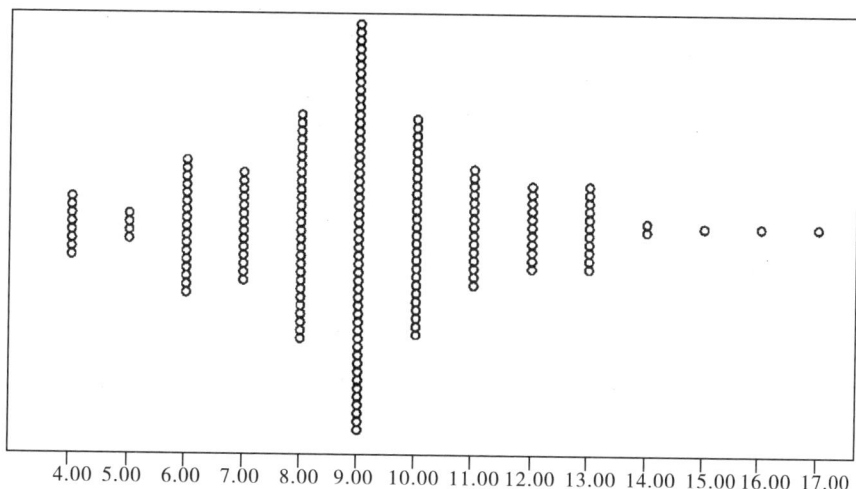

图5-23 概念图测试结果点图

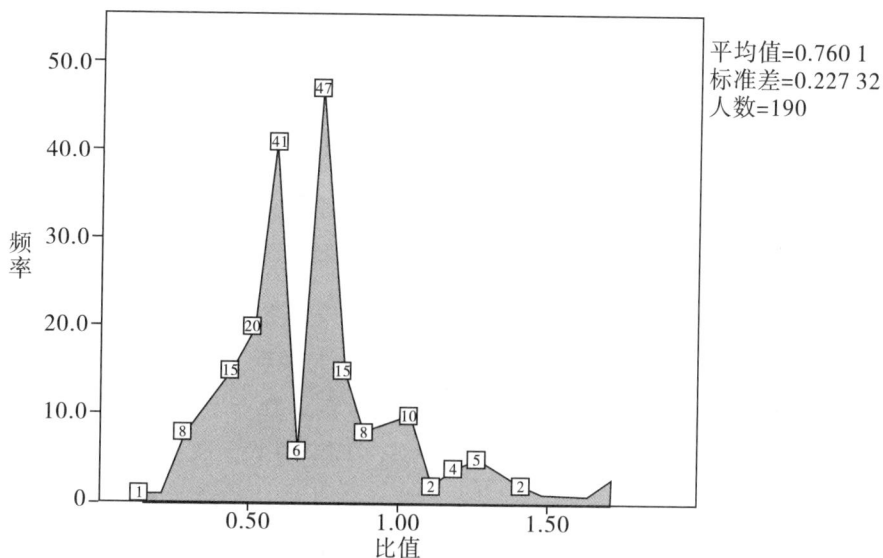

平均值=0.760 1
标准差=0.227 32
人数=190

图5-24 "静电场"概念图命题/节点比值一人数直方图

进一步整理学生的概念图，对学生概念图中的主要概念做频数统计，可以分析学生概念图中"静电场"一章中有哪些物理概念，从侧面观察学生对本章概念的把握情况。从图 5-25 的统计结果中可以知道，学生对"静电场"的描述大多在电场强度组块，即电荷在电场中受到的电场力作用，其间伴随着电势能的变化。学生较少从电场的物质性建构静电场的知识体系，说明学生对于静电场的认知还处于比较片面的状态，并没有形成较好的物质观。

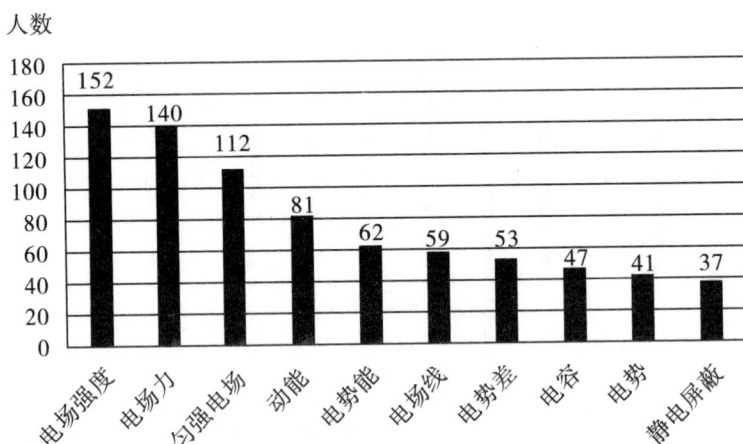

图 5-25 概念图各空填写频率统计柱形图

5.3.6 测试结论

对学生"静电场"一章知识结构化水平的测试结果进行分析，可以总结出以下几点结论：

（1）高中生"静电场"一章的知识结构化水平整体偏低。

由测试卷的整体成绩可知，本次测试总分72分，学生测试总分均值34.73分，低于试卷的及格线，被试整体处于"静电场"知识结构化水平2阶段。具体表现为，大多数学生能够建立重要概念间的联系，但知识组块间的关联程度较低，导致学生"静电场"一章的知识体系关联性不强。此外，学生知道电势、电场强度等概念与核心概念"电场"间的关系，但无法围绕"静电场"构建知识体系。

（2）弱势区集中在对于"电势"和"电荷"的理解。

在对重要概念"电势""电场强度""电荷"的理解与关联性调查中发现，学生对"电势""电荷"的概念理解较差，很少有学生能够从"静电场"角度理解"电势"和"电荷"两个概念，尤其是对于"电势"概念的理解，学生常常将其与电场力做功、电势能等概念混淆。分析其主要原因可能是学生对

"电势"概念的认知模糊，且在授课中，教师对电势概念的重视程度不高，而实际应用中，更多接触的是"电势差"的概念，导致学生对于"电势"相关概念的关联性整体偏低。

（3）学生的"静电场"知识结构呈组块化。

结合测试卷第12题和第16题的测试结果可知，学生脑海中"静电场"的知识结构呈组块化，即学生对于"电荷""电场强度""电势"知识组块的关联程度较低。分析学生答卷可以总结出以下几个方面的原因：①新课教学时，大多数教师将该章内容分为两部分进行讲解，分界点正好在电势部分，导致学生的知识体系呈几个组块；②学生对于"电势""电场强度""电荷"等几个重要概念本身的内涵掌握不清，导致无法关联对比；③"电势""电场强度"主要的共性是比值定义法，而这一物理方法大多数教师在授课的过程中并未显化，学生重视度不高；④教师并没有从"电场"的高度比较梳理"电荷""电势"和"电场强度"知识组块。

（4）学生对"静电场"认识片面，没有建立物质观。

根据关联结构水平和扩展抽象水平的测试结果可知，在理解"静电场"概念时，大多数学生会从静电场对其中的电荷有电场力的作用和电荷在电场中因受电场力而运动，其间伴随着电势能的转移等方面进行理解，但是缺少对电场物质性的理解。可能的原因有：①电场对电荷有力的作用，电荷运动过程中伴随着能量的转移，这是"静电场"一章常考题型，学生接触最多，也是教师讲授的重点；②教师引导学生学习静电场时，并没有渗透物质观，导致学生对电场认识模糊。

（5）学生知道概念间关联，却无法建构概念体系。

对比第12题和第13题，均是考查学生对"电场"的理解，不同点是，第12题给定了关联对象——"电荷、电势、电场强度与电场的关联"；而第13题是让学生描述"电场"。从学生的答题情况可以看到，大多数学生知道"电荷""电势""电场强度"等重要概念与电场间的关联，但是无法站在"电场"的高度来统领学习的内容，导致第12、13题的得分差异较大。而测试卷的第16题，是"电场"概念的构建，也说明了上述现象。分析原因可能是教师在讲授"静电场"一章时，并没有从"电场"的高度对整章的知识脉络进行梳理。

5.4 教学建议

针对上述的调查结果与分析，对物理教师提出以下几点建议：

第一，深入理解知识结构化教学的策略，注重结合物理教材中的知识体系进行教学。

在实施高中物理知识结构化教学策略之前，要先对其内涵进行深入了解。顾名思义，所谓知识结构化教学是一种在教学过程中注重把知识间的联系、层次等通过研究、归纳、总结形成完整的知识体系或者系统的教学策略。知识结构化教学在各科的教学中都会被运用，高中物理知识点多且复杂，知识点间的联系密切，如果没有形成一定的知识系统，往往不利于加深记忆。

高中物理教材越来越注重知识间的联系，教师越来越有意识、有目的地进行知识结构化的教学，这符合《普通高中物理课程标准（2017 年版）》的要求。例如在粤教版的高中物理教材中，我们可以看到每章后面都有一个归纳与整理板块，其目的就是促进知识结构化教学。此外，教材中的知识内容前后间也是有联系的。

在必修二的学习中，物理知识是由直线运动过渡到曲线运动的，在曲线运动这一大概念的基础上，学习特殊的平抛运动以及圆周运动。这种由上位知识到下位知识的学习，符合学生的认知逻辑，也加深了知识点间的联系，使教学内容更为结构化。因此，在教学过程中，教师要帮助学生有效地回顾前面的知识，并在学完这一章后，再对之前学过的知识进行总结归纳，形成知识结构体系。

第二，实施高中物理知识结构化策略的关键是提高学生总结归纳的能力与水平。

高中物理知识结构化的建立是需要一定的总结归纳能力的，只有提高学生的总结归纳能力，才能更好地实施物理知识结构化策略，这就是学生的总结归纳能力水平与物理知识结构化策略实施的关系。要实现物理知识的结构化，关键是要让学生学会自主进行总结归纳，只有自己建立起来的知识结构体系，才会是印象最为深刻与最为熟悉的，在具体运用中，也才会得心应手。相反，如果单纯依靠教师建立起知识结构体系，或者照搬一些教辅资料、参考书上建好的知识结构体系，那么学生会很难理解其中含义；即使理解了，对于某些知识点的补充，没有经过自己的亲身体验，也很难有深入认识。

学生总结归纳能力的形成不是一蹴而就的，而是有一个过程。在具体的方法途径上，可以先从一些小的知识结构的建立做起，比如每学完一章高中物理的知识内容，就建立一个知识结构体系。同时，教师一定要认识到提高学生总结归纳能力的重要性，要有意识、有目的地培养学生的总结归纳能力。如在课堂提问中，先让学生解答一个有几种解法的物理计算题，当几个学生用不同的解法解出来后，教师再让学生自己对这道题的解法进行总结，找出这几种解法的一些共同点，并记录下来。通过这样的方式，可在潜移默化中提高学生的总结归纳能力。

第三，物理知识结构化教学要注重教师课堂上板书内容结构化的作用。

教师对于学生知识结构化的建立起着至关重要的作用，并且这种作用往往体现在教师课堂的板书上。物理课堂上板书内容结构化的作用，是很容易被忽视的。教师的板书除了一些详细的辅助讲解性内容，就是本节课的主要结构脉络，学生在课堂上做的笔记也主要是依靠板书进行的，学生在自主进行知识结构的总结归纳时，依靠的也是板书的内容，可见其影响之大。所以教师要有意识地做好板书内容的结构化，例如在学完了一章的内容后，应板书整章重要的知识点，并形成一个网络结构，让学生将板书的知识点结构与自己整理的知识点进行对照。

第四，要引导学生在平时的物理学习过程中对已经形成的知识结构进行更新与补充。

及时地更新与补充已经建立起的物理知识结构是知识结构化教学的固有要求。只有积极地进行更新与补充，才会让学生越学越容易理解知识间的结构关系，理清知识之间的联系，从而更好地掌握知识点。学生在平时课堂听课、课后练习及考试中遇到一些问题时，只要有新的发现或遇到新的知识点，都可以补充进自己已经建立起的物理知识结构中。例如在考试中出现了一种新的解题方法，而这种方法是自己之前没有见过也没有记录过的，那么就需要把这种新方法整理记录下来，下次不仅可以在这种题型中运用，还可以拓展到其他题型。随着新课程改革的实施，高考也在试题方面进行了一些相应改变，题型更加灵活，学生只有在平时养成归纳总结的习惯，在高考中才会占有更大优势。

6　中学物理知识结构化教学策略建构研究

6.1　物理新授课知识结构化教学策略建构

6.1.1　物理新授课与知识结构化

在中学物理教学中，教师在课堂上第一次讲授物理教材内容的课就称为新授课。① 以高中物理教学为例，如图 6-1 所示的人教版高中物理必修一目录，教师给学生上其中任何一节内容都称为新授课，主要包括物理概念课教学（如"时间和位移"）和物理规律课教学（如"牛顿第一定律"）。在正常的教学过程中，新授课占课时总数的 70% 以上，学生学习新知识也主要通过新授课。因此新授课的教学质量从根本上决定了学生学习的质量。

第一章　运动的描述

　　1　质点　参考系和坐标系

　　2　时间和位移

　　3　运动快慢的描述——速度

　　4　实验：用打点计时器测速度

　　5　速度变化快慢的描述——加速度

第二章　匀变速直线运动的研究

　　1　实验：探究小车速度随时间变化的规律

　　2　匀变速直线运动的速度与时间的关系

　　3　匀变速直线运动的位移与时间的关系

　　4　匀变速直线运动的速度与位移的关系

　　5　自由落体运动

　　6　伽利略对自由落体运动的研究

第三章　相互作用

　　1　重力　基本相互作用

　　2　弹力

　　3　摩擦力

　　4　力的合成

　　5　力的分解

第四章　牛顿运动定律

　　1　牛顿第一定律

　　2　实验：探究加速度与力、质量的关系

　　3　牛顿第二定律

　　4　力学单位制

　　5　牛顿第三定律

　　6　用牛顿运动定律解决问题（一）

　　7　用牛顿运动定律解决问题（二）

图 6-1　人教版高中物理必修一目录

---

① 董友军. 高中物理新授课练习教学策略 ［J］. 教育研究与评论（中学教育教学），2017（10）：81-84.

　　从内容上看，新授课主要有三个方面的特点：第一，新授课中不少内容对于学生而言是全新的，比如位移、多普勒效应等，是初中阶段没学过的内容，也是日常生活中很少接触的概念；第二，新中有旧，有些新授课的内容看似全新，实为已学知识演化而来的，如新概念"加速度"公式中的速度概念，新概念"动量"公式中的质量和速度概念，学生在初中阶段都已学过；第三，旧中拓新，如初中学习的"摩擦力"，在高中拓展为滑动摩擦力和静摩擦力，还有初中学习"功""功率"概念时不考虑力与位移的夹角，而高中时则考虑。

　　物理学本身就有系统的知识结构，但是由于物理学模块（力学、热学、光学、电磁学、原子物理）和分年级教学对物理知识系统的分割，导致学生在新授课的学习后对物理知识结构的把握不全。结合目前新授课教学的实际效果，学生在学习中主要存在以下两方面的问题：第一，经过连续几节新课学习后，学生学得的知识比较零散，不能较好地在头脑中构建知识的联系；第二，新授课后一般进行习题练习，但部分学生即使经过题海战术，依然不能顺利解决新情境中的新问题。根据认知心理学的观点，只有有序组织的知识才能在一定的刺激下被激活，并在需要应用时被成功地提取。因此针对以上问题，在新授课采用知识结构化教学方法可以促使学生尽快掌握物理知识结构，从而提高学习效果。

6.1.2　物理新授课知识结构化教学策略

　　心理学家皮亚杰说："个体的认知发展是非均衡的认知，通过同化或顺应两种方式来实现认知平衡，认知失调可以帮助学生建构自己的知识体系。"[①]学生在学习新知识之前，头脑中并非一片空白，而是具有不同的认知结构，学生总是试图以这种原有的认知结构来同化对新知识的理解。如果一种新现象无法解释，它将打破在低水平的"平衡"来创建一个新的"冲突"，通过"冲突"的不断化解实现新的平衡与发展。认知结构就是通过同化和顺应过程逐步构建起来，并按"平衡（建构）—不平衡（解构）—新的平衡（重构）"不断循环的。而在新授课教学过程中，经常会遇到新旧知识之间有暂时的矛盾与冲突的新的学习情境，已有的知识和经验与新知识之间存在某种差距或者是本质的差别，对旧知识的使用不能解决问题，必须引入新知识，从而完善原有

---

① 吴珊珊. 基于问题为中心的高中物理新授课教学设计研究［D］.扬州：扬州大学，2015.

的知识结构。

　　根据皮亚杰的图式理论可以得到物理新授课知识结构化教学的层次，如图6－2所示。教师备课时要充分"备学生"，了解学生头脑中已有的知识结构，还要能够辨明新知识与已有知识之间的相互联系，授课时应首先激活学生原有的知识结构，再引导学生运用已有的知识经验也就是新知识的固定点去吸收和同化新知识，将新知识与学生头脑中已有的观念建立起实质性的联系，促进新知识的内化。新知识也可优化原有结构，同时它又可以作为以后所学知识的固定点，教师要注意做好铺垫。也就是新授课要注意"前引后联"，让学生体会到任何的知识都不是孤立的，都是大网络中的点。教师要引导学生连点成面，结面成网。

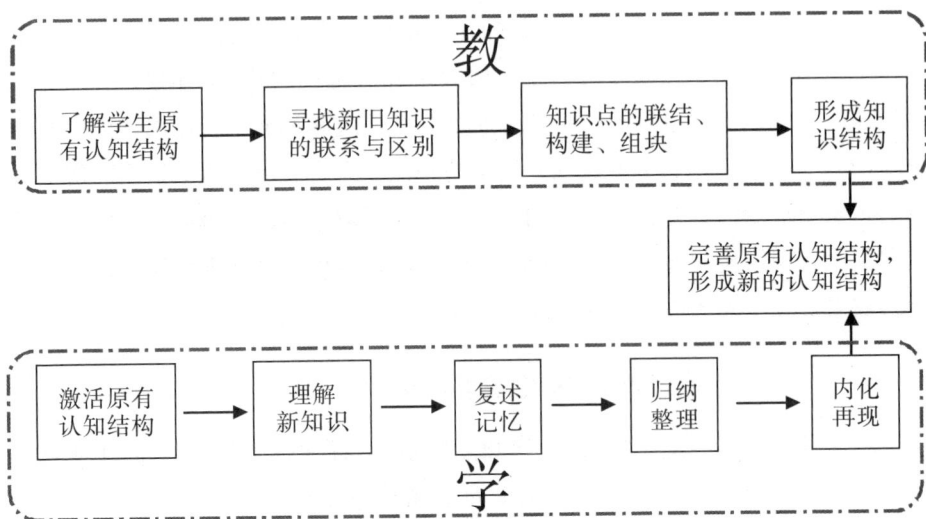

图6－2　新授课知识结构化教学的过程

　　新授课关于知识掌握的目标，一般是要求学生掌握基本概念以及在基本概念的基础上形成的物理规律，包括物理概念或者物理规律的定义、内涵与外延、应用等，由于学生刚接触新知识，因此在新授课中进行知识结构化教学的效果表现在使学生头脑中的物理知识得到初步结构化，促进学生将新知识纳入认知结构中。新授课有常规的教学环节：新课导入、新课教学（包括新知识形成、新知识应用、新知识剖析）、新课小结，在每一环节所采用的知识结构化教学策略不同，结合图6－2的教学过程，制定策略如下：

　　策略一：借图回顾旧知识以引入新知识。

在新课导入时，复习已经学过的知识是很多教师都会采用的引入方式，一方面可以起到温故知新的效果，另一方面可以为新知识点的引入奠定基础。通常课堂上会以"提问—回答"形式引导学生回顾，但是这种方式不能够显化接下来学习的新知识与旧知识的结构关系，无法让学生在学习新知识后建立起与旧知识的联系，久而久之就形成了知识零散的局面。因此相对语言作用的效果，在新课引入时可以借助显化的方法如知识结构图回顾旧知识。

现代认知心理学认为，新知识与学生原有的认知结构中的有关知识相互作用，构成有意义的学习，从而形成更进一步分化的知识结构，或称认知图式。其类型一般有三种：①当新知识被吸收到原有的认知图式内，列入原有的知识系统中，新知识在旧的知识结构中形成下位关系；②当所学的新知识包含原有认知结构中的知识时，形成上位关系；③当新知识既不属于原有认知图式中的有关知识，也不属于原有的特殊知识包括在新知识内时，此时形成同位关系①。采用显化方法回顾旧知识，注意新知识与旧知识之间的关系，如果是上下位关系，选择知识清单表征方法较为合适；若是同位关系，可使用表格来详细表征知识。

以"机械能守恒定律"为例。"机械能守恒定律"是学生学习了动能、重力势能、弹性势能后的一节新课，这几种能量是分开几节课学习的，而它们都属于机械能的下位概念，因此可以采用知识清单方法表示，如图 6 - 3 所示。

$$
机械能\ E\begin{cases}
动能\ E_{\mathrm{k}}=\dfrac{1}{2}mv^2 \\[2mm]
势能\begin{cases}
重力势能\ E_{\mathrm{p}}=mgh \\[2mm]
弹性势能\ E_{\mathrm{p}}=\dfrac{1}{2}kx^2
\end{cases}
\end{cases}
$$

图 6 - 3　机械能的知识结构

又如，在"电势差与电场强度的关系"一节的问题情境创设中，鉴于学生在前几节课中已经学习了电场强度、电场力、电场力做功、电势能、电势差等静电场知识，因此在探究电势差与电场强度的关系时可以利用知识结构图引导学生对学过的相关知识进行回顾，从而引入新课。电场强度和电势差都是描述电场性质的物理量，虽然前者是矢量，后者是标量，但可以通过静电力做功

① 肖智谦，陈碧瑕，邱琼华，等. 以问题为中心的教学模式应用研究及体会［J］. 广西教育，2008（33）：23 - 25.

在两者之间建立联系。因此，复习旧知识过程中先让学生认识到电场力与电势能变化的关系，再分别从电场力公式中提取出电场强度，从电势能变化中提取出电势差，自然地向学生提出问题：电场强度与电势差有什么关系呢？其思维导图如图 6-4 所示，可以看到，思维导图将电场力、电荷做功、电势能变化、电势差、电势等知识点联结成网络，既体现了思考的过程，也展现了问题的出处，这样有利于学生建立更完善的知识结构体系。

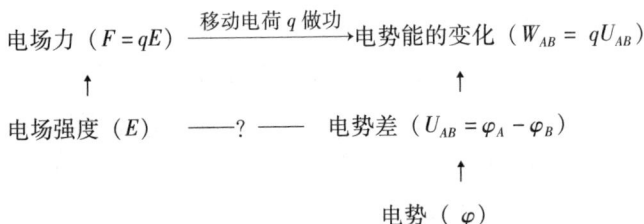

$$电场力（F = qE）\xrightarrow{\text{移动电荷 } q \text{ 做功}}电势能的变化（W_{AB} = qU_{AB}）$$

$$\uparrow \qquad\qquad\qquad\qquad\qquad\qquad\qquad \uparrow$$

$$电场强度（E）\quad\text{——?——}\quad 电势差（U_{AB} = \varphi_A - \varphi_B）$$

$$\uparrow$$

$$电势（\varphi）$$

图 6-4　探究"电势差与电场强度的关系"情境创设中的思维导图

策略二：激活原有认知以寻找结构化契机。

现代认知心理学认为，学习是认知结构的组织与再组织。它既强调已有认知结构和经验的作用，又强调学习材料的内在逻辑结构，即知识结构。学生在学习过程中，总是不断地利用原有的认知结构对外部信息进行选择和加工。当新的知识和其发生作用时，原有的认知结构将会丰富、扩展和重组，会发生数量或质量上的变化，这就是新的认知结构形成的过程。学生用经验构建自己的理解，而新知识的进入使原有认知结构发生调整和改变，新旧经验的冲突会引发原有观念的转变和解体，最后完成认知结构的重组与优化。因此学生在新授课中出现的认知冲突是极佳的知识结构化契机，可以链接新旧知识以引起认知冲突。[①]

以"闭合电路欧姆定律"为例。学生在初中已经学过欧姆定律，并且已经运用得很娴熟了，所以在开始教学"闭合电路欧姆定律"一节时，要让学生对新学习的课题抱有求知欲。那么怎样产生求知欲呢？把如图 6-5 所示的元件放在黑板上，临时组装一个简单的电路。灯泡正常发光，然后加第二节干电池，开关先不闭合，问学生："如果把开关闭合，这个小灯泡的亮度会有什么变化？"此时有的学生认为电压表的示数肯定要比原来更大，有的认为灯泡会被烧坏。结果开关一闭合，灯泡却比原来更暗了，并且电压表的示数比原来

---

①　田成良. 引发认知冲突　发展科学思维 [J]. 物理教师，2018（5）：30-31，34.

更小了，从而使大家产生
了极大的认知冲突。为什
么使用两节干电池灯泡反
而更暗了呢？原来那么高
的电压去哪里了呢？这些
都是新的问题，学生根据
初中已有的知识无法回答。
也就是说，学生遇到了一
个知识台阶，这个台阶会
让他们产生一种学习的需
求，这时候需要教师指明
方向，告知他们原因。很

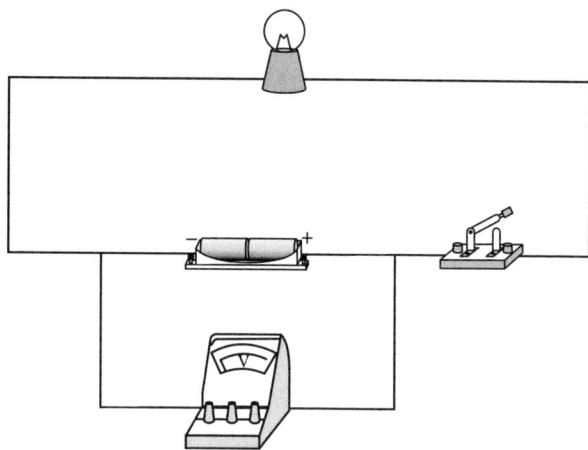

图6-5　简单电路图

明显，应该深入到电源内部去找原因。在初中教学中是不管电源内部情况的，
但是在高中物理，电源也纳入了研究的范畴，所以要把整个电路作为研究对
象，学习与全电路有关的电学规律。短短几分钟就能让学生意识到新的学习内
容的意义所在，学生也会自动把这个新知识点纳入自己原有的知识结构中。

又如，"楞次定律"教学中演示"落磁"实验，教师给学生分别展示粉笔
和磁铁在铜管中的下落现象，学生发现磁铁通过铜管时下落速度变慢，引发了
认知上的好奇，而后教师通过问题链的形式引导学生分析实验现象：

问题1：磁铁下落变慢，说明除了重力之外，还有什么力？

问题2：这个力从哪里来？

问题3：磁铁通过铜管时，是否会产生感应电流？为什么？

问题4：是感应电流对磁铁产生力的作用吗？

问题5：如果不是，那是什么对磁铁产生力的作用？

教师把学生的回答整理成流程图，如图6-6所示。在这个过程中，学生
不断回顾已有的知识结构，并考虑知识间的关系，随着流程图的出现，对物理
现象的解释也逐渐清晰起来：可以把铜管看作一个闭合回路，磁铁在铜管中下
落，通过铜管的磁通量发生变化，从而产生感应电流，管中感应电流激发感应
磁场，从而对磁铁有力的作用，说明两者之间发生相互作用，使得磁铁下落变
慢。由此引出本节课要探究的内容。

$$磁铁 \xrightarrow{\text{运动}} 管中磁通量 \varphi 变化 \xrightarrow{\text{产生}} 管中感应电流 \xrightarrow{\text{激发}} 感应磁场$$

相互作用（下落变慢）

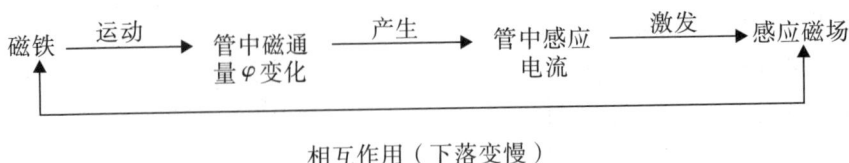

图 6 - 6　"落磁"实验现象解释的流程图

策略三：清单表征新知识以条理化。

在新知识形成的环节中，采取学生自行阅读教材、教师讲解、实验探究等方式，学生获得新的物理概念或物理规律。物理概念有符号、单位、内涵与外延；物理规律有物理概念、概念间的关系、适用条件等知识点。在中学阶段涉及多个物理概念和物理规律，所以当学生学习知识点时出现概念不清晰或者混淆现象，这将影响到后续的新知识的学习。久而久之，学生头脑中的物理学科知识就只能是碎片化的，无法建构系统的知识结构。新授课中学生初次接触新概念和新规律时，教师不妨采用知识清单的方法给学生呈现知识。

在新授课的结束阶段，小结的作用是从知识层面帮助学生归纳巩固新学知识，除了要呈现知识，还应总结过程与方法，即升华知识。邢红军团队认为"科学方法"是线，而物理概念和物理规律是珠子，可见"科学方法"在物理教学中有穿针引线的作用，因此在小结阶段应将知识升华到科学方法层面上来。利用知识清单或者思维导图来表征上述知识，条理清晰，一目了然，促进学生对知识的记忆、理解与内化。

以"加速度"一课为例。加速度是运动学中的一个重要的基本物理量，在匀变速直线运动速度、位移与时间关系中都有体现，是将运动和力联系起来的桥梁。由于加速度概念与其他物理知识的联系性强，涉及面广，特别是在分析、解决跟动力学相关的实际问题中经常涉及，因此对加速度的理解和掌握程度如何，不仅直接关系到该章后续必修模块的进一步学习，而且还将影响以后选修模块的学习和掌握。所以这一课时的内容是该章的重点知识之一，这节课的关键是促进学生对加速度概念的形成和理解。结合许多一线教师教学经验的反馈，学生往往会混淆速度和加速度的概念，对加速度的物理意义理解不透彻，因此他们在这节新课教学后会在后面的教学中不断地重复加速度的含义，促使学生理解这个概念并纳入知识体系中。而在教学中关键的一步是借助多媒体或者通过板书将知识结构化地呈现出来（如图 6 - 7、6 - 8 所示），帮助学生理解并记忆。

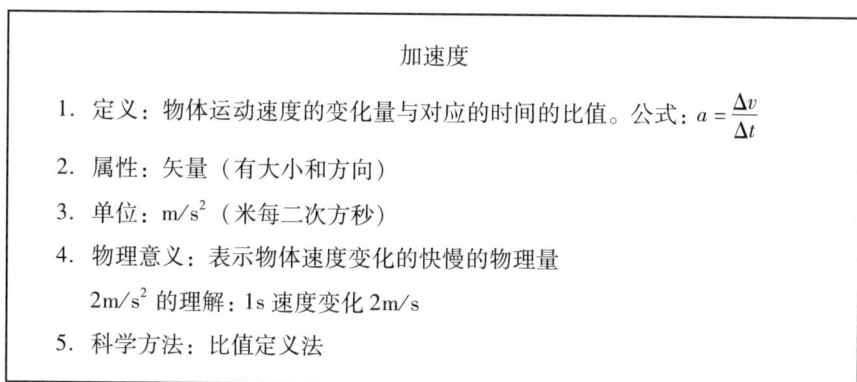

图 6-7 "加速度"知识清单

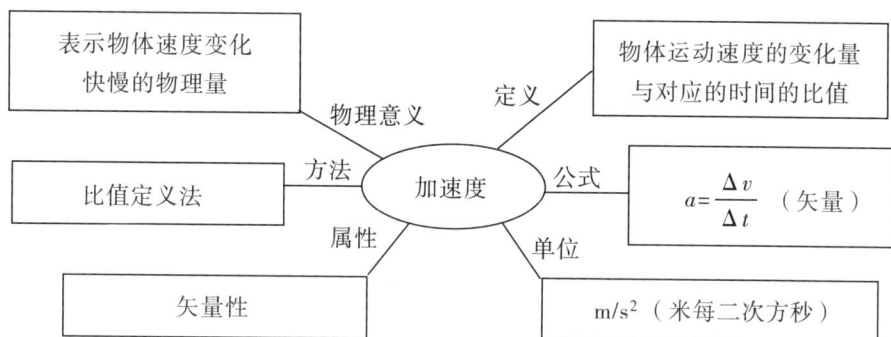

图 6-8 "加速度"思维导图

策略四：表格表征区别以清晰化。

新授课学习中，搞清现象，掌握概念、定律和定理是学习物理知识的基础，可是物理教学中常遇到一些现象、概念、规律等具有某些相似或相同点，学生容易混淆，难以掌握。当新知识与旧知识（或者两个新知识）出现许多相同点或研究方法相同时，应采用类比方法将新旧知识对照，分析异同点，让学生集中注意二者，避免新旧知识的混淆。教师在物理教学中应当合理地组织教学活动，考虑学生的已有知识，注意新旧知识的联系，充分利用已有知识的特点来引导学生学习新知识，促使正迁移实现。把已有的知识与新的知识建立关联，形成体系，要做到瞻前顾后、左顾右盼，使新旧知识有机地结合起来，组成一个条理化、有序化、网络化、完整化的有机整体。由于表格的条理性强，能方便地进行横向、纵向的对比，因此运用表格来呈现知识能很好地帮助学生进行区分和掌握。由教学实践可知，表格是比较适合用于对比知识点的结构化方式。①

例如，"作用力与反作用力"一课的教学中，学生很容易把"作用力与反作用力"跟"平衡力"混淆。如表6-1所示，教学中可以借助表格来启发学生进行概念的对比。学生完成表格的过程就是教师引导学生观察、思考、分析、对比的过程。利用知识的同化、比较，将新知识纳入学生原有的认知结构之中，可使他们原有的认知结构得以丰富和扩大。

表6-1 相互作用力与平衡力比较

比较内容		对应名称	
		平衡力	作用力与反作用力
相同点	大小		
	方向		
	作用线		
不同点	受力物体	作用在同一物体上	
	依赖关系	无依赖关系，撤去一个，另一个依然存在	
	力的性质	可以相同，也可以不同	
	作用效果	可抵消，可求合力且为零	

又如，在进行"超重、失重"教学时，教师可在实验演示及分析、讲解后，通过表6-2来引导学生归纳知识，揭示规律。

当学生阅读表6-2中的文字并完成填空任务后，对超重、失重、完全失重产生的条件、规律以及三者之间的异同点等便直观地呈现在眼前。同时表格还为学生提供了精简而概括的记忆性材料。采用表格中填充的形式，不仅能调动学生复习的积极性，而且还能帮助学生把所学内容进一步条理化、系统化，并把各部分的内容联系起来，形成一个有机的整体。

---

① 陆光华. 小表格 大作用：初探表格在高中物理教学中的应用 [J]. 物理教师，2012（1）：15-16，18.

表6－2　超重和失重比较

	超重	失重	完全失重
定义	物体对支持物体的压力（或对悬挂物的拉力）＿＿＿物体所受重力的现象	物体对支持物体的压力（或对悬挂物的拉力）＿＿＿物体所受重力的现象	物体对支持物体的压力（或对悬挂物的拉力）等于＿＿＿的状态
产生条件	物体有向＿＿＿的加速度	物体有向＿＿＿的加速度	$a = $ ＿＿＿，方向向＿＿＿
视重	$F = $ ＿＿＿	$F = $ ＿＿＿	$F = $ ＿＿＿

又如电磁学内容经常出现相似的物理规律，如匀强电场的公式 $E = \dfrac{F}{q}$，$E = k\dfrac{Q}{r^2}$ 和 $E = \dfrac{U}{d}$，左手定则、右手定则和安培定则，库仑定律和万有引力定律等。学生对相似或有相同点的物理规律，因其字面意思相近，往往容易混淆，难以辨清，为此，教师在教学过程中可以借助知识清单的方式在相近的规律或概念之间进行对比，从概念或规律的物理意义、适用范围等方面进行辨析，找到新旧知识的共同点和区别，理清所学规律与相关概念、规律间的关系，从而使知识结构更加系统化。通常在学习了"匀强电场中电势差与电场强度的关系推导"后设计比较环节：比较匀强电场的公式 $E = \dfrac{F}{q}$，$E = k\dfrac{Q}{r^2}$ 和 $E = \dfrac{U}{d}$ 的物理意义、适用范围和公式来源。如果仅从物理符号对比公式，学生往往还较难真正理解三个公式间的区别和联系，因此教师可以设置一定的问题情境，引发学生对新旧知识的思考，从而理解三个公式的区别。对"适用范围"设置问题情境：

问题1：电场强度是用于描述电场强弱的物理量，电场强度公式 $E = \dfrac{U}{d}$ 能用到点电荷激发的电场中吗？

问题2：点电荷激发电场的电场强度如何求得？

问题3：$E = \dfrac{F}{q}$ 能用到匀强电场中吗？

结合学生对"适用范围"所设置的问题情境的回答，逐步引导他们完成公式"引入过程"和"物理意义"的对比，如表6－3所示。知识清单的条理性强，对电场强度的三个表达公式进行横向与纵向的对比，促使学生进一步理解电场强度与其他物理概念间的关系，使新旧知识有机地结合起来。

表 6-3 基于知识清单的电场强度的三个公式对比

	物理意义	引入过程	适用范围
$E = \dfrac{F}{q}$	是电场强度的定义式	$F \propto q$，E 与 F、q 无关，是反映某点电场强度的性质	任何电场
$E = k\dfrac{Q}{r^2}$	是真空中点电荷电场强度的决定式	由 $E = \dfrac{F}{q}$ 和库仑定律共同导出	点电荷形成的电场
$E = \dfrac{U}{d}$	是匀强电场中电场强度的决定式	由 $F = qE$ 和 $W = qU$ 导出	匀强电场

策略五：流程图分析以显化步骤。

学生在新课学习中常常出现一种情况：学生学到了新概念或新规律，但是不会学以致用；或者经过题海战术，但面对新问题时仍不能顺利解决。出现这种情况的一个重要原因是学生对新知识没有理解到位，另一个原因是学生不能将新知识与物理情景联系起来，所以导致即使学生具有认知结构，但不会解决问题。新授课中在介绍了新概念或新规律后，为了让学生真正地理解概念和规律，教师通常精选一些练习题或者提供相关的事物让学生解释，在这个过程中将解释的步骤显化可以让学生快速掌握相应的方法。流程图由表征操作类型的图框和表征操作顺序的线条构成，图框中的文字和符号表示操作内容，线条的方向表示先后次序。利用流程图可以帮助学生整理思路，清晰地梳理解题过程和方法。[1]

例如，在"力的合成"[2] 一课中，教师讲解同一直线上二力的合成时一般的流程如图 6-9 所示。

---

① 白源法. 流程图在初中物理教学中的应用 [J]. 中学物理，2012（16）：65-67.
② 马志刚. 流程图在初中物理教学中的应用 [J]. 理科考试研究，2013（11）：48-49.

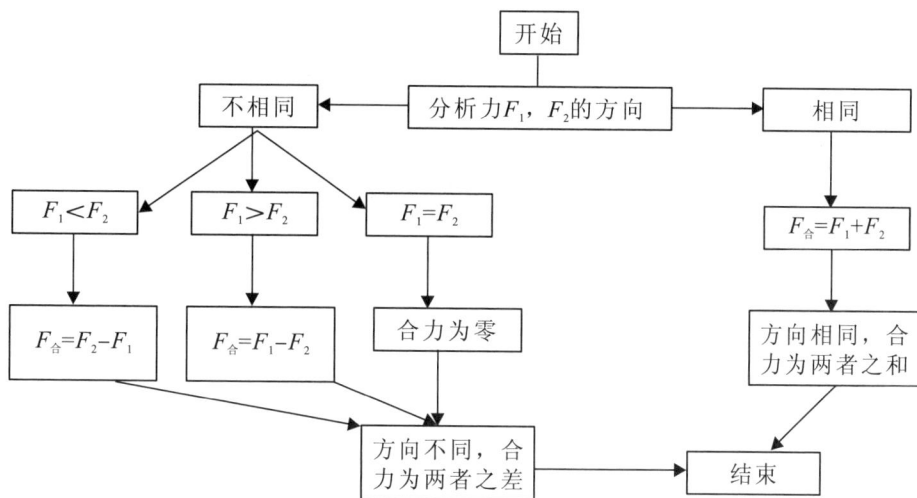

图6-9 二力的合成的流程图

教师提出问题：水平面上有木块，其受水平向北的拉力大小为10N，受水平向南的拉力大小为12N，求木块在水平方向上受到的合力大小？

设木块受到水平向北的拉力为 F_1，水平向南的拉力为 F_2，F_1 与 F_2 的合力为 $F_合$，则有 $F_1 = 10N$，$F_2 = 12N$，由于 F_1 与 F_2 所在的方向在一条直线上，且两者的方向相反，又 $F_2 > F_1$，所以有 $F_合 = F_2 - F_1 = 12N - 10N = 2N$，木块受到的合力大小为2N，方向水平向南。

以上只是一个简单的例子，但分析步骤却极为清晰明了，这种良好的分析方式能很好地帮助学生打好基础，建立正确的思维模式，同时解题的步骤和流程的标示具有较强的递推性与逻辑性，可培养学生在分析过程中的严谨性，特别是在分析解决相关受力较为复杂的题目时，能促使学生全面地考虑各个方面的因素。

同时，该流程图还具有一定的总结和延伸功能，它总结了在同一条直线上的受力分析，这种受力分析是最基础的。教师在将相关问题延伸时，同样可以借助流程图来展示。教师若是想要引出平行四边形法则，就可以使用以上流程图来拓展，这样不仅能让学生感觉到物理分析的迁移性，还能激发学生的学习兴趣，让学生在掌握旧知识的前提下，更好地接受新知识，进而不断向更深层次的教学行进。例如，对于上面的问题，教师就可以提出新的问题：水平面上有一木块，它受到水平向北的拉力大小为6N，受水平向东的拉力大小为8N，求木块在水平方向上受到的合力大小。

虽然上题只是改动几个数据和文字，但是涉及的内容却完全不一样，以问题的形式引出新的知识，此方法在教师讲解新知识的时候效果立竿见影，学生的求知欲也会被激发出来，这样的讲课质量才能达到最佳。解这道题一般不再需要教师指导，学生借助前面的流程图，在理解后一般都能运用相关方法来解决。

6.2 物理习题课知识结构化教学策略建构

所谓习题课是以讲解习题为主要内容的课，通过对习题的解剖、分析和点评，帮助学生完善知识结构、提高解题能力、掌握学习规律的教学活动。[①] 当前针对习题课教学提出的教学模式并不多，大多数教师仍遵循"知识点提要介绍—例题分析讲解—课外练习巩固"的流程进行教学。[②] 但深入一线发现，部分习题课存在机械训练的现象，往往只注重教师的习题讲解，学生积极性不高，思维禁锢，难以举一反三；同时理论知识与问题解决策略的脱离，使得学生知识结构零散、单一。针对上述问题，我们基于认知心理理论，以思维导图为抓手，构建了高中物理知识结构化的习题课教学模式。

在习题课的教学中，大多数是围绕着某个概念或定律的形成以习题练习为媒介而展开的教学。因此，在习题教学中为凸显中心概念的统领地位，我们可以放射型知识结构图为抓手，将教学中包含的大量科学事实、应用情景、问题解决的策略等零散的知识连接起来，使知识的获得、储存和提取更加便捷高速。此外，思维导图具有发散性思维的特征，有助于培养学生知识与解题的迁移能力。[③]

6.2.1 知识结构化习题课教学模式结构框架

习题课的核心是使学生在对知识形成一定记忆和理解后能够掌握知识的应用条件和应用方法，以提高应用知识的能力。因此，知识结构化的习题课应包括陈述性知识和程序性知识的结构化，且重点是陈述性知识的程序化。我们建构的教学模式主要由图6-10所示的四个步骤组成。

首先构建以重要概念（规律）为中心的发散型知识结构图，引导学生将

① 尹青春．"问题解决式"习题课教学模式 [J].教育理论与实践，2014，34（14）：57－59.
② 黄国龙．"预设生成探究"习题教学模式的构建与实施 [J].中学物理教学参考，2011，40（6）：14－17.
③ 赵国庆，陆志坚．"概念图"与"思维导图"辨析 [J].中国电化教育，2004（8）：42－45.

陈述性知识系统化。通过例题讲解，引导学生对重要概念（规律）的应用情景和应用动作做归纳，构建解决问题的"启发式"结构图，完成陈述性知识的程序化。再通过变式题对比，使学生基本掌握应用规律后，再引导学生发散思维，添加应用情景或者动作，完成程序性知识的结构化过程。课堂的最后将结构化的程序性知识纳入原有的知识结构图中，建立完整知识体系。

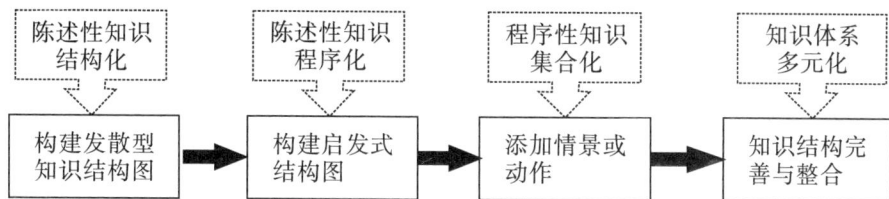

图 6-10　知识结构化的习题课教学模式结构框架

6.2.2　知识结构化习题课教学环节设置

图 6-11 是知识结构化的习题课教学环节设置图，下面以"万有引力的理论成就"的习题课为例，说明知识结构化的习题课教学模式的具体应用。

6.2.2.1　课前梳理环节

教师在课前需准备以关键概念或规律为核心的知识结构图，明确教学内容，制定习题课的教学目标。与此同时，布置学生自主完成相应的理解型习题，并绘制知识结构图，促使学生在习题课前对知识点进行整理和复习。教师再根据学生绘制的知识结构图和答题情况，掌握学生学习情况，进一步制定教学目标。习题课的知识结构图是以重要概念或规律为中心的思维导图，教师在评价时主要查看学生制作的知识结构图是否存在科学性表述错误、知识点遗漏，以及是否具有知识点的延伸这三方面的内容。

6.2.2.2　课堂教学环节

教师课前要筛选有典型问题的知识结构图在上课时给学生展示，引导学生发现问题并对自己的知识结构图做修改，再将知识延伸性比较好的知识结构图展示给学生，促使学生对关键概念有进一步的理解。此过程能够引起学生的思维共鸣，激发学生的学习积极性，从而对陈述性知识做更合理的梳理与整合。

例如，万有引力的理论成就是在学习完万有引力定律的基础上，进一步让学生应用万有引力定律解决问题的一课。图 6-12 是以万有引力定律为中心的知识结构图，教师可根据学生错漏情况有针对性地进行强调与补充。

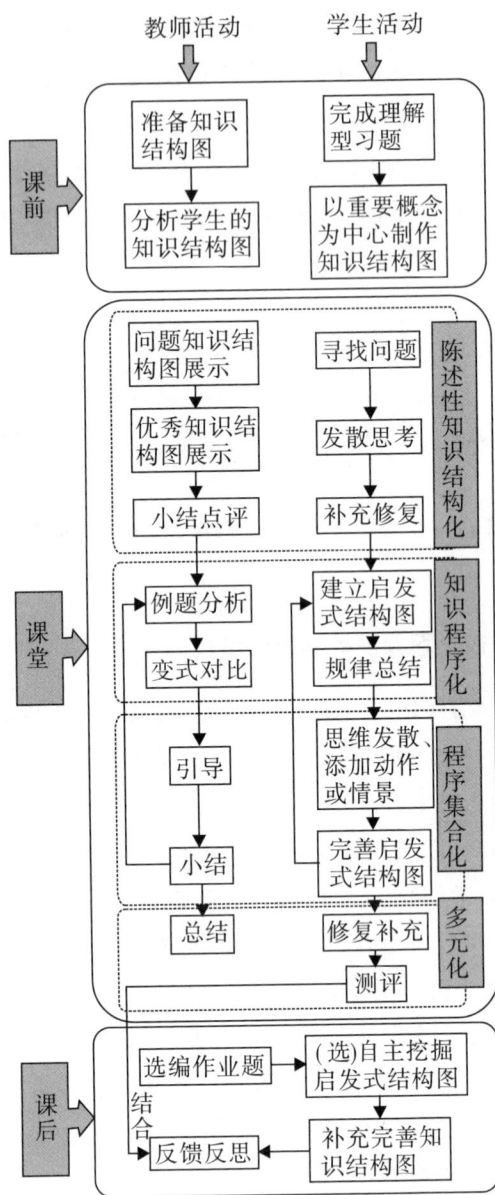

图 6-11　知识结构化的习题课教学环节设置图

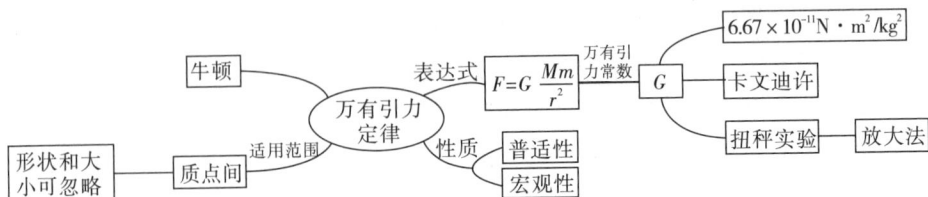

图 6-12　万有引力定律陈述性知识结构图

如何应用陈述性知识去解决问题，这便涉及程序性知识。在这一部分，教师创设情境，引导学生在解决问题的过程中提取"目的—情景—动作"要素，再通过变式题的对比，发现解题的规律。

例如，天体质量的测量是万有引力定律常见的应用，对这部分知识的程序化可以设置以下问题。

问题1：卡文迪许用扭秤法测量出万有引力常数，并且被称为"称量地球质量的第一人"。那么卡文迪许是如何测量地球质量的呢？现地面上质量为 m 的物体所受的重力 mg，忽略地球自转的影响，已知地球的半径为 R，引力常量为 G，你能估算地球的质量吗？

教师创设情境，激发学生解决问题的欲望与兴趣，变被动学习为主动学习。此环节中教师引导学生思考讨论，并提取问题解决过程中的"目的—情景—动作"要素（如图6－13所示）。

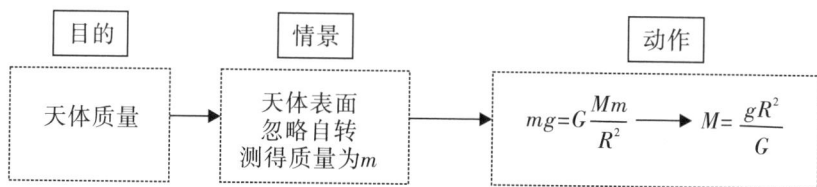

图6－13　问题1的"启发式"结构

问题2：我国航天技术飞速发展，设想数年后宇航员登上了某星球表面，宇航员从距该星球表面高度为 h 处静止释放一个质量为 m 的小球，测得小球落地时间为 t。假设忽略该星球自转影响，已知该星球的半径为 R，引力常量为 G，求该星球的质量。

问题2是问题1的变式，是结构相似的问题，通过对问题2的解决，学生可以对知识进行迁移和总结。教师同样可提取问题解决过程中的"目的—情景—动作"（如图6－14所示）。通过变式的对比，学生能够很快地发现，在星球表面，忽略自转影响的情况下，若想测量星球质量，可以通过测量星球表面重力加速度进行运算。

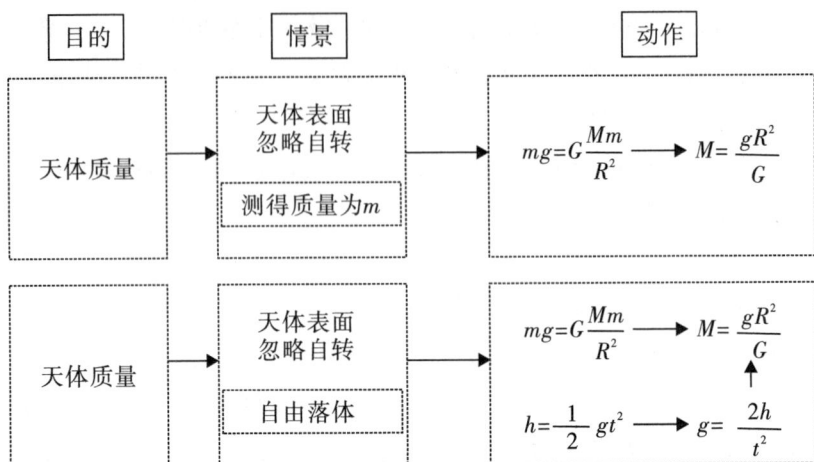

图 6－14　变式问题的"启发式"结构对比

学生基本掌握解决问题的规律后，教师应继续引导学生发散思考，就启发式结构图中的目的，思考还有哪些情景或动作能够达成"目的"。学生进行小组讨论或以头脑风暴等形式，由"点"到"面"，可使学生的知识检索与提取能力和发散性思维能力得到发展，同时也避免了机械做题的疲惫性，使得被解决的问题得到结构化的总结归纳。

问题 3：回忆学过的物理知识，可以通过什么方法测量"当地"的重力加速度？

以此问题引起学生的思考与讨论，不仅能够对前阶段所学平抛、自由落体等内容进行复习，还建立了新旧知识间的联系，使利用万有引力定律测量星体质量的思路得到了结构化总结（如图 6－15 所示）。

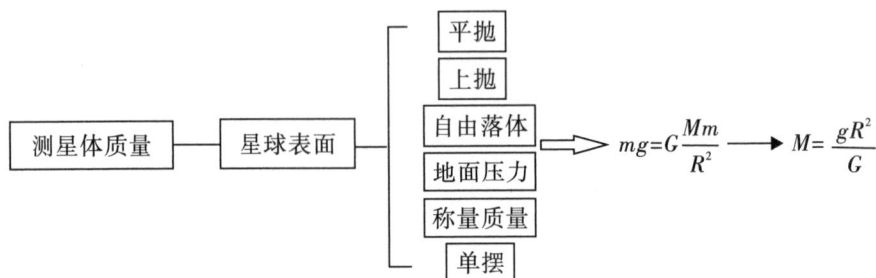

图 6－15　利用星体表面重力加速度测星体质量的程序性知识集合化图

通过以上几个问题进行循序渐进的知识建构，学生已经基本掌握了应用万有引力定律测量星体质量的思路，教师可使用上述方法，对卫星环绕星体做圆周运动测星体质量问题进行结构化学习。

课堂小结尤为重要。教师引导学生将用于解决问题的启发式结构图纳入原有的陈述性知识结构图中，形成完整的知识体系（如图 6 - 16 所示）。课堂最后，教师紧扣本节课的教学目标，编制诊断测试题，检测学生对知识的掌握是否达到自动化的程度。

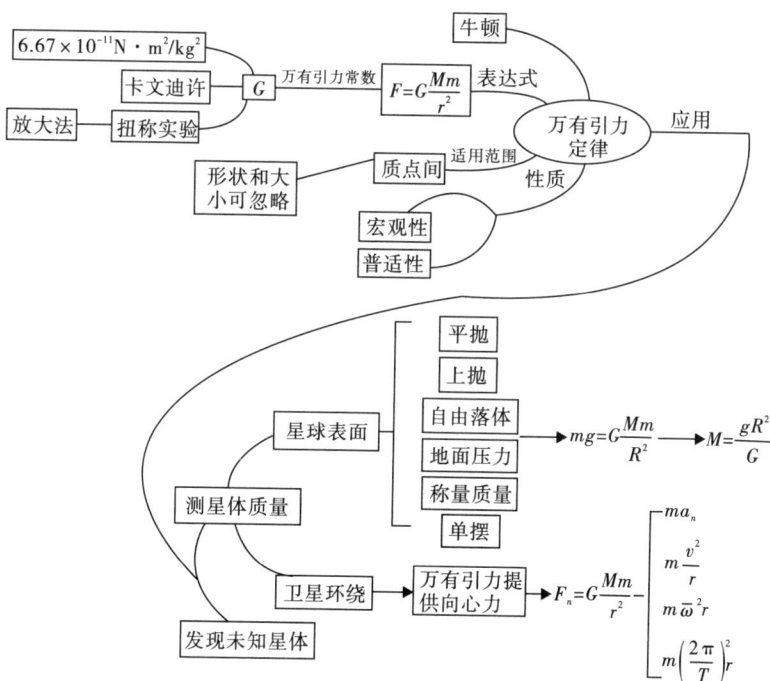

图 6 - 16　知识整合后的"万有引力的理论成就"知识结构图

6.2.2.3　课后延伸环节

课堂的时间是有限的，因此教师可以将部分题型的归纳工作放在课后作业里，作为选做作业，使得学有余力的学生在完成课后作业后，可以自主归纳并绘制解题的启发式结构图，再将其纳入原有的知识结构图中。教师可以根据学生最后修订的知识结构图情况和学生的课后测评情况，及时了解教学效果，发现教学的不足之处，方便及时改进和补救。

总之，在习题课堂教学中应注意将陈述性知识程序化，并将程序性知识结构化纳入学生原有的知识体系中，使得学生的知识结构由单一结构水平发展为多元结构水平，使原本零散的知识得到结构化，构建以核心概念为中心的知识结构体系。知识结构化的习题课教学模式，更注重学生的思维过程，突出学生的发散性思维，激发学生的主体意识，培养学生总结归纳和信息提取的能力以及分析问题、解决问题的能力。

6.3 物理复习课知识结构化教学策略建构

《普通高中物理课程标准（2017 年版）》中强调物理教材应"重视以大概念为核心，使课程内容结构化"①。在教学实践中，最能体现知识结构化作用的课型之一就是复习课。复习课是以巩固梳理已学过的知识、技能为主要任务，并促进知识系统化，提高解决实际问题能力的一种课型。② 在单元或专题复习课中更重视跨单元的知识整合，即"优化知识结构，形成综合能力"，使学生的知识结构由单一结构水平转化为关联结构水平或多元结构水平，做到"宏观把握，微观掌握"。但是，在当前部分学校的中学物理教学中，教师往往缺乏复习课教学的课型意识，教学随意性大，只是将学过的知识温习一遍，学生学习主动性不大，知识结构化效果不佳。③

针对现存问题，我们尝试结合物理课程标准的要求和物理学科特点，围绕课前准备、知识结构化课堂教学、课后反思三个阶段，提出有助于提升学生知识结构化程度、培养物理观念、落实核心素养的知识结构化单元复习课教学策略。

6.3.1 课前准备阶段的教学策略

一个单元的学习内容繁杂，概念庞多，想要有效提高单元复习课的教学效率，提高学生核心素养，在制定教学目标时，教师不应仅根据课程标准要求或学业要求，而应在课前分析学生的知识结构化水平，制定更具针对性的教学目标。因此在单元复习课的准备阶段，教师需要根据学生已有知识观念和知识结构情况，结合课程标准要求、学业要求，制定单元复习课的教学目标。

对于"静电场"单元复习课，教师可以应用本书附录 5 的"高中生'静

---

① 中华人民共和国教育部. 普通高中物理课程标准：2017 年版［S］. 北京：人民教育出版社，2017.

② 斯卡特金. 中学教学论［M］. 赵维贤，等译. 北京：人民教育出版社，1985：269.

③ 何善亮. 复习课教学存在的问题及其改进建议［J］. 当代教育科学，2012（2）：37－40.

电场'知识结构化水平测试卷"对学生进行课前测试，根据学生的作答情况，制定更有针对性的教学目标。下面是根据调查结果发现的现存问题而制定的指向知识结构化的教学目标。

目标1：能够从"能量观""运动与相互作用观""物质观"三个角度梳理单元主要内容，对"静电场"概念建立系统而全面的认识，学会从物理观念的角度思考问题。

目标2：以本章重要科学方法——类比法、比值定义法为线索，串接主要概念，增加知识组块间的联系，从多个角度建立重要概念的联系，加深理解，并从中体会物理科学方法的重要性。

目标3：应用表格图式，对比"静电场"和"重力场"中的重要概念、规律，通过本章以外的概念关联，加深学生对"电势""电势差""电场强度"等重要概念的理解，同时提升学生对核心概念"场"的认识。

目标4：通过概念联结的任务驱动，以小组讨论的形式，深入理解重要概念，能够应用重要概念描述本章核心概念"电场"，深化对"电场"的认识，初步形成物质观念。

6.3.2　课堂教学阶段的教学策略

一般复习课具有知识系统化、范例讲解或学生讨论、学生练习、小结四个步骤。依据上述四个教学步骤建构课堂教学阶段的高中物理单元复习课知识结构化的教学策略。

6.3.2.1　以"物理观念"为线索的知识结构化梳理策略

很多时候，学生难以理清知识点间的关系，原因可能在于没有站在高处梳理单元的整体结构。在梳理章节内容框架时，教师不仅要告诉学生本章的内容有什么，还要告诉学生章节内容是如何编排的，以及为什么要这样编排。在对章节内容进行系统化梳理时，大多数教师会根据教材编排顺序，来帮助学生梳理单元知识。这样做的好处是能方便快捷地达到复习效果，但容易让学生产生疲倦心理，同时也不利于学生把握章节知识间的内在逻辑与精细加工知识结构。

物理学是研究物质的基本结构、物质运动最一般的规律、物质之间相互作用的一门科学，能量是物质运动转换的量度，表征物理系统做功的本领。新课标提出物理四大核心素养，位居首位的物理观念又可以分为物质观念、运动与相互作用观念、能量观念。由此可知，这三个子观念并不是相对独立的，而是相互影响、共同存在的。在一个单元的学习过程中，势必会有关于物质性、相互作用规律、运动规律、能量规律的内容，因此在章节复习时，可以以物理观念的三个子观念为梳理线索，从物质结构、物质运动与相互作用规律、能量变化的角度来梳理章节内容，从而帮助学生核心素养的形成。

下面将从物质性、运动与相互作用、能量转移三个角度对"静电场"一章的内容进行梳理，并以概念图为抓手，构建"静电场"重要概念的知识结构图，帮助学生理清"静电场"一章的主要内容，达到系统化梳理知识的目的。

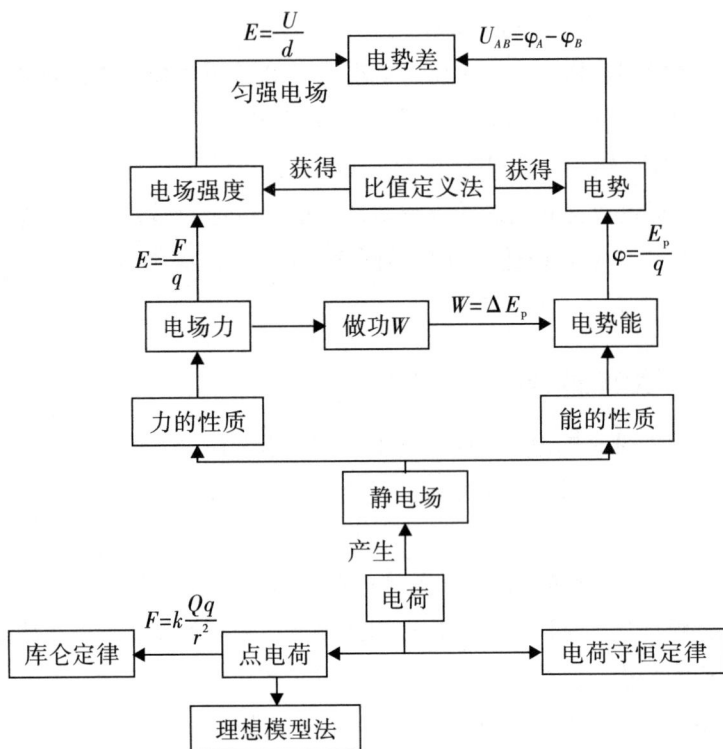

图 6-17 以"物理观念"为线索的知识结构化梳理

物质性：电荷是客观存在的物质，电荷周围存在电场，电场具有形态和影响范围，一般用电场线的分布来描述。由电荷与电场间的关系可知，电场是客观存在的事物，它具有自己的形态，是一种客观存在的物质。

运动与相互作用：两个电荷就是通过电场来达到相互作用的，电荷在电场中受到电场力的作用，电场强度就是用来描述电场对其中电荷力的性质的物理量。电荷在作用力下会由静止变为运动，若速度方向与电场力方向时刻相同，则做直线运动，若方向不同，则做曲线运动。

能量转移：在运动的过程中，势必会有能量的变化。电荷在电场中具有能量，电势是描述电场不同位置所具备的能量的物理量，根据相对位置的不同，能量会不同。在运动的过程中时刻伴随着电势能和动能的相互转化。

综上所述，教师以"物理观念"为线索对章节内容做梳理，以概念图的形式展示，能够更好地帮助学生掌握本章的重要内容和知识脉络，把握学习重点，初步建立"静电场"的物理观念（如图 6 – 17 所示）。

6.3.2.2 显化科学方法的策略

邢红军认为，在教学中每一个知识都由科学方法得出，通过对科学方法的不断了解、积累和熟练，就能使学生形成一种借助科学方法获取科学知识的心理定式。由此可知，科学方法是关联物理概念的重要媒介。

通过前文的理论探讨，总结"静电场"一章所使用的重要科学方法是类比法和比值定义法，且在知识发生的过程中均伴随着这两个科学方法。因此，以科学方法为中心的知识结构化教学策略，不仅能增加重要概念间的关联度，同时能深化学生对重要概念的理解。

类比法是指由一般到一般的推理或者是从特殊到特殊的推理，根据两类（或者两个）研究对象之间在某些方面具有相同或者相似的特征，从而可以推理出两者在其他方面也可能具有相同或相似的特征。运用类比法可以为我们建立新的概念提供参考和方便，将过去所学的知识迁移到目前所学的新知识。在"静电场"的学习中最早接触到的科学方法就是类比法，在证明电场存在更是频繁地应用类比法。例如：将点电荷类比理想化模型质点；将电场类比重力场证明电场的存在；由两电荷间相互作用力的规律联想到万有引力，并由此得到万有引力定律。电场是看不见摸不着的客观存在的物质，要让学生了解这个客观存在的物质，需要将其类比学生熟悉的物质——重力场。此外，对于电势概念的学习，同样应用了类比法，将电势与电场强度类比，这里是研究方法的类比。

在课堂上，教师可以应用流程图，将知识与方法的关系显化，如图 6 – 18 所示。

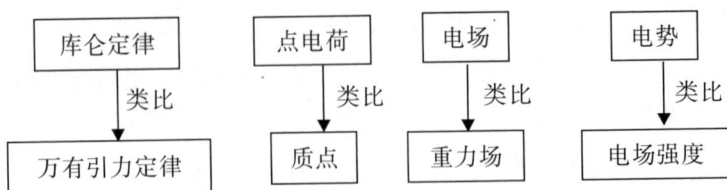

图 6 - 18   "静电场"中的类比法与知识点的梳理

初中阶段的速度、压强、密度、功率等概念,以及高中的加速度、电场、电势等核心概念均是由比值定义法建立的。比值定义法是高中物理概念定义的常用方法,同时,比值的思想方法也是高中阶段重要的物理思想方法。根据高中物理的规律、概念和物理意义的不同,可将比值定义法分为用某一物理量的变化量与时间相除得到比值、两个或两个以上的物理量的比值两种。

在"静电场"一章中用比值定义法定义的物理量有电场强度、电势、电容等。为更好地帮助学生理解电势、电容和电场强度是表示一个物体本身属性的物理量,可以关联先前学习的物理量,加深理解,如图 6 - 19 所示。通过科学方法的显化,学生不仅能正确认识到"电势""电场强度""电容"三个物理量的物理意义,同时也进一步认识到比值定义法的重要性。

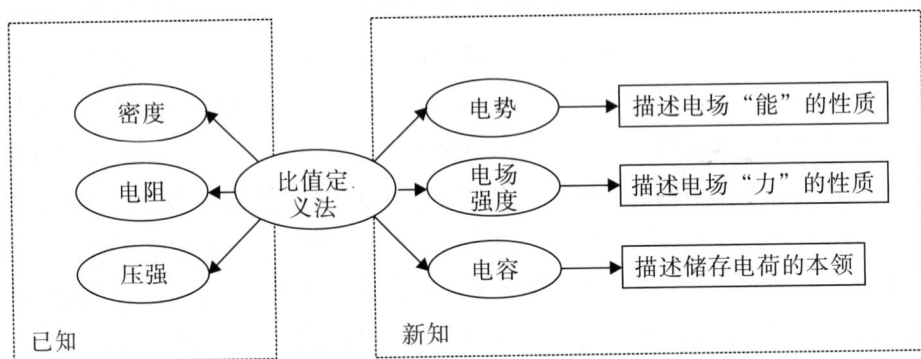

图 6 - 19   "静电场"中的比值定义法与知识点的梳理

6.3.2.3　核心概念的跨章关联的策略

表格图式是进行相关概念对比关联时常用的知识结构化手段之一。通过表格图式,学生能够清晰地看到概念在各个维度的对比,从而对概念进行理解与关联。

"静电场"一章的核心内容是对核心概念"静电场"的深度理解。通过对前面知识关联的构建及内化过程，学生对静电场已经有了比较系统的掌握。学生在学习静电场之前，已经学习过重力场。同样是看不到摸不着的客观存在的物质，是"场"的具体组成，但因为重力场与实际生活息息相关，其现象比较普遍，因此，学生较容易理解重力场的物质性及其相关概念。由此可知，教师可通过静电场和重力场客观存在性、力的性质、能的性质等方面的对比分析，帮助学生理解"静电场"这个核心概念——电场是对其中电荷有力和能的作用的客观存在的物质。与重力场的对比能够让学生不再局限于章节中对"电场"的描述，而是跳出章节的束缚，从更高的角度"场"来理解"静电场"。表6-4是关于静电场、重力场重要概念的对比。

表6-4   静电场、重力场重要概念的对比

	重力场	静电场
描述	重力场线	电场线
力的性质	重力	静电力
	重力加速度	电场强度
能的性质	重力势能	电势能
	重力势（高度）	电势
	重力势差（高度差）	电势差

6.3.2.4 连"词"成"句"策略

目前有越来越多国家的基础教育理科课程标准采用陈述句的方式来描述概念的内涵。如我国《小学科学课程标准修订版（送审稿）》和加拿大安大略省《科学与技术课程标准》中的科学概念都是用句子表述的。知识结构化的复习课其目的是构建知识的关联，促进核心概念的整合。因此在学生内化和小结阶段，通过串联重要概念，以陈述句的方式描述核心概念有助于学生对知识体系的再梳理，也有助于教师了解学生的认知结构。语言陈述策略主张学生要开口描述物理核心概念，学生组织语言表述的过程正是理解、内化和由物理事实构建核心概念的过程。

例题1：对于"静电场"这个物理学中常听到的物理名词，说一说你想起了哪些相关的概念、规律、物理现象，请应用这些相关的概念、规律、物理现象来描述你理解的"静电场"。

例题1是学生通过对"电场"这一核心概念的理解，并在联想相关物理概念、规律、现象（电荷、电场强度、电势、电势能、静电屏蔽等）的基础上，构建与"电场"之间的联系，再通过陈述句表达出来。要求学生理清相关关系和内容，如静电荷周围有电场的存在，电场强度是描述电场"力"的性质，电势能是描述电场"能"的性质，电场线的强弱用以描述电场的强弱的大小。当学生能够用自己的语言描述电场与相关的事实性概念的关系，说明学生有较好的以"电场"为中心的知识结构。

例题2：我们对"静电场"一章的内容作了系统复习，将"静电场"与"重力场"进行了关联对比，请你基于两个"场"的对比，用自己的话描述"场"。

例题2要求学生用自己的话描述"场"。目前，学生学习过的"场"有静电场和重力场。题目要求学生先梳理静电场及其相关的物理概念、规律及现象，构建这些物理概念、规律和现象与静电场的关系，再以相同的思路梳理重力场及其相关的概念、规律和现象。通过类比法、归纳法等科学方法，总结"场"的特性，并以简单的语言进行描述。这不仅能够加深学生对"静电场"的认识，更能通过关联对比，使学生初步形成"场"的物理观念。

6.3.3 课后反思阶段的教学策略

6.3.3.1 个性化知识结构化诊断书策略

根据学生的认知发展特点，学生在同一时期存在差异性，即便实施知识结构化的单元复习，学生的知识结构仍会存在不同的结构缺陷，因此，有针对性的知识结构化诊断书就显得尤为必要。学生能够对诊断出的知识结构缺陷进行有个性化的复习巩固，不断完善自身知识结构，同时能够培养学生的自主学习能力。根据"静电场"的知识结构化水平测试的内容，个性化的知识结构化诊断书应该包含学生在各水平段的得分情况、所处水平、整体描述，以及对其知识结构化现存问题的描述，能够帮助学生在课后有针对性地复习巩固。如图6-20所示。

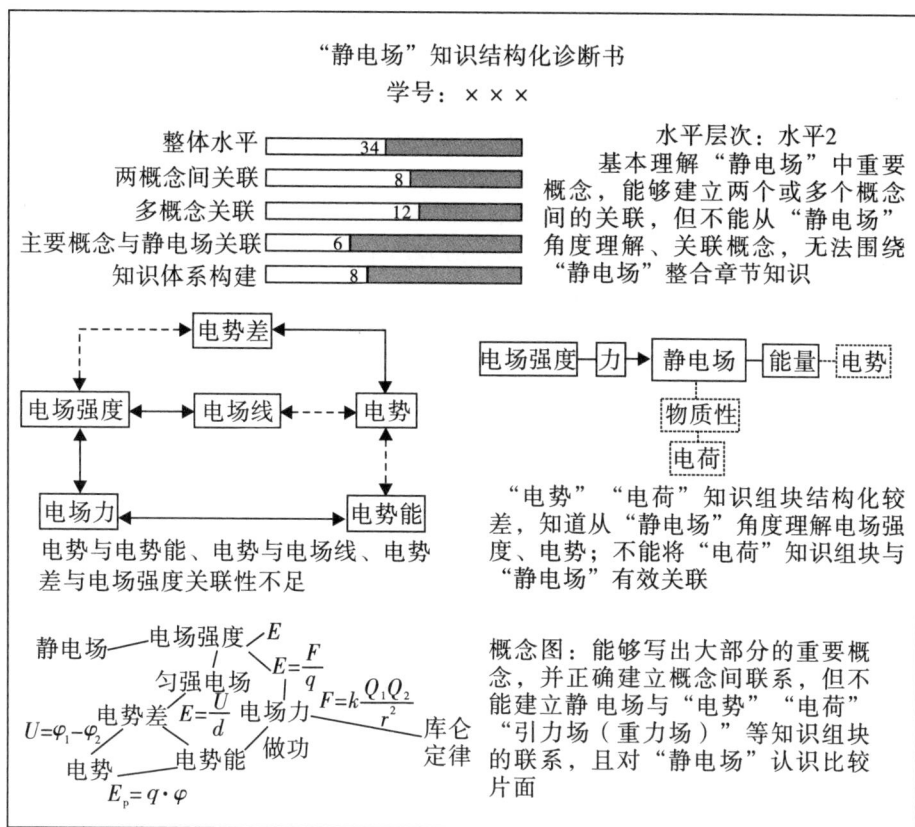

图6-20　个性化"静电场"知识结构化诊断书

6.3.3.2　评价单驱动策略

在前文的现状调查中，学生的知识结构化学习行为不足。为规范学生知识结构化学习行为，促进学生知识的结构化，可制作相应的知识结构化学习工作单，采用形成性评价的方式，促进学生知识结构化学习行为的养成。表6-5是"静电场"单元复习课后知识结构化学习行为评价表。学生根据知识结构化的学习行为评价表，规范自己知识结构化的学习行为，采用他评、自评等形式进行检验，能够促进知识结构化元认知的形成。

表6-5　"静电场"单元复习课后知识结构化学习行为评价表

工作指标	工作要点
复习回顾	要点1：对本章的内容进行复习，例如梳理课本、笔记
	要点2：对单元复习课的内容进行复习，例如消化板书、习题

（续上表）

工作指标	工作要点
整理归纳	要点1：对本单元的主要知识做归纳，例如基于科学方法的归纳、实验的归纳等 要点2：对本单元的习题做归纳总结
画知识结构图	要点1：围绕本单元的核心内容"静电场"做知识间的关联整合 要点2：用流程图的方式，将练习题程序化
发散思考	要点：尝试一题多解。例如：带电粒子在电场中的运动问题，可以用牛顿运动定律解决，也可以从能量转换的角度思考
预习下章	要点1：阅读"磁场"整个章节课本内容，对课本主要内容有大致把握 要点2：联系"静电场"和"磁场"内容，尝试找到关联点

上文针对调查总结得出的现存问题，提出物理复习课知识结构化教学策略，并以"静电场"单元复习课为例进行了阐释。知识结构化准备阶段旨在通过预估学生的知识结构化水平设计教学目标；知识结构化课堂教学阶段根据一般复习课的教学环节提出了四个教学策略；课后反思阶段，为巩固学生学习成果，规范学生知识结构化学习行为，提出了针对性的教学策略。

以知识结构化为宗旨的单元复习课与传统复习课区别如下：

第一，注重对核心概念的构建。知识结构化的单元复习课应以思维导图为抓手，以构建单元核心知识为基本进行扩展式教学，帮助学生理解物理概念，从问题解决的角度认识物理概念，帮助学生形成正确的物理观念。

第二，注重把握章节知识整体脉络的同时，纳入跨章节知识。新课改提出后，物理教学从物理知识的教学转变为物理观念的教学。而知识的结构化建构是形成观念的基础，因此在单元复习课中更应注重知识体系的梳理，引导学生把握整体章节的脉络，深刻体会物理含义，形成正确的物理观念。

第三，注重学生思维发展的过程。展示错漏的知识结构图、综合例题中简单图式的激活、复杂图式的构建过程，以及课堂结尾知识块的联结升华，注重学生的认知心理规律。学生运用分析综合、推理论证等方法，经历物理模型的抽象概括过程，养成良好的科学思维。

6.4　物理实验课知识结构化教学策略建构

物理新课程以提高全体学生的科学素质为主要目标，提倡教师转变之前的纯讲解授课模式，注重科学探究，培养学生形成良好的科学思维，掌握科学探究的方法。物理实验是一门将基本操作、科学探究与基本理论融为一体的实践性课程。实验教学的根本目的是培养学生独立思考和判断的能力，提高学生科学素养，并使学生获得一定物理实验的基本知识、方法和技能，掌握相关的重要理论。然而物理实验教学中存在着实验与定理定律分离的现象，比如牛顿第二定律，很多教师仅仅是在讲授完定律内容后，由一个简单的实验进行验证，并没有促使学生对定律进行深入理解，实验与定律间没有太多的联系。部分学生也懒于思考，较少参与实验设计环节，只是简单复制教材或者教师提供的实验步骤，习惯机械记忆实验的具体操作，但这种方法容易遗忘。在中考和高考中，实验题往往是学生最易丢分的题目。如何让学生自主科学地探究实验，有效内化科学探究的方法和思维是教师需要解决的问题。此外，学生对较复杂的实验的操作步骤没有一个完整的认识，就不利于动作技能的形成，而动作技能、定理定律等都是实验涉及的一部分，唯有将其整合起来才算是成功的实验教学，这就体现了在实验课教学中注重知识结构化的重要性。

在实验课中促进学生的知识结构化，要求教师与学生不仅要重视物理实验知识的掌握以及实验方法的运用，还要注重各步骤的连贯性与整体性，构成完整的实验教学统一体。在操作性实验教学的结构化中，教师要促进新旧知识交互作用，这对于促进学生认识结构的综合化、整体化、系统化具有重要作用。下面结合具体案例对物理实验课知识结构化教学策略进行探讨。

6.4.1　课前知识结构化实验预习策略

课前预习不仅是一种科学的学习方法，也是一种良好的学习习惯。运用知识结构图进行实验课程的预习能更有效地提高学习效率。学生在阅读教材了解实验资源、实验器材、实验流程等信息后，整合自己的知识画出思维导图，明确实验需要做的事情，并在思维导图中对自己有疑问的内容进行标记，便于课后的反馈，若课后还未搞懂这些问题就要及时与老师、同学交流讨论，争取不留下知识盲点，也为课堂的实验学习做好充分的准备。

学生课前通过绘制知识结构图（如图 6 - 21 所示），可对实验原理、实验步骤及注意事项等内容了解得更清楚，对实验步骤掌握得更深刻，更容易明白每一个步骤的必要性和目的性。这种基于知识结构图的预习方式，不仅加深了对所预习内容的记忆，提高了自学能力，而且培养了独立阅读和思考的良好习惯。同时，教师通过学生预习时画的知识结构图，可以很快地找到学生学习遇到的难点和疑点，这样就可以确定重点，讲课更有针对性和实效性。

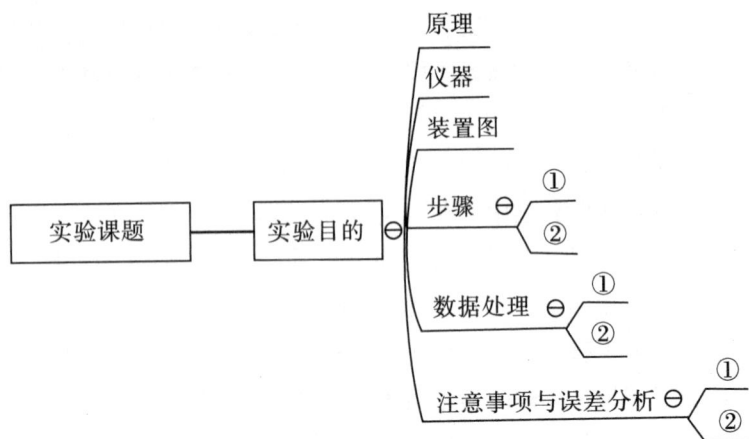

图 6-21　课前预习知识结构图任务框架

　　比如在测量物体质量的实验前，教师可以先给学生发基于知识结构化设计的工作单，让学生课前预习天平的使用方法，在工作单中，学生需要自己总结天平的使用步骤、注意事项等。借用知识结构图，学生对天平的使用方法先做初步的总结，梳理大致知识脉络，如图 6-22 所示。

图 6-22　测量质量实验工作单

　　又如，课前要求学生利用知识结构图画的工作单，完成对量筒使用的学习，如图 6-23 所示。

二、课前预习

（1）复习"密度"知识点：

（2）请预习课本中量筒的内容，完成下面内容。

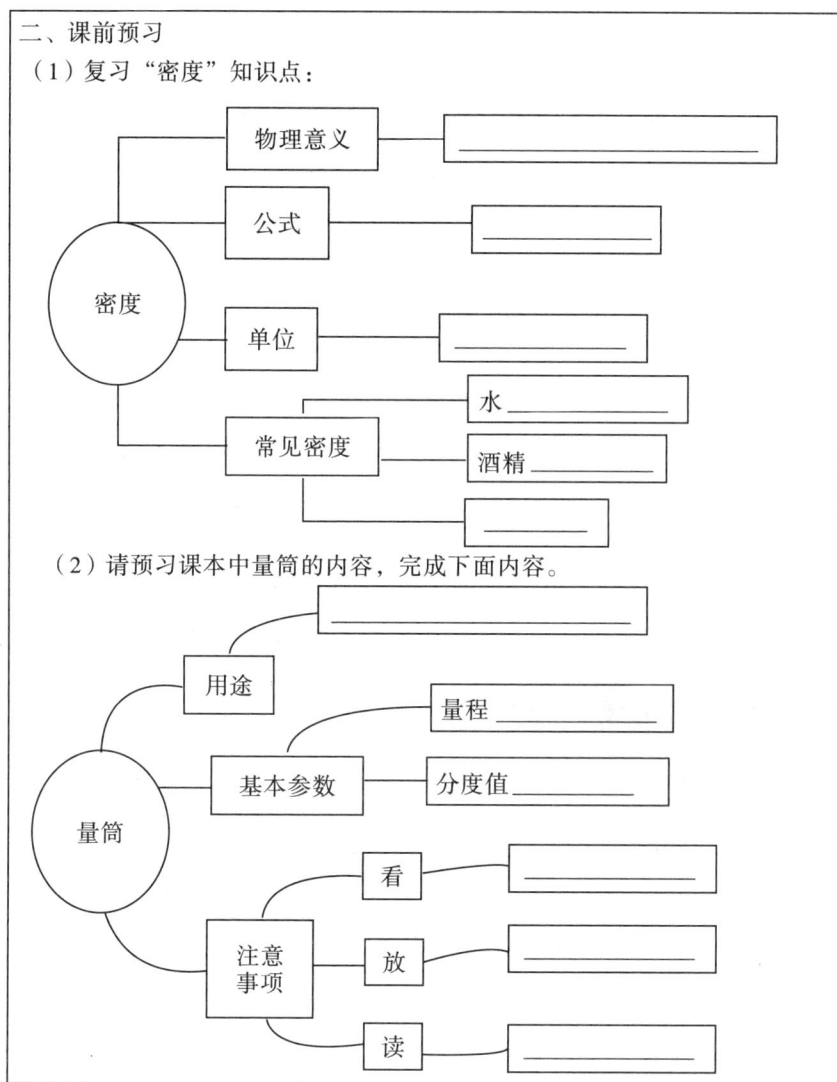

图6-23 "量筒使用"工作单

上述工作单指出了对量筒的基本要求，以及对于量筒使用的注意事项，学生根据提示可以自己做出大致思维导图。这样的工作单有助于学生系统化地梳理量筒知识点。

工作单中以问题的方式，引导学生进行实验的设计，帮助学生把握实验步骤中的关键信息。通过工作单的层层设问，使学生的思考逐步加深，通过工作单讨论得到结果比起教师直接告诉的方式，更容易让学生接受和掌握。而且比起课本，工作单中可以设计较多开放性题目，使学生用发散思维辅助设计。

在课堂导入环节，教师可以先让学生分享工作单上与实验相关的知识结构图。例如，密度测量实验课的导入环节，教师可以请学生回答工作单中对密度知识的回顾，分享课前预习的关于量筒使用的思维导图，顺便检查学生预习的情况。应当看到，每个学生对实验都会有自己的思考，在实验前教师应当鼓励学生根据自己的思考设计实验方案，并绘制思维导图。由于学生的知识水平存在差异且看问题的角度不同，提出的实验方案也会有所区别。教师对学生方案的优缺点和可行性进行分析，有针对性地提出修改意见，使学生的实验方案更加完整，从而提高学生实验设计的水平。

此外，在聆听学生代表汇报的预习情况之后，教师也要选取学生提供的实验思路进行适当的板书。实验教学的板书并不一定要采用逐行记录的方式，可以采用学生大脑易于接受的图画方式即思维导图式板书。这样的板书给学生展示整体的实验框架，不仅能向学生呈现知识点之间的关系，分类整理信息，建构知识架构，更重要的是能向学生展示思维过程，有利于学生在整个框架中把握重点和难点，有利于对学生思维的启发和引导。

6.4.2　课堂实验操作步骤知识结构化显化策略

对于复杂的操作性实验，学生不能很好地记忆与理解严谨的操作流程，利用流程图独有的过程显化性能帮助学生更好地学习物理实验，并提高动手操作能力。因此，在点评了学生课前预习情况之后，教师可以帮助学生再次梳理一下实验操作思路，此时教师可边画流程图边讲解，而对于更难的操作性实验，教师甚至可以借助流程图边操作边画图，还可让学生同步进行练习，这样能更快地使学生掌握该实验的操作技能。当然，对于不同的实验，课堂中可能还会出现边画流程图边总结的情况，而且每一步的注意事项还可以在旁边标注。因此，对于流程图教师可灵活应用。

物理实验探究流程一般包含提出问题、猜想与假设、制订计划与设计实验、进行实验与收集证据、分析与论证、评估、交流与合作等要素，教师可以利用流程图将上述环节显化地呈现给学生，引导学生逐步形成良好的科学探究思维习惯，掌握科学探究的方法。比如探究弦乐器音调影响因素的实验，可以利用知识结构图（见图 6 - 24）予以展示。

探究弦乐器音调实验

猜想：

```
          ┌─────────────────┐
          │  探究弦乐器音调   │
          │  与哪些因素有关   │
          └─────────────────┘
       ↙           ↓           ↘
┌─────────┐  ┌─────────┐  ┌─────────┐
│  弦松紧  │  │  弦长度  │  │  弦粗细  │
└─────────┘  └─────────┘  └─────────┘
```

步骤：

```
┌────────────────────────────────────────────┐
│  器材：                                      │
└────────────────────────────────────────────┘
    ↙                ↓                ↘
┌──────────┐  ┌──────────┐  ┌──────────┐
│ 弦长度、粗 │  │          │  │          │
│ 细不变，研 │  │          │  │          │
│ 究音调与弦 │  │          │  │          │
│ 松紧的关系 │  │          │  │          │
└──────────┘  └──────────┘  └──────────┘
```

请设计数据记录表格：

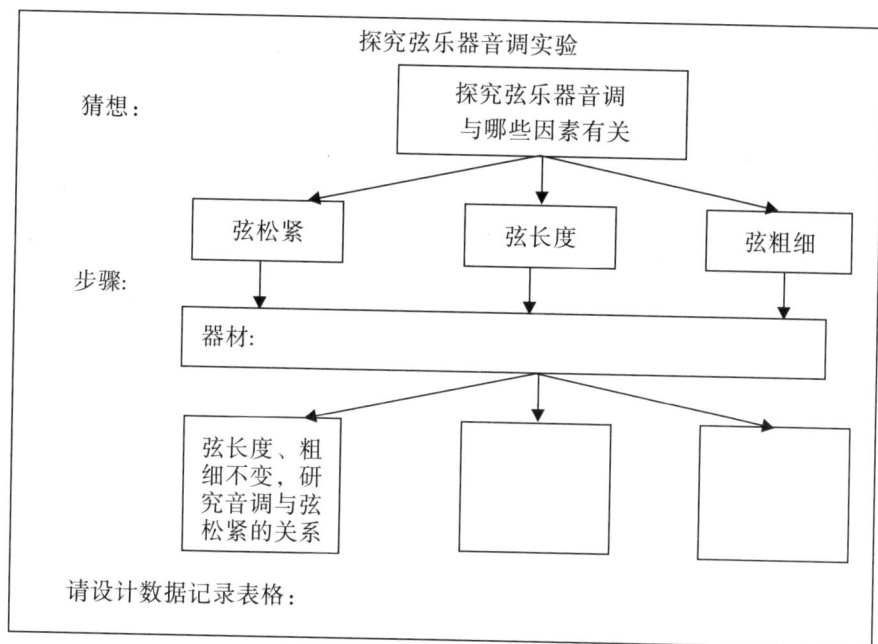

图 6 – 24　探究弦乐器音调实验的知识结构图

又如，在牛顿第二定律实验教学时，教师可检查学生课前预习的思维导图，查看学生的预习情况，大致了解学生对该实验掌握的难点与疑点后，再开始实验内容的教学，并利用课件或板书，呈现以下知识结构：

①实验目的：研究物体加速度与质量、力的关系。

②实验原理：（控制变量法）A. 探究加速度与力的关系的基本思路：保持物体的质量不变，测量物体在不同力的作用下的加速度，分析加速度与力的关系；B. 探究加速度与质量的关系的基本思路：保持物体所受的力不变，测量不同质量的物体在同一作用力下的加速度，分析加速度与物体质量的关系。

③实验器材：打点计时器、复写纸、小车、一端附有定滑轮的长木板、小盘、砝码、纸带、刻度尺等。

④实验步骤：在进行实验步骤的讲解时，教师应循循善诱，与学生一起设计合理的实验方案。教师可通过提出问题并让学生通过用原有认知回答的方式，以旧出新，同化顺应形成新的认知结构，以引出合理的实验操作。比如教师可以提出以下一系列问题：

问题1：用什么测量力的大小？学生按照原有认知，会回答用弹簧测力计。可是弹簧测力计存在晃动问题，会导致测量结果不稳定，这时教师就应该引出一端带有定滑轮的长木板和细绳来代替测力计。

　　问题 2：怎么来记录小车的运动情况？学生会回答前几节刚学过的打点计时器。

　　问题 3：合外力和摩擦力怎么确定？教师介绍平衡摩擦力的方法。平衡摩擦力后，引出当小车的质量远大于小盘与砝码质量时，小盘与砝码的重力可近似看成合外力。这些内容对于学生来说都是新知识，在阶梯式逐步递增的设问中形成，学生易于接受。

　　关于这些实验方案的关键性步骤，教师都可以通过问题让学生用原有认知回答，从而促进新认知的形成。通过设问，将新旧知识相联系，这也体现了知识的结构化。在引出的过程中，教师可以边画流程图边讲解，当探究加速度与力的关系时，操作步骤如图 6-25 所示。同理，当探究加速度与质量的关系时，保持合外力不变，也可画与图 6-25 相似的流程图，继续操作。

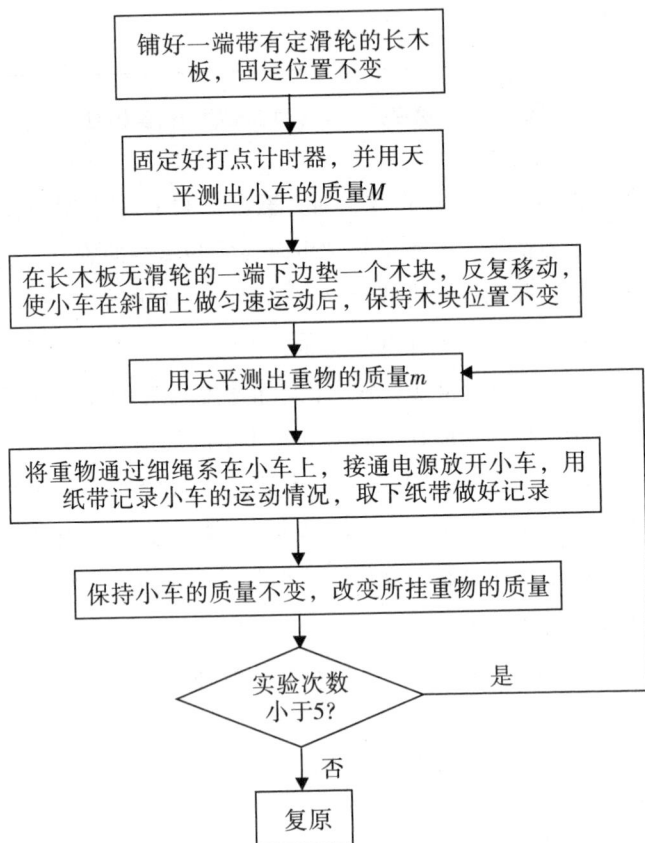

图 6-25　实验操作步骤流程图

⑤数据处理：根据步骤4得出的纸带可计算出加速度的大小，填入表格，并根据数据作出 $a-F$ 图和 $a-1/m$ 图，定性分析加速度与质量、力的关系。

在实验的最后，教师可帮助学生重新梳理实验注意事项及重点步骤，帮助学生完成认知的更新演化。

在以上实验教学过程中，教师可以用思维导图取代板书进行讲解，将整个实验的要点更为直观地显化。

在梳理清楚实验原理及步骤后，教师布置具体实验任务，要求学生根据知识结构化的工作单指引开展实验操作，并记录实验数据。

例如，在测量液体密度实验教学中，教师提出要解决的第一个问题：如何鉴别地沟油，并让学生鉴别植物油的密度，完成工作单中的任务（如图 6 – 26 所示）。该任务的实质是学习液体密度的测量，教师提供给学生植物油或者其他液体，以及基本实验器材，学生按照工作单进行实验设计并汇报。

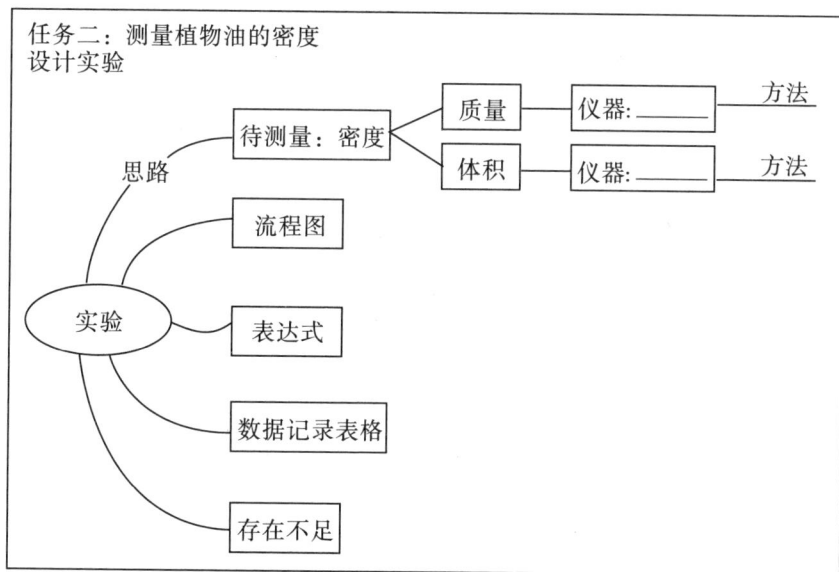

图 6 – 26   "测量液体密度"工作单

按照知识结构化的工作单的引导，学生根据待测量是密度，联想需要用的原理是密度公式，然后针对需要间接测量的是质量和体积，选择对应需要的器材和方法。该思路将测量的物理量分开考虑，这样能让学生设计实验时较有条理。学生完成设计后分享实验方案和设计流程图。

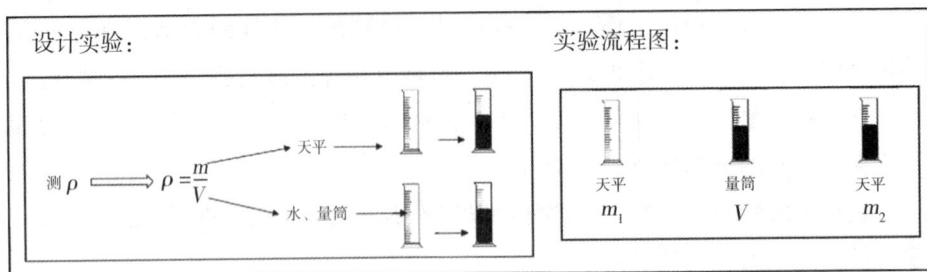

方案一

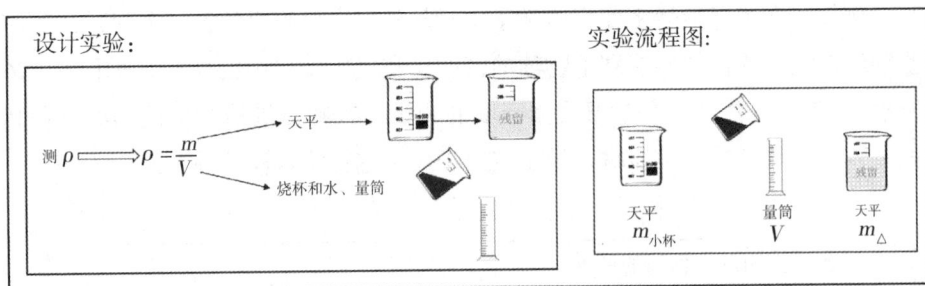

方案二

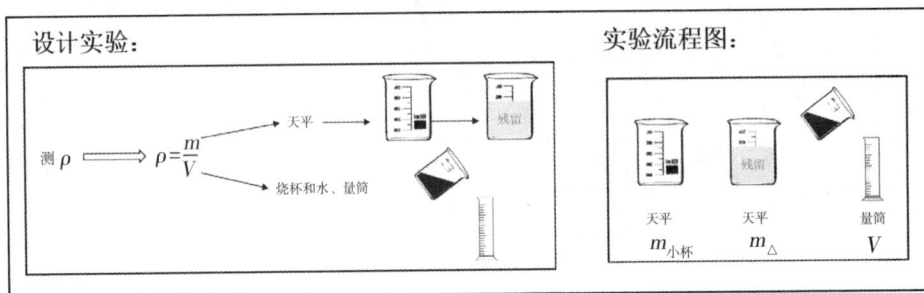

方案三

图6-27 "测量液体密度"工作单样例

学生汇报情况如图6-27所示①，流程图的形式使学生很容易发现②，测量液体密度实际上要先测量质量和体积，测量质量和体积的方法可能有所差

---

① 黄满全. 间接测量型实验的课堂教学优化策略：以《测量牛奶的密度》为例 [J]. 湖南中学物理，2011（6）：26-28.

② 吴立. 试谈"测量物质的密度"的教学策略 [J].中学物理教学参考，2006（5）：51-53.

异，比如方案一的学生选择直接用量筒进行测量，方案二和方案三的学生选择烧杯。即使质量和体积测量的方法相同，实验流程也可能不一样，比如方案二和方案三，在步骤顺序上有所差异。那么这些方案是否都可行，教师不做出点评，而是让学生先进行实验。学生做完实验后，教师再让学生小组总结分享。

方案一的缺点：采用量筒在天平上的测量，要特别注意量筒会不会倒，因为量筒的重心比较高。

方案二和方案三的缺点：液体从烧杯倒入量筒时，会发现不能将液体完全倒光，烧杯杯壁总会有残留。

学生产生疑惑：方案一容易造成实验仪器损坏，是否可取？方案二和方案三可能存在误差，那么两种不同的流程图，其方案是否都不可取？教师引导学生讨论，得出结果为：方案一不可取，方案三会导致体积的测量结果偏大，使得密度偏小，方案二反而是最好的。教师再总结，在测量液体密度时，为避免液体沾烧杯导致测量不准的误差，可以采取倒入部分液体于量筒以及先测量体积再测量剩余液体质量的方法。此时提问学生是否一定需要测量空烧杯，最终师生合作得到测量液体密度的方法。

在这个环节中，利用知识结构化的工作单的设计，使得学生很自然地在交流中发现测量液体密度实验存在的问题。物理课程中，让学生自己在学习中发现问题是至关重要的。当学生提出有价值的问题时，教师应该因势利导，引导学生对其分析讨论。在活动中的分享交流，尽可能让学生尝试自己分析并说出依据，尝试自我小结，这也是锻炼学生整理信息的有效方法。

学生完成测量液体密度任务后，教师让学生继续完成新任务：金属螺母真伪的鉴别。该任务实质是不规则物体密度的测量实验。教师提供给学生若干金属螺母和其他实验器材，同样要求学生小组按照工作单讨论设计实验，然后汇报，其工作单如图6-28所示。

任务三：金属螺母真伪的鉴别

设计实验：

数据表格设计：_____

反思：

图6-28　"金属螺母真伪的鉴别"工作单

该任务工作单的开放性较强，主要考虑在前一任务中学生已经熟悉了实验设计的流程，学生按照前一任务的设计方法进行迁移，从而写出设计的思路和流程图，培养学生科学探究的思维方法，样例如图 6 – 29 所示。

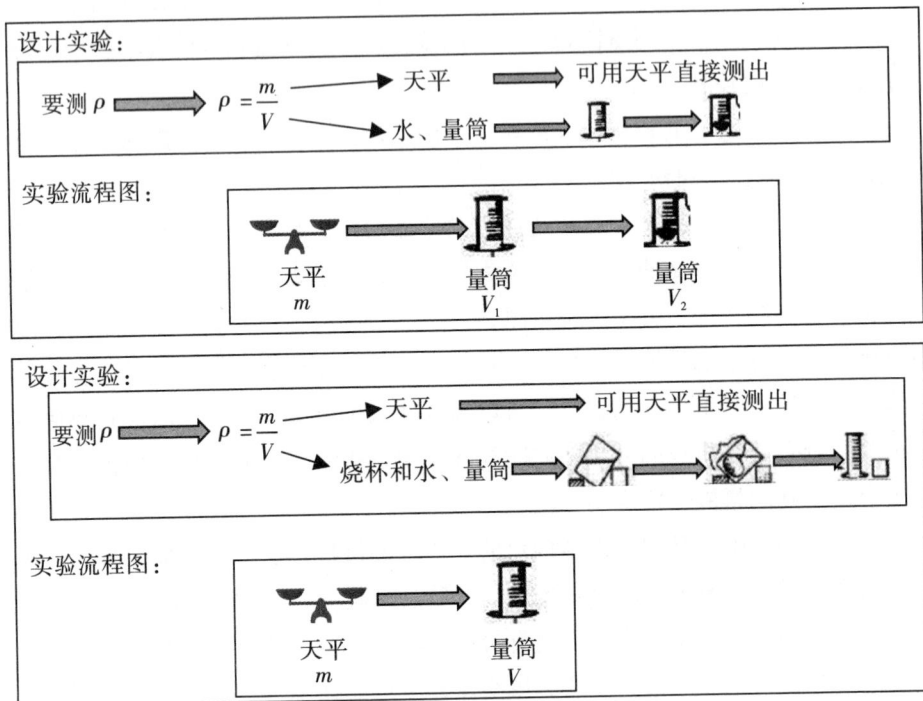

图 6 – 29　"金属螺母真伪鉴别" 工作单样例

从图 6 – 29 可以发现，学生对于固体密度的测量有不同方法，但是学生经过液体密度测量的学习后，较容易进行知识迁移，在设计固体密度测量的时候，会考虑流程中步骤的顺序问题。利用工作单作为引导，既能帮助学生内化科学方法，又能使学生学以致用，增强自信心。

6.4.3　课后完善实验知识结构框架

在课后学生不应止步于课堂学习的内容，趁着学习的余温，应将预习时知识结构图上的实验各要素补充完整。除此之外，学生还应审视课前预习中不懂的问题，比如说预习时不懂，但听了课堂讲解后理解的问题，学生应及时在原有思维导图中注释；再如预习时不懂的问题，课堂上也没听懂，这时应虚心请教老师或同学，努力补充并完善预习时初步形成的知识结构图，以解决自己的知识盲点。最后形成的知识结构图既能反映出学生的知识框架，也方便教师授课后的反馈总结，从图中可看出学生对该实验的了解程度及整体把握情况，方便教师下次有针对性地进行查漏补缺。

比如在探究电流与电压、电阻的关系这节实验课中有两个实验，一个是探究电流和电压的关系，一个是探究电流和电阻的关系。在做完实验后，利用流程图的形式呈现两个实验的关键过程，学生很容易就能找出实验的相同和相似的地方，便于对比①，总结如图 6 – 30 所示。

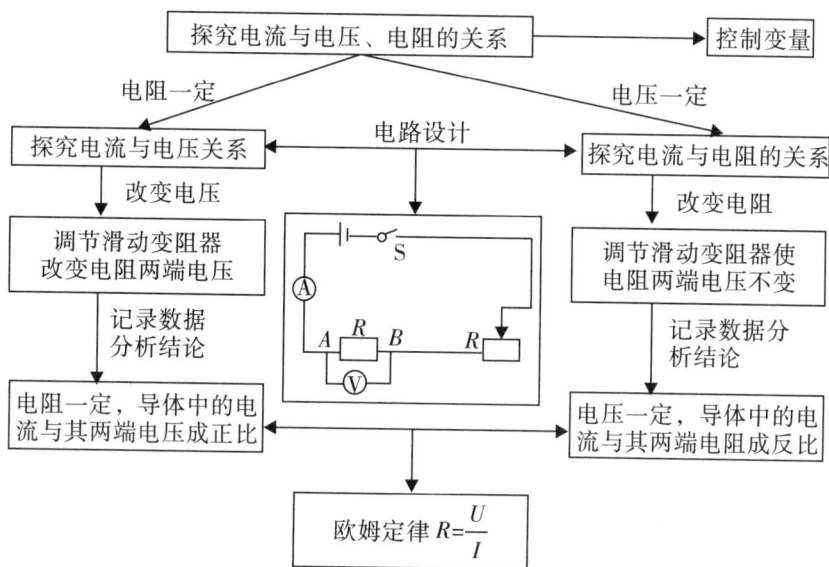

图 6 – 30 探究电流与电压、电阻的关系总结

又如，在密度测量实验完成后，教师让学生完成工作单中的总结部分，以思维导图的形式完成实验的总结（如图 6 – 31 所示）。

大部分学生在总结时会习惯性地按照液体和固体测量方法分类进行记忆和整理，记录本节课测量步骤。但是实际上密度测量题目设计变化大，工具不同，测量方法就不一样，不同工具可以设计多种方案，所以学习的重点不在于记住本节实验的某一种操作步骤，而是应该学习间接测量某个物理量的方法。② 故在总结时，应将测量方法细分为质量测量与体积测量的方法总结。学生重点掌握这两种基本物理量的测量，以及测量固体、液体中要注意的步骤顺

---

① 蔡晓静，吴伟. 用好概念图促初中物理相似实验的比较［J］. 物理教学探讨，2017，35（1）：71 – 73.

② 王景年. 密度测量实验的设计与教学技巧［J］. 中学物理，2002（10）：24 – 26.

序问题，才能根据具体题目使用的工具寻找合适的测量方案，这样才有利于学生对实验方法进行系统的内化。

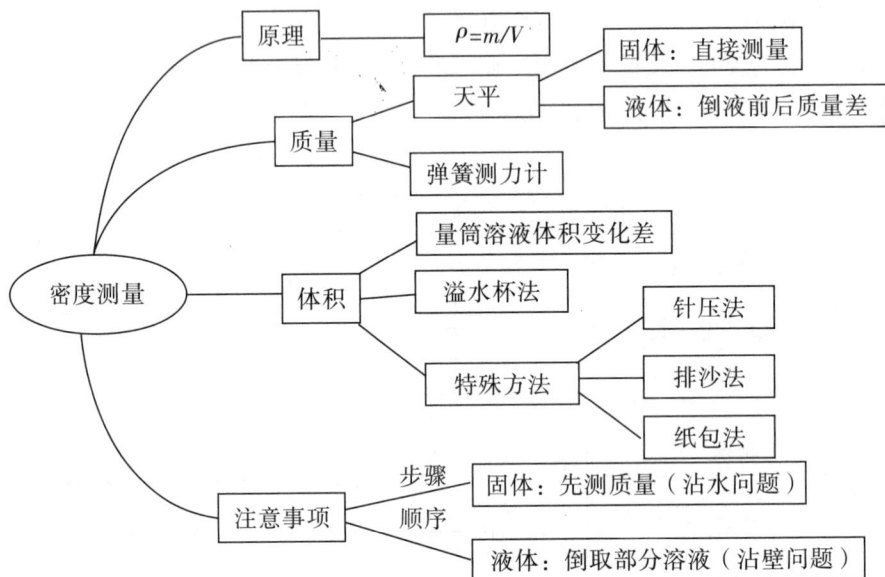

图 6 - 31　密度测量实验总结

教师在课堂的最后总结中，可以将整个实验的要素以思维导图的形式展现出来。以"探究加速度与力、质量的关系"为中心词，然后与学生一起思考补充完整的思维图。确定好中心词后，可将实验的一些要素作为一级分支，即实验目的、实验原理、实验器材、实验步骤等几个要素为一级分支，接着进行思维的拓展。按照课堂进行的各个环节尽可能地描述细节，最后形成完整的思维导图（如图 6 - 32 所示）。

课后，要求学生进行总结反思，将自己课前预习的思维导图进行完善，以便学生自己梳理该实验的整体框架，从而促进知识结构化的完善。教师可让学生在当天放学之前将完善好的思维导图上交，通过查阅思维导图，教师除了可以发现学生是否有问题未掌握，方便下节课查漏补缺外，还可以了解学生对于该实验的知识整体化理解状态，并反思利用流程图及思维导图进行实验课结构化的效果与优缺点。

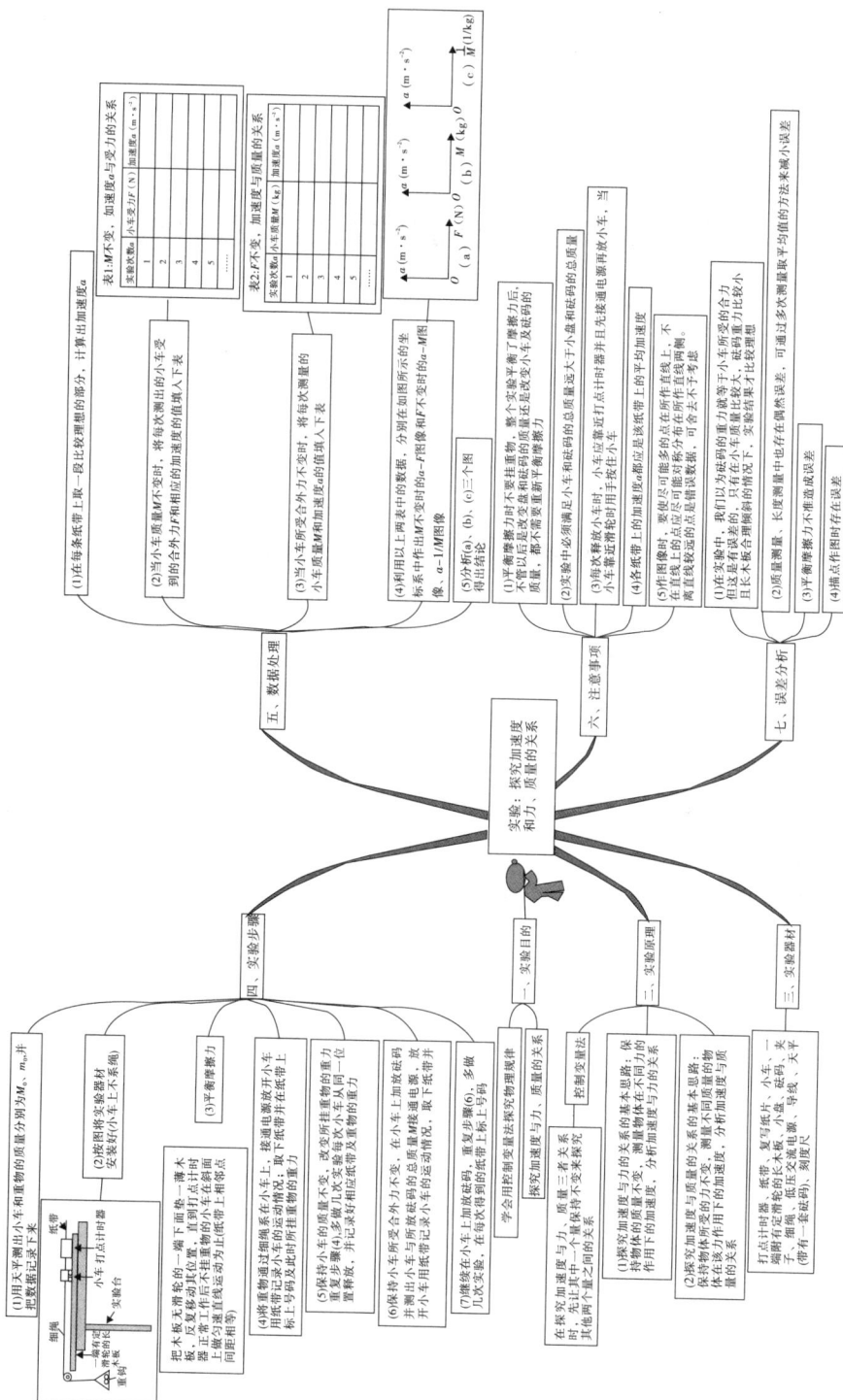

图6-32　"探究加速度与力、质量的关系"实验的思维导图

7 物理知识结构化教学策略实践研究

上一章所提出的知识结构化教学策略是基于相关理论建立起来的。实践是检验真理的标准，本章通过将教学策略运用于教学中，检验其有效性，进而对从理论上建立起来的教学策略进行修订，使其更加符合实际课堂教学，更加科学和完善。

7.1 物理新授课知识结构化教学策略实践研究

7.1.1 实践研究对象

本次实践研究以广东省广州市某中学高二年级两个平行班作为研究对象，其中 A 班（46 人）设为实验班，B 班（46 人）设为对照班，两个班的物理课程由同一位老师教授。

在实验之前，对两个班最近一次月考成绩进行分析，结果如表 7 - 1、7 -2 所示。从表 7 - 1 可以看到，两个班级的平均分比较接近，表 7 - 2 显示方差显著性为 0.436（大于 0.05），说明两个班级的方差相等成立。在方差相等的前提下，对应独立样本检验测出的显著性（双尾）为 0.912，大于 0.05，说明两个班的平均分没有显著性差异，水平相当，可作为研究对象。

表 7 - 1 A、B 班学生成绩的平均值统计

	班级	N	平均数	标准偏差	标准错误平均值
学生成绩	A	46	62.07	10.929	1.611
	B	46	62.33	11.727	1.729

表 7 - 2 独立样本检验

学生成绩	Levene 的变异数相等检验		针对平均值是否相等的 t 检验				
	F	显著性	t	df	显著性（双尾）	平均差异	标准误差
采用相等变异数	0.612	0.436	-0.110	90	0.912	-0.261	2.363
不采用相等变异数			-0.110	89.557	0.912	-0.261	2.363

7.1.2 实践研究过程

电磁学中"运动电荷在磁场中受到的力"的学习以安培力、微观电流知识为基础，"变压器"的学习需要以电磁相互作用、电动势、感应电流、交变电流等知识为基础，可见两节课所承载的知识较多，而且蕴含一定的物理思想方法，可以选择这两节课进行实证。

在"运动电荷在磁场中受到的力"和"变压器"的教学实践过程中，对实验班采用知识结构化教学策略进行教学，如下文呈现的教学片段所示；在相应的教学环节中，对对照班没有采取以表格、流程图等表征方式为知识载体的知识结构化教学策略，主要由教师直接讲授；其他环节基本相同。

7.1.3 "运动电荷在磁场中受到的力"的教学实践

关于"运动电荷在磁场中受到的力"在课堂上采用知识结构化教学策略的部分，分析如下：

7.1.3.1 知识结构的回顾阶段，以旧引新策略

【新课引入】

用表格回顾安培力的定义、方向和大小。

安培力	
定义	电流在磁场中受到的力
方向	运用左手定则
大小	公式 $F = BIL$

教师：我们学习过安培力，同学们还记得安培力是怎么产生的吗？

学生：电流在磁场中受到的力。

教师：怎么判断安培力的方向？安培力大小的表达公式是什么？

学生：运用左手定则，即 $F = BIL$。

教师：磁场对电流有力的作用，电流是由电荷的定向运动形成的，由此我们是否可以设想这个力其实是作用在电荷上的？带着这个问题进入本节课的学习。

7.1.3.2　知识结构的丰富阶段，基于原有知识结构猜想与设计实验

【新课教学：洛伦兹力概念】

演示阴极射线管实验，通过一系列问题，引导学生总结实验现象和结论，对洛伦兹力概念下定义。其中对演示实验设计进行详录：

教师：假设带电粒子在磁场中受到力，根据假设，如何来设置实验进行验证？带电粒子用什么来实现？

学生：阴极射线管。

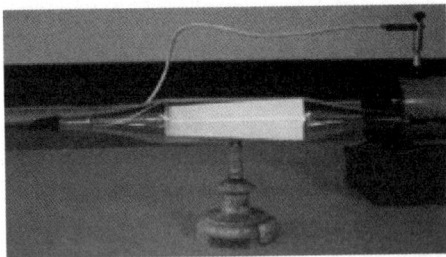

教师操作课件，出现图中"带电粒子"对应"阴极射线管"的画面；拿出阴极射线管，介绍阴极射线管的构造；接通电源，学生看到阴极射线管内部有一条荧光绿的射线沿直线传播。

教师：同学们看到的阴极射线实质是什么？

学生：电子。

教师：什么器材可以提供磁场呢？

学生：条形磁铁、U 形磁铁等。

教师：阴极射线受力时的表现是怎样的？

教师操作课件，出现图中"在磁场中"对应"U 形磁铁"、"受到力"对应"观察偏转现象"，拿出 U 形磁铁，靠近阴极射线管。

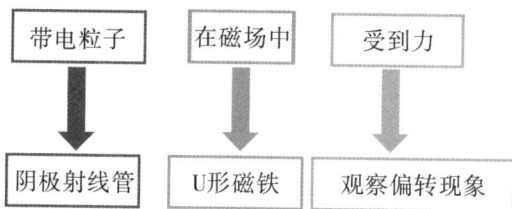

学生：阴极射线向下弯曲/偏转。

教师改变 U 形磁铁的磁场方向。

学生：阴极射线向上弯曲/偏转。

教师：同学们可以得到什么结论？

学生：带电粒子在磁场中确实受到力的作用。

教师：这个力就叫做洛伦兹力。

教师板书。

教师：还有其他结论吗？

学生：改变磁场方向，带电粒子受到的力的方向也会改变。

7.1.3.3　知识结构的系统化和巩固化阶段，基于过程性回顾的物理思想方法显化策略

【新课教学：洛伦兹力的大小】

教师：洛伦兹力的大小与什么因素有关呢？下面提供一段导线，设有长为 L、横截面积为 S 的直导线，单位体积内的自由电荷数为 n，每个自由电荷的电荷量为 q，自由电荷定向移动的速率为 v。这段通电导线垂直磁场方向放入磁感应强度为 B 的匀强磁场中，请同学们利用给出的物理量，完成以下问题：

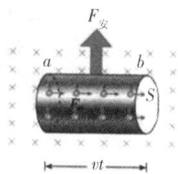

（1）电流强度 I；

（2）通电导线所受的安培力；

（3）这段导线内的自由电荷数；

（4）一个电荷所受的洛伦兹力。

学生尝试自行推导后，教师提供答案。

教师：我们来回顾刚才的推导思想，用安培力推导出洛伦兹力，推导过程中用到公式"$I = \dfrac{Q}{t}$"，该公式是推导的突破口，知道为什么吗？

学生：因为公式"$I = \dfrac{Q}{t}$"中的电流 I 是宏观层面的物理量，对应安培力公式中电流 I，电荷量 Q 是微观层面的物理量，对应洛伦兹力的受力对象即电荷。

教师：但是存在一个问题，我们并不知道一段导线的电荷量 Q，怎么办？

学生思考。

教师：需要构建一段柱状导体模型，设定单个电荷的电荷量和运动速度、单位体积内的自由电荷数、该段导线长度和横截面积，从而得到该段导线的电荷量 $Q = nqSvt$。结合微观电流表达式和安培力公式，就能顺利得到洛伦兹力的表达式。可以看出，整个推导过程是"从宏观到微观"的深入研究，而公式"$I = \dfrac{Q}{t}$"就是连接宏观和微观的关键。

教师一边讲解一边画图呈现推导思想，如下图所示。

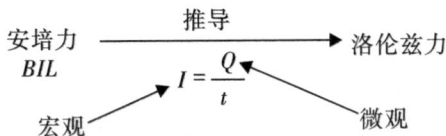

7.1.3.4 知识结构化教学片段分析

根据课标的内容要求，确定本课的知识目标是让学生学会判断洛伦兹力的方向，会计算洛伦兹力的大小，围绕这两个知识点开展教学。教学过程中使用知识结构化策略，在促进学生掌握洛伦兹力概念、方向、大小等知识点的同时，在模型构建、科学推理的过程中培养学生科学思维，使其形成物理观念。本课设计共有三处使用知识结构化策略，具体分析如下：

第一，知识结构的回顾阶段，使用以旧引新教学策略。复习旧知识以引出研究问题，突出思考过程。在引入环节利用表格回顾安培力，同时提出问题："电流是由电荷的定向运动形成的，由此我们是否可以设想这个力其实是作用在电荷上的？"学生对这个问题进行思考并猜想电荷应该是受到了力的作用。

第二，知识结构的丰富阶段，基于原有知识设计实验策略。在演示实验环节前利用知识结构图来引导学生进行实验验证。课标中的内容要求"通过实验，认识洛伦兹力"，教材中设置演示实验栏目，教学过程中不仅需要演示实验，更需要把实验的来源讲清楚。学生猜想"带电粒子在磁场中受到力的作用"后，一般不知道如何进行实验验证，所以需要教师在平时的实验教学中教授方法。这里所使用的方法是从"猜想"中的关键词来引出实验仪器："带电粒子"对应"阴极射线管"，"在磁场中"对应"U 形磁铁"，"受到力"对应"观察偏转现象"。从课堂效果来看，可以有效推进演示实验的进程，在判断洛伦兹力方向的实验验证中也可以采用这种方法；从学生学习效果来看，这种方法简单明了，间接降低了学生进行科学探究的难度，学生容易理解并掌握，避免死记硬背。

第三，知识结构的系统化和巩固化阶段，使用基于过程性回顾的物理思想显化策略。在洛伦兹力的公式推导环节，利用知识结构图来显化推导思想。教材中给出了一段导线的微观模型，要求学生通过公式推导得出洛伦兹力的公式，这里面既蕴含了物理模型构建的必要性，又蕴含了宏观与微观的物质观念，如果教学中仅仅引导学生从给出的模型进行推导，学生并不能领会当中的本质，一是因为学生不明白这个微观模型的来源，二是因为推导需要用到多个公式而导致学生难以理清推导思路。对此，在公式推导完毕后，教师可以借助知识结构图来显化推导思想，图中显示出由"安培力"推导"洛伦兹力"，推导的关键公式是 $I = \dfrac{Q}{t}$，原因是公式中的电流 I 对应安培力公式中的电流，公式中的电荷量 Q 对应洛伦兹力的受力对象电荷。由于一段导线中的电荷量 Q 未知，所以需要构建导线的微观模型，注意建模需要细化到每个电荷受洛伦兹力。通过分析和结构图显化，学生能够建立起新学物理规律与原有知识结构的关系，而且能够从宏观与微观的角度看待安培力与洛伦兹力的关系。

7.1.4 "变压器"的教学实践

关于"变压器"在课堂上采用知识结构化教学策略的部分分析如下：

7.1.4.1 知识结构的回顾阶段，情境创设中知识结构激活策略

【新课教学：变压器的工作原理】

教师演示实验：把两个没有导线相连的线圈套在同一个闭合铁芯上，一个线圈连接到交变电源的两端，另一个线圈连接到小灯泡上，如图所示，连接电路，接通电源，小灯泡能发光。

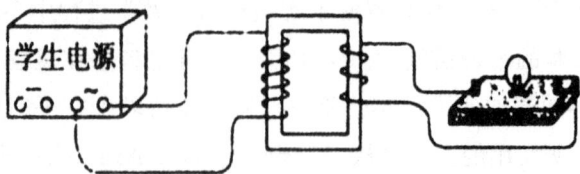

教师：两个线圈没有相连，灯泡为什么会亮？

让学生尝试回答，再对整个过程分步骤引导提问。

教师：学生电源提供直流电还是交流电？

学生：交流电。

教师：交流电通过原线圈，会产生什么？

学生：根据电磁感应，变化的电流产生变化的磁场。

教师：磁场被铁芯包围，即变化的磁场在副线圈中产生什么？

学生：感应电动势。

教师：变化的感应电动势持续输出交流电，灯泡就可以发光了。这个过程与我们之前学的哪个现象相似？

学生：互感现象。

教师一边引导学生分析变压器的工作原理，一边绘制以下流程图：

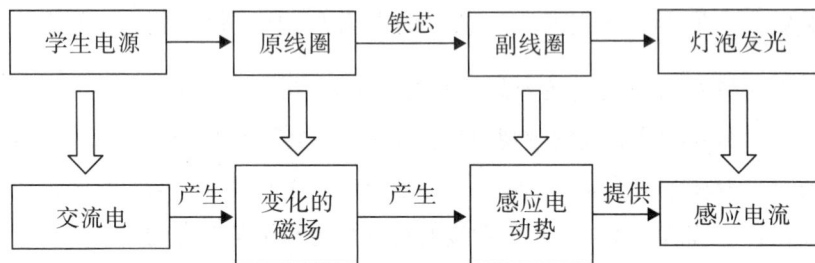

7.1.4.2　知识结构的丰富阶段，关键性推导思路显化策略

【新课教学：理论推导原副线圈的电压、电流与匝数的关系】

学生已经明确理想变压器的定义。

教师：研究理想变压器的规律，抓住研究的主要因素是电能与磁能相互转化，忽略能量损耗这个次要因素。下面我们一起推导原副线圈的电压、电流与匝数的关系。根据法拉第电磁感应定律公式，原线圈的感应电动势 $E_1 = n_1 \dfrac{\Delta \varphi_1}{\Delta t}$，

副线圈的感应电动势 $E_2 = n_2 \dfrac{\Delta \varphi_2}{\Delta t}$，理想条件下无能量损耗，说明什么？

学生：这说明通过初级和次级线圈的磁通量相同。

教师：那么原副线圈的电压与匝数有什么关系呢？

学生：$\dfrac{U_1}{U_2} = \dfrac{n_1}{n_2}$

教师：理想变压器除了无磁能损耗，电能也是没有损耗的，此时线圈还有内阻吗？为什么？

学生：线圈没有内阻，因为电能全部转化为磁能，不会转化为内能。

教师：没有内阻的情况下，原副线圈的电功率是相同的，$P_1 = P_2$，根据这个条件，请同学们推导出原副线圈的电流与匝数的关系。

学生：$P_1 = P_2$，即 $U_1 I_1 = U_2 I_2$，由于原副线圈的电压与匝数成正比，所以原副线圈的电压与匝数成反比。

7.1.4.3 知识结构的系统化和巩固化阶段，基于过程性回顾的物理思想方法显化策略

【课堂小结：回顾实验过程】

小结时，教师呈现简洁流程图，引导学生回顾本节课的实验过程，重温从法拉第电磁感应定律的公式推导到理想变压器的电压与匝数关系的过程。此过程中强调采用控制变量法研究 E 与 n 的关系，以及根据"抓住主要因素，忽略次要因素"来构建理想变压器模型的研究思想。

$$E = n \frac{\Delta\varphi}{\Delta t} \xrightarrow[\text{究 } E \text{ 与 } n \text{ 的关系}]{\text{控制变量法探}} \frac{U_1}{U_2} = \frac{n_1}{n_2} \text{（理想条件）}$$

7.1.4.4 知识结构化教学片段分析

本节课的教学内容既包括物理概念也包括物理规律，由于变压器的工作原理、规律的探究、推导和应用在本节课教学中所占比重比较大，因此把这节课归为规律课。"变压器"的学习主要是要求学生掌握变压器的实际意义和构造，在教学中主要通过新课导入让学生体会变压器改变交变电压，以确保用电器正常工作的实际意义；通过展示多种变压器的实物图介绍变压器的构造。变压器模型承载着物理概念，弄清楚变压器构造和对应的物理量，可以为下一步学习变压器的工作原理、探究物理规律做好铺垫。本节课共有三处使用知识结构化教学策略：

第一，知识结构的回顾阶段，使用情境创设中知识结构激活策略，将变压器工作原理用流程图的形式展现出来。变压器的工作原理是互感现象，这是学生已有的知识结构。教材用以下这段话解释其工作原理："互感现象是变压器工作的基础。电流通过原线圈时在铁芯中激发磁场，由于电流的大小、方向在不断变化，铁芯中的磁场也在不断变化。变化的磁场在副线圈中产生感应电动

势，所以尽管两个线圈之间没有导线相连，副线圈也能够输出电流。"由于变压器的工作原理涉及的物理量比较多，如果教师仅仅通过语言来传达这样的信息，容易导致学生对变压器工作原理的理解不到位的问题，因此建议此处使用问题链和逐步呈现流程图方式，激活学生原有的知识结构。从笔者所设计的流程图（详见7.1.4.1）可以看到，上面一列是实验器材和实验现象，刚好对应下面一列的物理概念和概念之间的关联，不仅将仪器与物理概念——对应，显化变压器工作原理中涉及的知识间关系，而且简洁明了地表达出教材中解释的那段话。

第二，知识结构的丰富阶段，使用关键性推导思路显化策略。在推导原副线圈的电压、电流与匝数关系过程中，通过问题链方式显化关键性思路。本节课探究变压器线圈两端的电压和匝数的关系，先通过实验进行定性分析，再使用法拉第电磁感应定律公式进行推导。没有能量损耗条件下默认磁通量不变，所以有原、副线圈的电压之比等于原、副线圈匝数之比。在线圈没有内阻的条件下得出原、副线圈的电功率相等，代入电功率的公式，得到原、副线圈的电流比等于原、副线圈匝数比的倒数。由于教材中没有这些关系的公式推导思路，学生往往只记住了结论，忽略公式的由来，特别是"没有能量损耗条件"和"线圈没有内阻的条件"关键思路，隐含着"抓住主要因素，忽略次要因素"的物理思想方法。因此，教师在引导学生时，采用问题链方式，激发学生主动思考，关注推导过程的关键思路，就自然而然地生成新的知识结构。

第三，知识结构的系统化和巩固化阶段，使用基于过程性回顾的物理思想方法显化策略。在小结过程中重点回顾理想变压器的电压与匝数关系的建立过程。由于实验探究的两个物理量来源于法拉第电磁感应定律的公式，回顾时让学生重新认识这一点。在思想方法上，除了控制变量法外，还要提炼出研究电压与匝数关系的思想，强调电能与磁能相互转化这个主要因素在推导过程中起到的重要作用。通过回顾知识和知识关系建立过程的思想，学生能够把变压器原副线圈的电压与匝数关系纳入法拉第电磁感应定律中，此外，认识到这个过程使用的实验方法和物理研究方法，可使自身的知识结构更加完善。

7.1.5 实践研究结果分析

针对这两节课的教学实践，分别采用自编问卷进行调查，包括三方面：第一，学生对知识结构化策略使用的认可程度；第二，学生对公式推导或实验过程的思想方法的认识；第三，学生对物理规律的掌握情况。两节课的问卷设计详见附录2及附录4。另外，邀请该校物理老师听课，课后收集教师对两节课所使用的知识结构化教学策略的意见和建议。

7.1.5.1 学生认可程度

调查实验班学生对知识结构化策略使用的认可度，相关题目采用5级李克特量表对选项进行赋分，求其平均值（$M > 4.0$，很高；$3.5 < M < 4.0$，比较高；$3.0 < M < 3.5$，一般；$M < 3.0$，偏低）。

"运动电荷在磁场中受到的力"这节课主要在三处应用了知识结构化教学策略，分别是：复习安培力引出问题；根据猜想中的关键词设计实验；推导公式后回顾推导过程。"变压器"这节课主要在三处应用了知识结构化教学策略，分别是：使用流程图分析变压器的工作原理；在推导理想变压器的原副线圈的电压、电流与匝数关系时突出推导关键思路；课堂小结时回顾变压器的电压和匝数关系的建立过程。统计数据得到每一项的平均值如图7-1、7-2所示，三项分值都在3.5分以上，说明实验班学生整体上赞成在教学内容上使用对应的知识结构化教学策略。

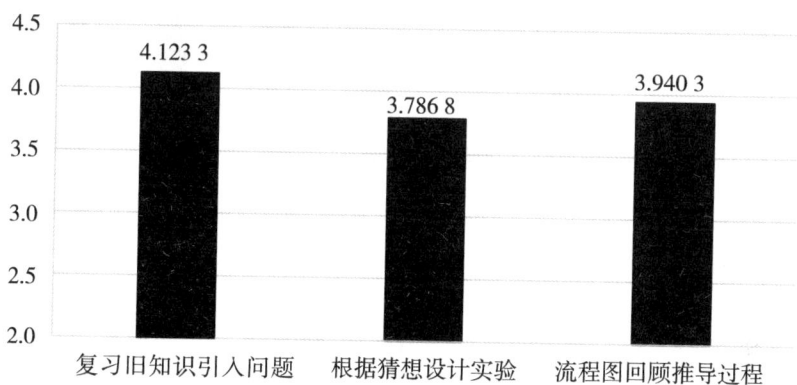

图7-1 学生对"运动电荷在磁场中受到的力"采用知识结构化教学策略的认可度

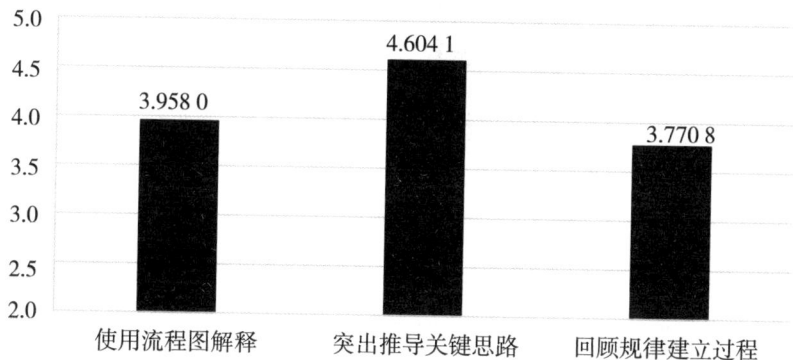

图7-2 学生对"变压器"采用知识结构化教学策略的认可度

7.1.5.2 对思想方法的认识

调查实验班学生分别对这两节课中包含的思想方法的认识情况，如图7－3所示，用流程图回顾洛伦兹力的推导过程，64.40%的学生认为促进了他们对推导关键思路的认识。如图7－4所示，68.24%的学生表示教师在推导过程中强调"无损耗条件"和"无内阻条件"，可以使他们认识到"抓住主要因素，忽略次要因素"的研究思想在推导公式中的作用。结合学生测试题的完成情况，表明通过流程图回顾推导过程来显化思想或突出推导关键思路的知识结构化教学策略，可以促进学生对知识所承载的思想方法的认识。

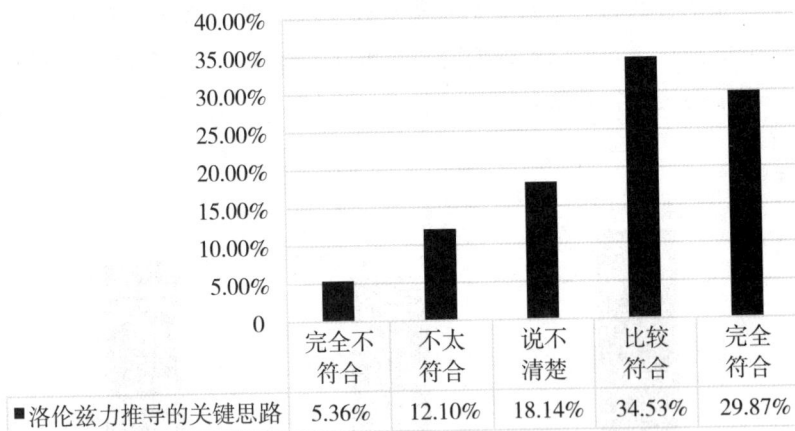

	完全不符合	不太符合	说不清楚	比较符合	完全符合
洛伦兹力推导的关键思路	5.36%	12.10%	18.14%	34.53%	29.87%

图7－3　实验班学生对课程促进"关键思路"的认识情况

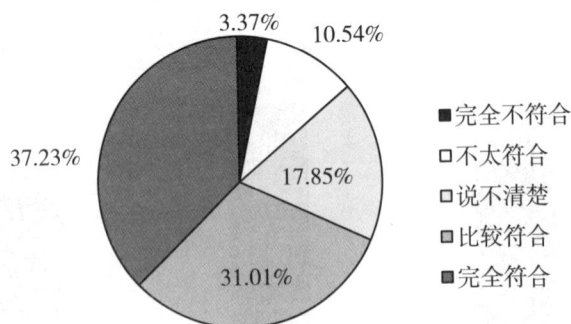

图7－4　实验班学生对课程促进"抓住主要因素，忽略次要因素"思想的认识情况

7.1.5.3 物理规律掌握情况分析

为了进一步了解知识结构化教学策略应用的课堂效果，我们对实验班和对照班学生分别进行试题测试，发放问卷92份，回收92份且都是有效的。测试题共8题（见附录4），根据教学目标以及教学重难点分析，确定测试题考查方向包括三个：变压器的工作原理的分析，变压器线圈两端的电压、电流与匝数关系的得出、变压器规律的应用，每个方向涵盖的知识关联的具体情况如表7-3所示：

表7-3　测试题考查方向内容

考查方向	题号	关联
变压器的工作原理	Q1 Q2	①变压器结构与物理量对应；②变化电流可以产生磁场；③变化磁场可以产生感应电动势；④有电动势，才有电流输出
变压器规律	Q3 Q4	①回顾法拉第电磁感应定律公式、电功率公式；②理想变压器没有能量损耗，磁通量相同；③线圈没有内阻，电功率相同
变压器规律的应用	Q5 Q6 Q7 Q8	①问题情境中有效信息与已有知识对应；②原线圈中的电压与副线圈电压的关系；③额定电流等于额定功率与额定电压之比；④并联电路功率特点；⑤副线圈电流决定原线圈电流

从表7-4和表7-5可得，实验班的平均分高于对照班，再把测试成绩进行独立样本检验，t检验结果显示显著性（双尾）为0.019，小于0.05，因此两个班平均分值存在显著性差异。

表7-4　群组统计资料

	班级	N	平均数	标准偏差	标准错误平均值
学生成绩	A	46	27.369 6	6.416 50	0.946 06
	B	46	23.913 0	7.399 18	1.090 95

表 7 - 5　独立样本检验

学生成绩	Levene 的变异数相等检验		针对平均值是否相等的 t 检验				
	F	显著性	t	df	显著性（双尾）	平均差异	标准误差
采用相等变异数	2.077	0.153	2.394	90	0.019	3.456 52	1.444 02
不采用相等变异数			2.394	88.232	0.019	3.456 52	1.444 02

　　对每道题得分进行 t 检验，发现第 2、4、7 题具有显著性差异，说明实验班和对照班总分的差距体现在这三道题上。进一步分析这三道题的具体作答情况，如图 7 - 5、7 - 6、7 - 7 所示。

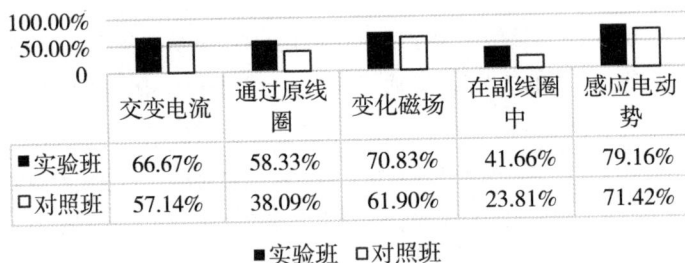

	交变电流	通过原线圈	变化磁场	在副线圈中	感应电动势
■实验班	66.67%	58.33%	70.83%	41.66%	79.16%
□对照班	57.14%	38.09%	61.90%	23.81%	71.42%

■实验班　□对照班

图 7 - 5　第 2 题解释变压器工作原理的关键词答对率

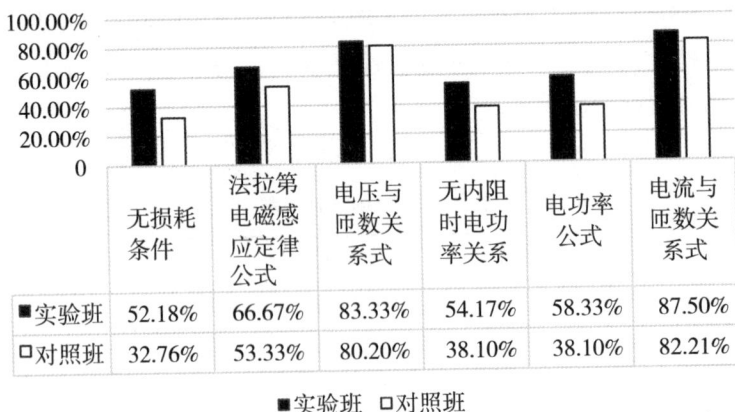

	无损耗条件	法拉第电磁感应定律公式	电压与匝数关系式	无内阻时电功率关系	电功率公式	电流与匝数关系式
■实验班	52.18%	66.67%	83.33%	54.17%	58.33%	87.50%
□对照班	32.76%	53.33%	80.20%	38.10%	38.10%	82.21%

■实验班　□对照班

图 7 - 6　第 4 题推导公式过程答对率

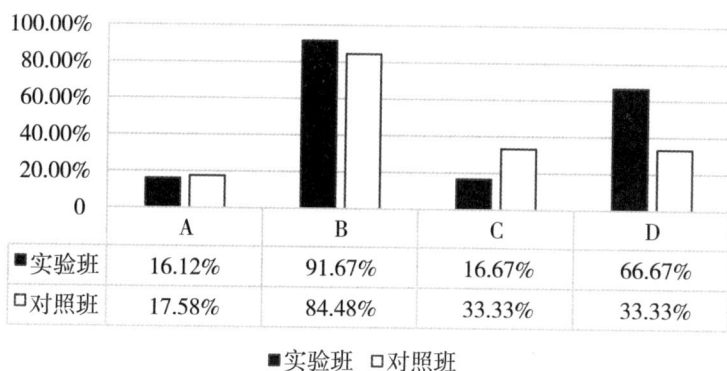

图 7 - 7 第 7 题答题情况

第 2 题是解释变压器的工作原理，具体题目如图 7 - 8 所示。这一题涵盖了四个知识关联，正确答案以答对关键词且整体意思正确为准，设置关键词为"交变电流""通过原线圈""变化磁场""在副线圈中""产生感应电动势"。从图 7 - 5 可以看到，实验班学生在解释变压器工作原理时使用各关键词的人数占比均高于对照班，其中"通过原线圈"和"在副线圈中"的占比差距较大，说明教师在解释变压器工作原理过程中使用问题链方式和流程图显化方法，有效地激活了学生原有的知识结构，从而促进学生将情境信息与已有知识对应，建立相关物理知识间的关系。

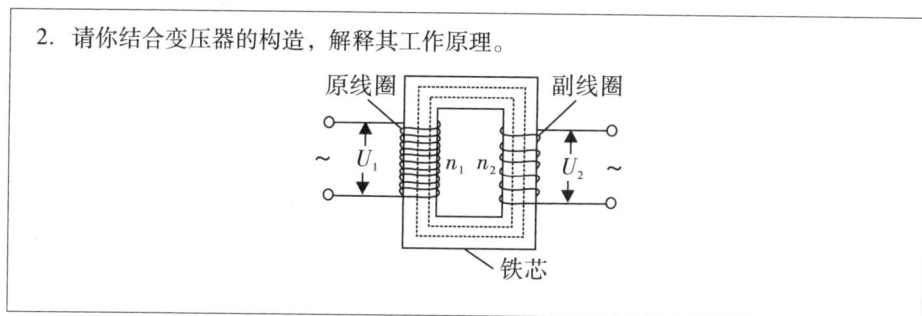

图 7 - 8 第 2 题题干信息

第 4 题是推导原副线圈电流与线圈匝数的关系，这一题涵盖了三个知识关联，正确答案以答对关键词且整体意思正确为准，设置关键词为"无损耗条件""法拉第电磁感应定律公式""电压与匝数关系式""无内阻时电功率关系""电功率公式"以及"电流与匝数关系式"。从图 7 - 6 可以看到实验班和对照班的学生对电压与匝数关系式和电流与匝数关系式的答对率相近。但是推导过程涉及的知识关联：法拉第电磁感应定律公式在无损耗条件下的原副线圈的电压特点、假设无内阻时原副线圈的电功率关系、电功率公式，对照班的答对率比实验班相对低一些。实验班在推导过程中使用知识结构化策略，教师引导学生尝试自行推导，最后教师详细、清晰地讲述推导过程，突出讲解"抓住主要因素，忽略次要因素"的研究思想在推导过程中的体现：法拉第电磁感应定律公式在无损耗条件下的原副线圈的电压特点、假设无内阻时原副线圈的电功率关系。该思想是本次推导的关键，实验班多数学生能够按照推导思路得出物理规律，说明对"抓住主要因素，忽略次要因素"的物理研究思想掌握得较好。

　　第 7 题是关于变压器规律的运用，具体题目如图 7 - 9 所示，问题情境是将变压器的规律与前两节学习的交变电流图像结合，考查学生能否将新学的变压器规律与欧姆定律、交变电流有效值、交变电流的周期和频率、电功率等知识联系起来进行解答。该题的正确选项是 BD。

---

　　7. 图甲左侧的调压装置可视为理想变压器，负载电路中 $R = 55\,\Omega$，Ⓐ、Ⓥ 为理想电流表和电压表，若原线圈接入如图乙所示的正弦交变电压，电压表的示数为 110V，下列表述正确的是（　　）。

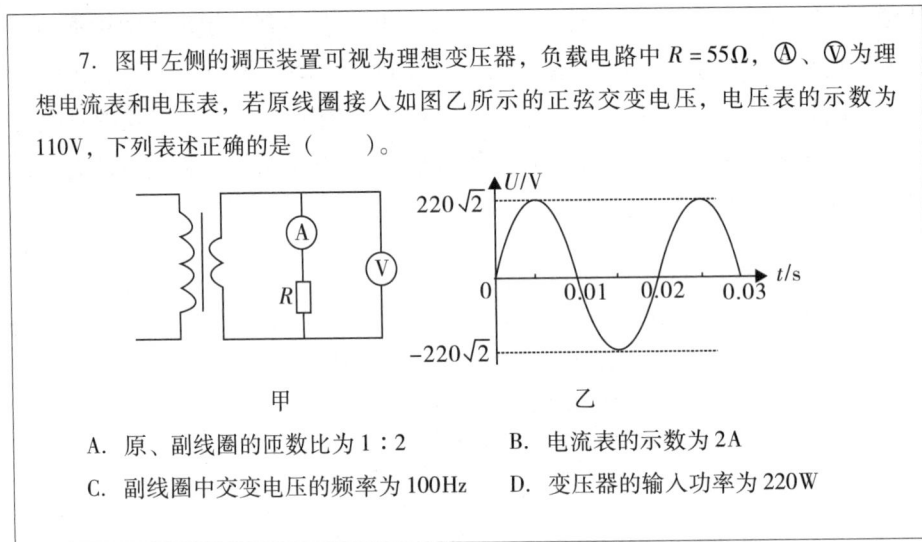

A. 原、副线圈的匝数比为 1 : 2　　　　B. 电流表的示数为 2A

C. 副线圈中交变电压的频率为 100Hz　　D. 变压器的输入功率为 220W

图 7 - 9　第 7 题信息

　　A 选项考查从交变电流的电压—时间图像中得到电压有效值，计算得到原副线圈匝数比应为 2 : 1，从第 7 题的作答情况可看到，实验班和对照班学生选择 A 选项的占比在四个选项中是最少的，说明两个班多数学生将新知识与交变电流图像结合得较好。B 选项考查欧姆定律的应用，选择人数在四个选项中的占比最大，说明学生对欧姆定律在变压器模型中的应用情况比较好。两个班学生在 C、D 选项的差异较大，C 选项考查原副线圈频率相同的知识点，正确答案应为 50 Hz，对照班学生错选的人数相对多一些。D 选项考查电功率公式在变压器中的应用，是正确答案，对照班学生的答对率仅仅是实验班的一半。这表明实验班学生对变压器规律的掌握情况比对照班好。

实验班和对照班在其他题目的得分相近，差异不明显，其他题目都是可以直接记忆或者简单应用的题目。这表明无论是否使用知识结构化教学策略进行物理规律教学，学生对物理规律的内容或者公式的学习效果都差不多。但是对物理规律形成过程应用知识结构化教学策略，学生对规律建立过程更熟悉，对物理规律运用得更好，能够从思想层面去认识理解知识间的关系，例如实验班学生在第 2、4、7 题的作答情况比对照班好。

7.1.5.4 教师反馈结果

对听课的物理教师进行简单访谈，了解他们对两节课所使用的知识结构化教学策略的意见和建议，下面是有代表性的反馈结果。

（1）"运动电荷在磁场中受到的力"教学反馈结果。

教师 1："运动电荷在磁场中受到的力"这节课的教学目标主要是让学生掌握洛伦兹力方向的判断方法、公式推导，课上通过复习安培力方向的判断方法、安培力公式以及微观电流来完成这两个环节。我认为本节课采用知识结构化教学策略实现了教学目标。我比较欣赏的一点是通过流程图回顾推导过程呈现宏观与微观的关系，这种关系在平时的教学中一般是通过教材的表述来传达给学生的，回顾推导洛伦兹力过程的教学策略确实给我的教学提供了一种比较新的方法。针对这节课，我提出的意见是：一堂课的时间是有限的，画流程图呈现知识间的关系需要花费一定时间，所以是否把画图环节安排到课堂上进行，需要针对具体的教学内容、课程目标和课堂进度来调整。

教师 2：听课后，我认为此次课堂的特点是多处能看到知识的联结：在导入阶段回顾安培力的定义、大小、方向，引出本节课的主题时；在验证实验从猜想引导学生得出实验仪器和实验操作时；在推导洛伦兹力大小的公式后回归推导过程，借助流程图呈现安培力与洛伦兹力的关系时；另外小结时也使用了思维导图总结。总体上来说采用知识结构化教学策略是能够引导学生正确认识安培力与洛伦兹力的关系的，课堂教学效果也不错。但是存在一个小小的不足，就是课堂时间分配问题，在洛伦兹力判断练习中多花了时间，导致小结环节学生来不及完成思维导图。因此提出一点意见：思维导图可以随着课堂的进行而逐步呈现出来，这样课堂的安排更有节奏。

（2）"变压器"教学反馈结果。

教师 1："变压器"这节课需要学生掌握的内容主要包括变压器的构造、

工作原理，理想变压器原副线圈的电压、电流跟匝数的关系，本节课顺利完成了知识层面的目标。与常规的教学不同的是在某些环节使用了知识结构化教学策略，比如在解释变压器工作原理时不仅仅靠教师讲解，还结合流程图把工作原理呈现出来，采用这样的策略是有助于学生理清变压器的工作原理的，特别是面对多个知识的关系时，流程图辅助教学可以降低学生认识与理解的难度。总体上来说，今天的课堂效果挺不错。

教师 2："变压器"的学习是学生在已经学过的电磁感应知识基础上，进一步探究其规律的过程，所以我对这节课的要求是既要对学生已有的知识结构进行巩固，又要在已有知识上生成新知识。首先要注重激发学生的原有知识。本节课教师一边以问题串的方式引导学生解释变压器的工作原理，一边展示出流程图，可以有效地帮助学生回顾互感现象。另外在公式推导的过程中，同样利用问题串的方式强调理想条件，从而引导学生认识"抓住主要因素，忽略次要因素"研究思想，在课堂小结时回顾理想变压器原副线圈的电压、电流跟匝数的关系得出的过程，我认为这两种策略不仅能促进学生建立知识间的关系，而且能促进学生从思想层面去认识这些物理量关系的建立过程。值得反思的是，在使用知识结构化策略过程中，主要是教师讲授。教师在课堂上的引导作用非常重要，但这不代表教师讲述的内容越多越好，为了培养学生自主构建的能力，建议教师适当地讲解，让学生多说、多想、多做。

7.1.6 研究结论

本研究对知识结构化教学策略进行了两次教学实践，并分别对学生和教师进行问卷调查和访问，得出以下研究结论：

（1）在本教学实践过程中，教师和学生对知识结构化教学策略在教学中的使用效果的认可度都比较高。

这两节课上针对不同的教学内容使用不同的知识结构化教学策略，实验班大部分学生表示赞成，认为使用知识结构化教学策略对他们学习知识有促进作用。听课教师对知识结构化教学策略的使用效果比较认可，认为知识结构化教学策略在两节课中的使用都达到了建立知识关系的教学目标以及提炼思想方法的教学目标。

（2）在实证课中，使用知识结构化教学策略促进学生较好地认识到学科的思想方法。

在"运动电荷在磁场中受到的力"实证课上利用流程图梳理洛伦兹力大小公式的推导过程，强调电流强度的表达式是完成推导的关键，原因是该表达式通过柱状导体模型建立宏观与微观关系，包括电流和电流的微观表达、安培力与洛伦兹力的关系，重点突出从宏观层面的安培力转向微观层面的洛伦兹力的研究思想。在"变压器"实证课上，在公式推导和课堂小结中使用知识结构化教学策略，突出"抓住主要因素，忽略次要因素"研究思想。从学生调查数据可知，实验班大部分学生表示认识到推导过程的关键思路和"抓住主要因素，忽略次要因素"的研究思想在推导公式中的作用。

（3）在实证课中，从物理规律掌握情况分析，实验班的平均分显著高于对照班，这表明知识结构化教学策略促进学生建立知识之间的关系。

实验班的平均分高于对照班，主要体现在第 2 题解释变压器的工作原理、第 4 题推导原副线圈的电流与匝数关系、第 7 题变压器规律的运用上。变压器的工作原理体现交变电流、磁通量、磁场、感应电动势、感应电流等知识在变压器模型中的关系。公式推导过程体现理想条件下原副线圈两端的电压、电流与匝数的关系。教学实践过程中针对这两个教学内容，采用知识结构化教学策略。实验班学生在第 2、4 题的完成情况较对照班好，此外，实验班对变压器规律的运用情况相对较好，这都说明知识结构化教学策略能促进学生建立知识之间的关系。

7.2 高中物理单元复习课知识结构化教学策略的实践研究

7.2.1 教学实践设计及教学对象

本次研究将高中物理复习课知识结构化教学策略应用于"静电场"章节的教学实践中，旨在通过教学实践后实验班和对照班知识结构化水平测试结果的分析、对比，对提出的知识结构化单元复习课教学策略的实用性、针对性、有效性做量化的评价。

本次教学对象为广东省广州市某普通中学的高二学生。高二年级共计 12 个班，其中文科班 2 个，理科班 10 个。后测之前，对 10 个理科班级的同学进行筛选，选择两个对"静电场"章节掌握程度相差不大的班级作为对照班和实验班。

根据"静电场"前六节的小测成绩选取 4 个成绩相近的班级，四个班级的前测成绩描述性统计结果如表 7-6 所示。其中班级 1 和班级 3、班级 2 和班级 4 的均值分数比较接近。接着将班级 1 和班级 3、班级 2 和班级 4 分别做独立样本 t 检验。由表 7-7 和表 7-8 的检验结果可以知道，班级 1 和班级 3 的

p 值更高，$p > 95\%$，由此选择班级 1 和班级 3 作为知识结构化水平后测的实验班和对照班。综上检测，确定后测对象总计 90 人：班级 1 为实验班，共计 46 人；班级 3 为对照班，共计 44 人。本次教学实践对象男生 46 人，占 51.1%；女生 44 人，占 48.9%，男女生比例较为平均。

表 7-6　研究班级的前测结果描述统计

班别	最小值	最大值	平均值	标准差	标准误差
班级 1	39.00	89.00	64.152 2	12.671 87	1.868 37
班级 2	41.00	90.00	65.565 2	13.781 88	2.032 03
班级 3	32.00	89.00	64.000 0	14.763 25	2.225 64
班级 4	39.00	94.00	65.840 9	14.100 87	2.125 79

表 7-7　班级 1 和班级 3 前测独立样本 t 检验结果

总分	莱文方差等同性检验		平均值等同性 t 检验					
	F	显著性	t	显著性（双尾）	平均值差值	标准误差差值	置信区间	
							下限	上限
假定等方差	1.096	0.298	0.053	0.958	0.152 17	2.896 02	-5.603 06	5.907 41
不假定等方差			0.052	0.958	0.152 17	2.905 90	-5.625 79	5.930 14

表 7-8　班级 2 和班级 4 前测独立样本 t 检验结果

总分	莱文方差等同性检验		平均值等同性 t 检验					
	F	显著性	t	显著性（双尾）	平均值差值	标准误差差值	置信区间	
							下限	上限
假定等方差	0.173	0.679	-0.094	0.905	-0.275 69	2.939 25	-6.116 84	5.565 46
不假定等方差			-0.094	0.906	-0.275 69	2.940 77	-6.120 22	5.568 84

7.2.2 教学实践过程

本次教学实践将提出的"静电场"单元复习课的知识结构化教学策略应用于实践教学，教学对象为高二年级一个班的学生，教学实践用于复习课3个总课时的前2个课时。

本次教学实践应用了提出的5个教学策略，因为要应用"'静电场'知识结构化水平测试卷"于教学实践的后测，因此在课前准备阶段将不对学生进行知识结构化水平测试，教学目标的制定则沿用前文案例给出的教学目标。学生在"静电场"中的知识结构化薄弱环节虽存在差异性，但大体上的趋势是相似的，因此本次实践的教学目标应用前文案例中的教学目标也是科学合理的。知识结构化课堂教学的过程中贯穿了本文提出的四个课堂教学策略，在课后，对实验班和对照班进行"静电场"知识结构化水平测试，并制定个人性知识结构化诊断书，供学生课后复习巩固，最后下发"'静电场'知识结构化学习工作单"，用以规范学生的知识结构化学习行为。本次教学实践的后测在课堂教学结束后进行，因此后测只是针对知识结构化课堂教学的4个教学策略进行有效性检验。

7.2.3 教学实践后测结果及分析

7.2.3.1 实验班、对照班后测总体分析

将实验班与对照班"静电场"知识结构化后测结果输入 SPSS 24.0 软件，对后测结果的总分进行描述性统计及独立样本 t 检验。

如表 7-9 所示，实验班和对照班的知识结构化测试总平均分差异较大，实验班总分均值 48.565 2，对照班均值 38.500 0。将两个班的成绩做独立样本 t 检验，检验结果见表 7-10，$p < 0.001$，呈极大差异。

表 7-9 实验班、对照班后测总平均分比较

班级	平均值	个案数	标准差	最小值	最大值	范围	峰度	偏度
实验班	48.565 2	46	6.413 19	32.00	64.00	32.00	0.889	-0.101
对照班	38.500 0	44	6.520 54	26.00	54.00	28.00	0.741	1.031

表7-10　实验班、对照班后测总分的独立样本 t 检验结果

后测总分	莱文方差等同性检验		平均值等同性 t 检验					
	F	显著性	t	显著性（双尾）	平均值差值	标准误差差值	置信区间	
							下限	上限
假定等方差	0.106	0.745	8.299	0.000**	10.065 22	1.363 46	8.605 62	14.024 81
不假定等方差			8.296	0.000**	10.065 22	1.363 97	8.604 47	14.025 96

注：** 表示显著性 $p < 0.001$，呈极大差异。

为能更为直观地看到实验班、对照班的后测总分差异，将对照班和实验班的后测成绩绘制成对比直方图。如图7-10所示，对照班与实验班均满足正态分布，对照班整体分数集中在30~42分范围，实验班整体分数集中在43~51分范围。上述统计描述与直方图对比，说明本文提出的"静电场"单元复习课知识结构化的教学策略在教学实践中对于学生的知识结构化程度有积极的影响，能够显著提高学生的知识结构化水平。

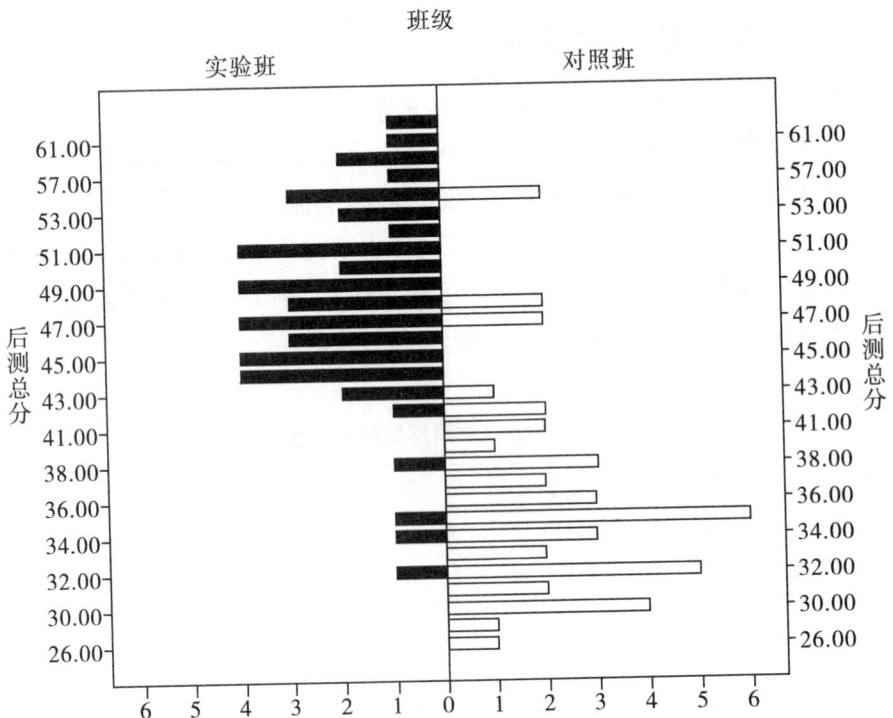

图7-10　实验班、对照班后测总分对比直方图

为进一步探讨实验班、对照班后测总分的差异性，对对照班、实验班学生后测结果划分水平，划分原则与上文"静电场"知识结构化水平现状测试分析相同。学生在各水平段的分布如图7-11所示，实验班学生整体分布较为均匀，绝大多数学生处于水平3阶段附近，说明学生能够建立章节概念间的关联，能够知道考核知识与核心概念之间的关系，知道考核知识在核心概念体系中的地位；而对照班的学生大多数处于水平2阶段，学生能够建立章节知识间的关联，但并不能说明考核知识与核心概念的关系，不知道考核知识在核心概念体系中的地位，更不能自主构建知识体系。综合上述分析可知，应用"静电场"单元复习课知识结构化教学策略能够有效提高学生的知识结构化水平，其主要作用是提高学生整合知识与核心知识的能力。

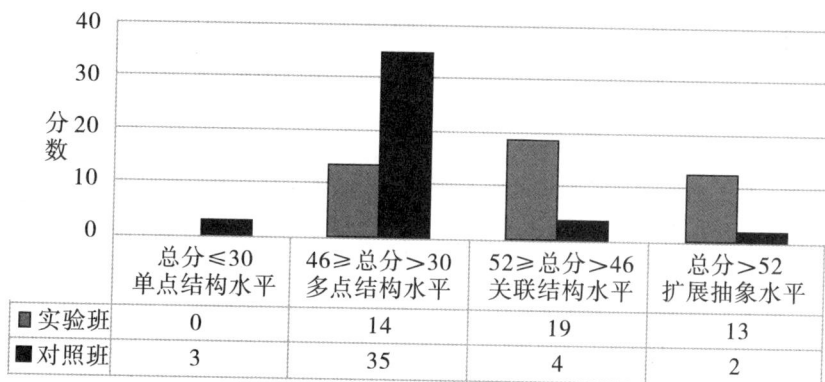

分数	总分≤30 单点结构水平	46≥总分>30 多点结构水平	52≥总分>46 关联结构水平	总分>52 扩展抽象水平
实验班	0	14	19	13
对照班	3	35	4	2

图7-11　实验班、对照班各水平段人数对比柱形图

7.2.3.2　实验班、对照班后测的各个水平段分析

（1）单点结构水平后测分析。

表7-11是实验班、对照班在水平1测试题的均值比较与独立样本 t 检验结果，由表中结果可以看到，由于"静电场"单元复习课知识结构化教学策略的影响，在前7题的测试中，两班的总分呈显著性差异，实验班总分高于对照班。对各个题目进行分析，可以看到，除去第5题两班级得分呈现显著性差异，其他6道题目均未呈现显著性差异。在第5题中，两个班级分值相差将近0.8分，因此，可以推断两个班级总分产生显著性差异主要是因为第5题的分值差异。总体而言，通过"静电场"单元复习课知识结构化教学策略，对学生两两概念间关联程度的影响并不大。但对于复习课而言，知识结构化教学策略能够很好地完善学生关联性的不足。例如第5题。

表 7 – 11　实验班、对照班在单点结构水平测试题的均值比较与独立样本 t 检测结果

	班级	个案数	平均值	标准差	显著性（双尾）
单点结构水平总分	实验班	46	11.739 1	2.137 0	0.000 **
	对照班	44	10.091 0	1.904 15	
第 1 题	实验班	46	1.782 6	0.629 39	0.488
	对照班	44	1.681 8	0.739 98	
第 2 题	实验班	46	1.565 2	0.834 06	0.129
	对照班	44	1.272 7	0.973 21	
第 3 题	实验班	46	1.739 1	0.681 01	0.935
	对照班	44	1.727 3	0.694 28	
第 4 题	实验班	46	1.739 1	0.681 01	0.234
	对照班	44	1.545 5	0.847 83	
第 5 题	实验班	46	1.652 2	0.834 06	0.004 *
	对照班	44	1.090 9	0.985 09	
第 6 题	实验班	46	1.652 2	0.766 45	0.532
	对照班	44	1.545 5	0.847 83	
第 7 题	实验班	46	1.608 7	0.802 17	0.047
	对照班	44	1.227 3	0.985 09	

注：** 表示双尾显著性 $p < 0.001$，呈极大差异；* 表示双尾显著性 $p < 0.005$，呈显著性差异。

（2）多点结构水平后测的分析。

表 7 – 12 是实验班、对照班在水平 2 题目中的均值对比与独立样本 t 检验结果。从对比结果可以看到，在多点结构的测试题中，实验班和对照班的总分呈显著性差异，并且简答题第 8、9、10 题均呈现显著性差异。测试题第 14 题与第 15 题是关于"电势"知识组块的运用型计算题和"电场强度"知识组块的运用型计算题。从测试结果可以看到，第 14 题与第 15 题之间并没有呈现显著性差异，说明学生在水平 2 的测试题中的作答表现呈现显著性差异，而差异的主要来源是学生对重要概念的深度理解程度，与学生是否能完成运用型问题没有显著关系。

表 7 - 12　实验班、对照班在多点结构水平题目中的均值对比与独立样本 t 检验结果

	班级	个案数	平均值	标准差	显著性（双尾）
多点结构 水平总分	实验班	46	14.086 9	2.858 33	0.000 **
	对照班	44	11.772 7	2.666 45	
第 8 题	实验班	46	2.739 1	1.063 22	0.002 *
	对照班	44	1.954 5	1.256 69	
第 9 题	实验班	46	2.782 6	1.073 17	0.004 *
	对照班	44	2.045 5	1.256 69	
第 10 题	实验班	46	2.608 7	1.324 61	0.000 **
	对照班	44	1.590 9	1.335 01	
第 14 题	实验班	46	2.913 0	1.561 00	0.895
	对照班	44	2.954 5	1.396 92	
第 15 题	实验班	46	3.043 5	1.172 96	0.457
	对照班	44	3.227 3	1.158 66	

注：** 表示双尾显著性 $p < 0.001$，呈极大差异；* 表示双尾显著性 $p < 0.005$，呈显著性差异。

进一步分析呈显著性差异的测试题。将第 8、9、10 题各分档的人数做统计对比，对比结果如表 7 - 13 所示。可以看到，三个题目中，2 分档的人数两个班级的差距并不大，但是在 4 分档，实验班明显高于对照班。说明经过知识结构化的教学手段，学生对"静电场"的知识组块的关联程度加深，主要变化在于学生能够从更高的角度分析概念间的关系。

表 7 - 13　实验班、对照班在第 8 ~ 10 题各分档人数百分比对比

分档	第 8 题		第 9 题		第 10 题	
	实验班	对照班	实验班	对照班	实验班	对照班
0 分档	2.20%	20.50%	2.20%	18.20%	10.90%	34.10%
2 分档	58.70%	61.40%	56.50%	61.40%	47.80%	52.30%
4 分档	39.10%	18.20%	41.30%	20.50%	41.30%	13.60%

（3）关联结构水平后测分析。

表 7 - 14 是实验班、对照班在水平 3 题目中的均值对比与独立样本 t 检验结果，两个班级在关联结构测试中，总分呈现极大差异，三个测试题得分也均

呈现显著性差异。从关联结构的测试得分可以看到，实验班与对照班的得分差距相较于之前的题目差距更大，说明"静电场"单元复习课知识结构化教学策略对学生在关联结构水平的影响要大于前面两个水平段。

对关联结构的三个题目做进一步分析。图 7 - 12 是第 11 题各分档人数对比柱形图，可以看到，实验班学生得分主要集中在 4 分档，即大多数学生能够答出两个甚至三个的关联点，而对于对照班的同学，其分数集中于 2 分档，说明实验班的学生对于"电势"与"电场强度"的认识比对照班的学生要更为全面，知识组块间的关联程度更高。且从 6 分档学生人数的对比可知，实验班有更多的学生能够从"静电场"角度来关联电场强度和电势两个概念。

表 7 - 14 实验班、对照班在关联结构水平题目中的均值对比与独立样本 t 检验结果

	班级	个案数	平均值	标准差	显著性（双尾）
关联结构 水平总分	实验班	46	12.000 0	3.069 56	0.000 **
	对照班	44	7.136 3	3.407 18	
第 11 题	实验班	46	3.695 7	1.684 83	0.000 **
	对照班	44	2.181 8	1.660 38	
第 12 题	实验班	46	4.347 8	1.649 48	0.001 **
	对照班	44	3.090 9	1.950 77	
第 13 题	实验班	46	3.956 5	1.604 94	0.000 **
	对照班	44	1.863 6	1.173 17	

注：** 表示双尾显著性 $p < 0.001$，呈极大差异。

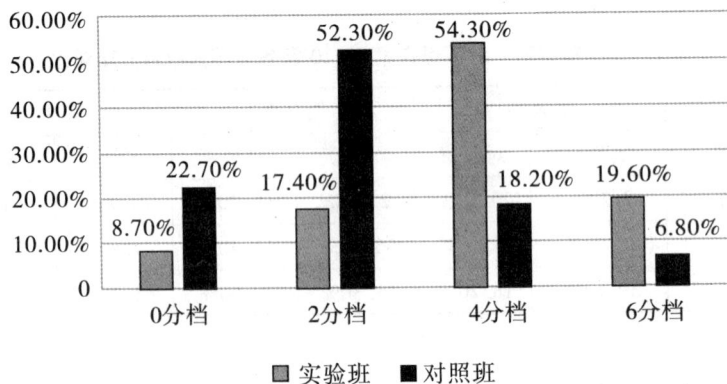

图 7 - 12 第 11 题各分档人数对比柱形图

　　图 7-13 和图 7-14 分别是第 12 题和第 13 题的各分档人数对比柱形图。第 12 题和第 13 题均指向电场，第 12 题是给定三个重要概念"电势""电场强度""电荷"，提问学生三者与电场的关联，第 13 题则要求学生站在"电场"的高度，整合学习的内容，描述静电场。首先，从总体得分来看，两个班第 13 题得分均低于第 12 题，但实验班的分数差值较小，说明两个班的学生均存在围绕"静电场"进行知识整合的能力比知识关联的能力弱的问题，两者间的差距在实验班中表现并不大，但在对照班的学生中则有明显的表现。其次，在第 12 题的回答上，两个班级在中等分段的差距不大，显著差异主要在 0 分档和 6 分档学生的人数，说明第 12 题得分的显著差异来自于高分段学生的分布，可明显看到，实验班的学生对考核知识与核心概念"静电场"之间的关系掌握得更好。最后，在第 13 题的作答上，对照班的学生主要集中在 2 分档，而实验班累计 76.10% 的学生能够对电场从两个以上的方面展开体系的建构，主要集中在 4 分档，说明实验班学生相比于对照班学生对"电场"有更为全面的理解。综合上述可知，"静电场"单元复习课知识结构化教学策略能够显著性地影响学生在关联结构水平的发挥，学生能够更加全面地认识核心概念"静电场"。

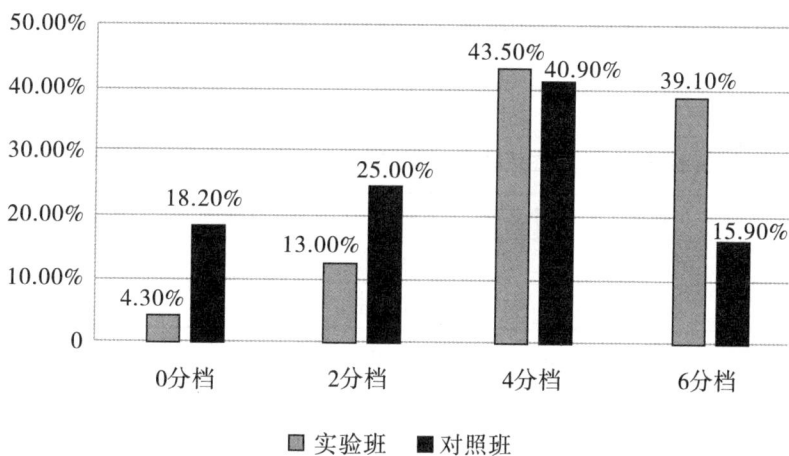

图 7-13　第 12 题各分档人数对比柱形图

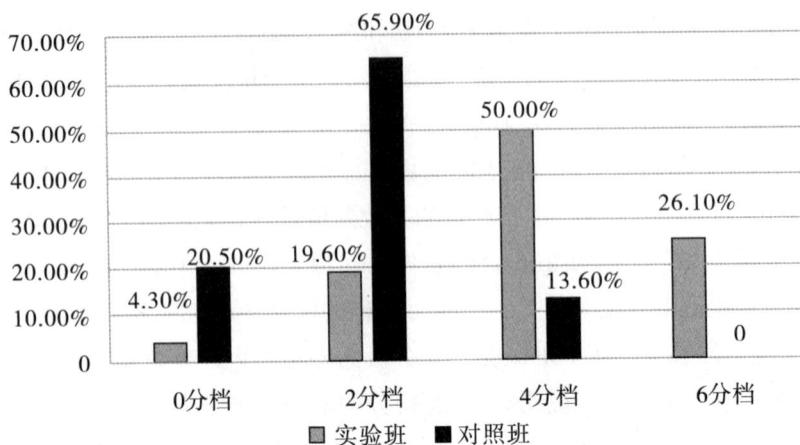

图7-14 第13题各分档人数对比柱形图

（4）拓展抽象水平的后测分析。

表7-15是针对第16题的测试结果的描述性统计及实验班、对照班的独立样本 t 检验结果。由统计结果可知，两班在第16题的答题情况呈显著性差异，实验班平均得分11.195 7分，对照班平均得分8.8864分。说明实验班学生构建的"静电场"知识体系相较于对照班同学的更为系统。为进一步掌握差异性体现，对实验班、对照班学生构建的概念图的主要概念和命题节点数做详细对比。

表7-15 实验班、对照班在拓展抽象结构题目中的均值对比与独立样本 t 检验结果

	班级	个案数	平均值	标准差	显著性（双尾）
第16题	实验班	46	11.195 7	3.751 26	0.004*
	对照班	44	8.886 4	3.642 23	

注：*表示双尾显著性 $p < 0.005$，呈显著性差异。

节点与命题的比值，作为概念图概念间关联度的参考值，比值越大，说明概念图中的概念关联更大、更为复杂。表7-16是实验班、对照班概念图节点命题比值的均值统计与显著性比较，由表7-16结果可知，在概念图的复杂程度上，实验班高于对照班，且呈现显著性差异。

表 7 - 16 实验班、对照班概念图节点命题比值的均值统计与显著性比较

	班级	人数	平均值	标准差	显著性（双尾）
比值	实验班	46	0.798 7	0.148 17	0.001 **
	对照班	44	0.673 0	0.187 55	

注：** 表示双尾显著性 $p < 0.001$，呈极大差异。

将两个班学生的概念图中的主要概念做统计，统计结果如图 7 - 15 所示。从统计对比图可以知道，实验班学生在构建概念图时应用主要概念的维度较广，涉及静电场对电荷力的作用的电场强度知识组块，也有能量变化的电势知识组块，部分学生的概念图能够从静电场联系引力场，将电势能、电势和重力势能、重力加速度等物理量做类比。而对照班学生更多的是围绕电荷在电场中受力的作用，其间伴随着能量的变化而建构概念图。由此可知，相较于对照班，实验班在构建"静电场"体系时，能够涉及电荷的关联和引力场的关联，而知识体系的差异也主要集中在电荷知识组块和引力场知识组块的加入。这也间接说明，实验班的学生在理解静电场概念时，能够从多个角度进行思考，对静电场已经形成了初步的物质性的观念。

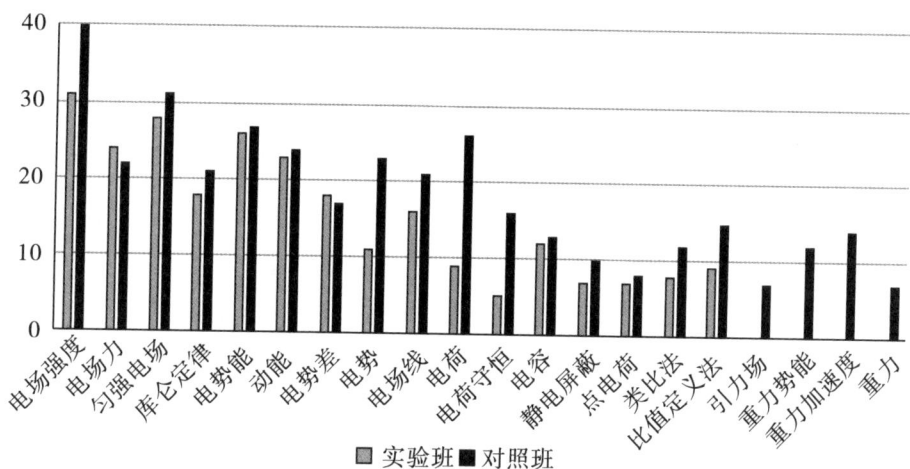

图 7 - 15 实验班、对照班概念图中主要概念对比柱形图

7.2.4　教学实践结论

本次研究将高中物理复习课知识结构化教学策略应用于"静电场"章节的教学实践中，在教学实践后对实验班和对照班的学生应用自编的"静电场"知识结构化水平测试卷进行实践后测。从测试结果看，总的来说，实验班学生在总分、各水平段得分均高于对照班，说明本书提出的"静电场"单元复习课知识结构化教学策略具有可行性、科学性、有效性，能够显著提升学生的知识结构化水平。

基于上述讨论与分析发现，"静电场"单元复习课知识结构化教学策略对学生的主要作用有以下几个方面：

第一，"静电场"单元复习课知识结构化教学策略对学生两两概念间关联程度的影响并不大，但能够很好地完善学生知识体系中重要概念间关联不足的问题。

第二，"静电场"单元复习课知识结构化教学策略通过增加知识组块间的关联，帮助学生加深对重要概念的理解程度，使得学生能够从更高的角度——"静电场"来理解物理概念、分析概念间的关系。

第三，"静电场"单元复习课知识结构化教学策略对学生最显著的影响在于能够帮助学生把握"静电场"章节整体框架，引导学生能够从运动与相互作用、能量转移、物质性等角度去分析物理问题，帮助学生构建重要概念与核心概念"静电场"间的联系，帮助学生围绕核心概念"静电场"整合知识，从而加深对"静电场"的认识，构建更为全面、复杂、联系紧密的"静电场"知识体系，逐渐凝练物理观念。

附录 1 高中物理教师知识结构化教学现状调查问卷

亲爱的老师：

您好！本次问卷的目的在于了解您对知识结构化教学策略的认识与应用情况。知识结构化教学策略是指根据知识与科学方法间的关系、知识与知识之间联系，把高中所学的内容有意识地联系起来，组成具有良好结构的知识组块的教学策略。本调查结果仅供物理教学研究使用，绝不会透露您的个人信息，请放心填写。感谢您的支持！

性别　　　A. 男　　　B. 女

您的教龄　A. 1～2 年　B. 3～5 年　C. 6～10 年　D. 11～15 年
　　　　　E. 16～20 年　F. 20 年以上

您的学历　A. 博士　B. 硕士　C. 本科　D. 大专

您的职称　A. 二级教师　B. 一级教师　C. 高级教师　D. 正高级教师
　　　　　E. 特级教师

学校属性　A. 省属　B. 市属　C. 区属　D. 镇属

1. 您是否从日常教师培训或教育书籍中听说过"知识结构化"？（　　　）

A. 听说过，有深入了解　　　　　B. 听说过，有大概了解

C. 听说过，但不太了解　　　　　D. 没听说过

2. （多选）在下列教学片段中，您认为哪些是符合知识结构化的教学行为？（　　　）

A. 新课讲授前通过习题的形式回忆旧知识

B. 讲授"磁感应强度"时类比"电场强度"

C. 复习课时引导学生做知识的思维导图

D. 课后对知识、方法的小结

3. 在日常教学中，您是否会有意识地引导学生进行知识结构化的学习？

（　　　）

A. 会　　　　B. 不会

第 3 题选择"A"的老师，请您作答 4～7 题；选"B"的老师，请您跳转到第 8 题。

4. 教学实践中，常用的知识结构化教学手段有知识清单、思维导图、概念图、表格图、流程图等，您在日常教学中对这些教学手段的使用频率是？（请您在对应教学手段后的括号内填上相应的频率编号）

知识清单（　　）　　思维导图（　　）　　概念图（　　）　　表格图（　　）
流程图（　　）

A. 每节课都用　B. 经常用　C. 偶尔用　D. 不使用

5. 对于不同的课型，您认为是否适合应用知识结构化的教学策略？（请您在对应课型后的括号内填上相应的编号）

概念课（　　）　　规律课（　　）　　复习课（　　）　　习题课（　　）
实验课（　　）

A. 适用　　　　B. 不适用

6. 在日常教学中，您是用什么方法来引导学生开展知识结构化的学习？（如以下教学行为都有，选频率最高的一项）（　　　）

A. 画知识结构图（应用概念图等教学手段）

B. 言语引导，将新知识与旧知识联系

C. 选用新旧知识混合的综合习题

D. 其他＿＿＿＿＿＿＿＿

7. （多选）引导学生知识结构化的过程中，您遇到过哪些困难？（　　　）

A. 分析知识间的逻辑关系费时

B. 分析学生的认知发展水平、前概念较难

C. 学生不感兴趣，不会主动响应

D. 影响课时进度

E. 没有理论指导

F. 其他＿＿＿＿＿＿＿＿

第 3 题选"B"的老师，请您作答第 8 题。

8. （多选）您不使用知识结构化教学策略的具体原因有哪些？（　　　）

A. 分析知识间的逻辑关系费时

B. 分析学生的认知发展水平、前概念较难

C. 学生不感兴趣，不会主动响应　　　D. 影响课时进度

E. 没有理论指导，无从下手　　　　F. 其他＿＿＿＿＿＿＿＿＿

9. （多选）学生出现以下哪些情况，您认为他的知识结构存在问题？
（   ）

A. 上课的时候听得懂，但下课之后就忘记

B. 对于一些相近的概念或规律会产生混淆

C. 对于一节课的内容能够很好掌握，但不能对多个章节的知识综合把握

D. 即使对整体知识有很好的理解，但到实际做题的时候却做不出

10. 高中物理有许多的基本概念和规律，您在日常教学中，主要是根据什么确定哪些是核心概念、规律的？（   ）

A. 不做区别

B. 根据知识间的包含与从属关系确定

C. 根据课程标准确定

D. 根据高考等考试出现频率或所占分值确定

E. 根据自身经验确定

F. 其他

11. 您在为学生讲授"力的合成与分解""速度的合成与分解"等知识时，是否会联想到科学方法？（   ）

A. 会的，本题中关联到科学方法是＿＿＿＿＿＿＿＿（选择 A 的老师请填写对应的科学方法）

B. 没有联想到科学方法

12. 在讲解下列哪些物理概念时会用到"比值定义法"这一科学方法？
（   ）

A. 速度（ $v = \frac{s}{t}$ ）　　　　　B. 密度（ $\rho = \frac{m}{V}$ ）

C. 电场强度（ $E = \frac{F}{q}$ ）　　　D. 磁感应强度（ $B = \frac{F}{IL}$ ）

E. 电阻（ $R = \frac{U}{I}$ ）　　　　　F. 万有引力（ $F = G\frac{Mm}{r^2}$ ）

G. 库仑力（ $F = K\frac{Qq}{r^2}$ ）　　H. 压强（ $P = \frac{F}{S}$ ）

13. （多选）您认为以下哪些形式，比较适合帮助学生进行知识结构化的学习？（   ）

A. 概念图　　　　　　　　　B. 思维导图

C. 流程图　　　　　　　　　D. 表格

E. 知识清单

附录2　学生物理知识结构化学习情况调查问卷

同学，你好！本问卷的目的是调查学生物理知识结构现状及问题解决过程中的认知思维过程情况。本次调查的信息仅作为课题研究使用，不涉及个人学科学业成绩或其他用途。请你如实认真作答，答题卷尽可能不要留空。谢谢你的支持与参与！

姓名：＿＿＿＿＿＿＿　性别：＿＿＿＿＿＿　班级：＿＿＿＿＿

中考（高一期末考试）物理分数：＿＿＿＿＿

中考（高一期末考试）总分：＿＿＿＿＿

结合你的实际情况，对下列描述语句进行评分。分数越高则说明该描述越符合你的实际情况。

评分标准：非常符合——5；比较符合——4；一般——3；比较不符合——2；非常不符合——1。

项目	分值
1. 我每天都会复习当天所学内容	
2. 考前或期末，我会对学习的内容进行复习	
3. 做过的物理习题一般都会归类小结	
4. 我会对物理知识进行归纳整理	
5. 在物理学习或者复习的过程中，我会画知识结构图来记忆和理解知识	
6. 我会把一段时间里学习的内容用画"知识框图"的形式梳理出来	
7. 在学习"加速度"的概念时，我会联系"速度"来帮助理解和记忆	
8. 我清楚地知道外力、速度、加速度之间的关系	
9. 当问题已经被解决时，我不会去思考其他解法。	
10. 遇到难题时，一种方法行不通，我会尝试用不同的方法解题	
11. 我会对学习内容有所规划或制定学习目标	

（续上表）

项目	分值
12. 每次写作业、测试我都会规定完成的时间	
13. 我认为"刷题"比梳理知识更有效	
14. 我认为梳理知识等同于背诵	
15. 对学过的物理知识，我清楚哪些知识是很重要的，必须牢固掌握	
16. 我认为"知识结构图"这种方法有利于对知识的理解	
17. 我认为知道各个概念间的关系，对我的物理学习有很大帮助	
18. 我知道将知识以结构化的方式去学习和记忆是好的	
19. 老师的学习建议对我有很大的影响	
20. 我有很充足的时间可以梳理知识	
21. 知识点多且复杂是造成我学习困难的主要原因	

附录3 "运动电荷在磁场中受到的力"
新授课课堂体验调查问卷

同学，你好！本问卷调查的信息仅为课题研究，不涉及任何学业评价和其他用途。为确保信息的准确性，请你如实认真作答，答题卷尽可能不要留空。感谢你的支持与参与！

性别：男☐　女☐

班级：高二（　　）班

一、请在对应栏目里画"√"

题目	完全符合	比较符合	说不清楚	不太符合	完全不符合
1. 老师在开始上课时先复习安培力，从安培力提出要学习的新知识，我喜欢这样的方式					
2. 检验"带电粒子在磁场中受到力的作用"的实验设计，根据关键词确定实验仪器或相关实验操作，我认为这种方式对自己设计实验有帮助					
3. 老师在课上使用流程图回顾洛伦兹力的推导过程，我认可这样的方式					
4. 用流程图回顾洛伦兹力的推导过程，促进我对推导过程的关键思路的认识					

附录4 "变压器"新授课课堂体验和教学效果调查问卷

姓名：_____ 性别：_____ 班级：_____

同学，你好！本问卷调查的信息仅为课题研究，不涉及任何学业评价和其他用途。为确保信息的准确性，请你如实认真作答，答题卷尽可能不要留空。感谢你的支持与参与！

性别：男☐　女☐

班级：高二（　　　）班

一、请在对应栏目里画"√"

题目	完全符合	比较符合	说不清楚	不太符合	完全不符合
1. 老师课上使用流程图分析变压器的工作原理，我赞成使用这种方式					
2. 老师清晰展现推导原副线圈的电压、电流与线圈匝数关系式的依据和过程，我认为对掌握知识间的关系很有帮助					
3. 老师在课堂小结时运用流程图回顾实验的思想，我赞同使用这种方法					
4. 推导过程中的"无损耗条件"和"无内阻条件"促使我认识到"抓住主要因素，忽略次要因素"的研究思想在推导公式中的作用					

二、请你利用今天所学的知识解决以下问题：

1. 填空：_____是变压器工作的基础。

2. 请你结合变压器的构造，解释其工作原理。

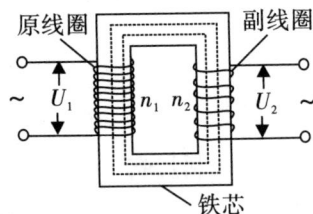

3. 理想变压器线圈两端的电压与匝数的关系式是_____，电流与匝数的关系式是_____。

4. 请你推导原副线圈的电流与线圈匝数关系式。

5. 理想变压器的原线圈的匝数为 110 匝，副线圈匝数为 660 匝，若原线圈接在 6V 的电池上，则副线圈两端电压是多少？

6. 理想变压器原、副线圈匝数比为 20∶1，两个标有"12V，6W"的小灯泡并联在副线圈的两端。当两灯泡都正常工作时，原线圈电流中电压表和电流表（可视为理想）示数分别为_____V，_____A。

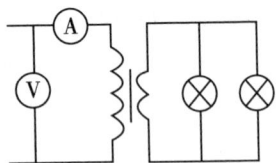

7. 图甲左侧的调压装置可视为理想变压器，负载电路中 $R = 55\Omega$，Ⓐ、Ⓥ 为理想电流表和电压表，若原线圈接入如图乙所示的正弦交变电压，电压表的示数为110V，下列表述正确的是（　　）。

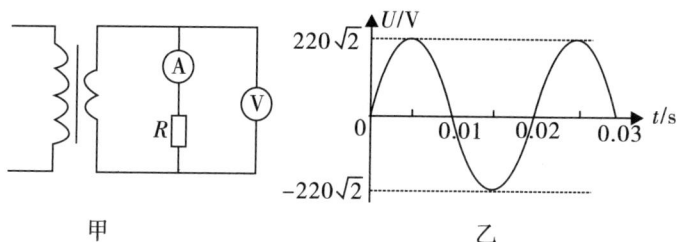

A. 原、副线圈的匝数比为 1 : 2

B. 电流表的示数为 2A

C. 副线圈中交变电压的频率为 100Hz

D. 变压器的输入功率为 220W

8. 钳形电流表的外形和结构如图（a）所示。图（a）中电流表的读数为 1.2A，图（b）中用同一电缆线绕了 3 匝，则这种电流表能测（交变电流/直流电流），图（b）的读数为_____。

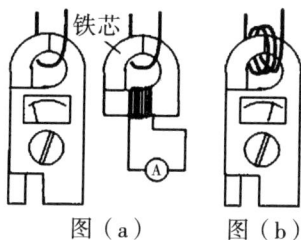

附录5 高中生"静电场"知识结构化水平测试卷

2018年广州市高中物理知识结构化水平测试

——静电场卷

姓名：_____ 性别：_____ 班级：_____ 得分：_____

本卷共计100分，考试时间为40分钟。

一、基础计算(注意!! 请将答题详细的计算过程和文字说明书写清楚)
(共计20分，第1小题2分，其余各小题3分)

如图所示，a，b，c 为电场中同一电场线上的三点，且 b 为 a，c 中点，a，c 电势分别为 $\varphi_a = 8V$，$\varphi_c = 6V$。

1. a，c 两点间的电势差 U_{ca} 是多少？

2. 电场中 b 点的电势一定是7V吗？为什么？

3. a 点的场强 E_a 一定大于 c 点的场强 E_c 吗？为什么？

4. 一电荷运动到 b 点时，此时受到的电场力方向是什么？为什么？

5. 若 a，b，c 点上分别有一电荷量为 q 的正电荷，试求三个点上电荷的电势能。

6. 一带电荷量为 q 的正电荷只受电场力作用从 a 点运动到 c 点的过程，电势能是增大还是减小？变化量是多少？为什么？

7. 若 a，c 两点间距离为 0.2m，则 a 点的电场强度为多少？为什么？

二、概念理解与关联题（共计 30 分，每小题 5 分）

请根据题目要求回答以下问题：

1. 经过本章"静电场"的学习，你认为什么是"静电场"，提到"静电场"你会想到什么？请谈谈你对"静电场"的理解。

2. 电荷是本章的重要概念，你认为什么是电荷？提到电荷你能联想到什么？请谈谈你的理解。

3. 电场强度是本章的重要概念，你认为什么是电场强度？提到电场强度你能联想到什么？请谈谈你的理解。

4. 电势是本章的重要概念，你认为什么是电势？提到电势你能联想到什么？请谈谈你的理解。

5. 在本章的学习中，我们对电势、电场强度、电容等概念做了系统的学习，请谈谈电势、电场强度有哪些关联点？

6. 电荷、电场强度、电势均是本章的重要内容，请你说一说电场强度、电势、电荷与静电场的关系。

三、综合题

1.（10分）图中虚线所示为静电场中的等势面1，2，3，4，相邻的等势面之间的电势差相等，其中等势面3的电势为0，一带正电的点电荷 q 在静电力作用下运动，经过 a，b 点时的动能分别为26eV和5eV。请问，当这一点电荷运动到某一位置其电势能变为 -8eV 时，该点电荷的动能是多少？

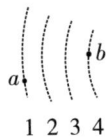

a | | | | b

1 2 3 4

2.（10分）如图所示，在匀强电场中，有边长为 $L = 2m$ 的等边三角形 ABC，其中 O 点为该三角形的中心，各点的电势分别为 $\varphi_A = 2V$，$\varphi_B = 4V$，$\varphi_C = 6V$，求：

（1）该匀强电场的电场强度大小和方向。

（2）若有一带电荷量为2C的正电荷受电场力作用由 B 点运动到 O 点。则电场力做的功为多少？

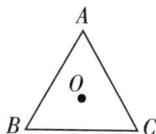

四、仔细阅读下图"速度"的知识关系图及相关材料。请以"静电场"为中心建立知识关系图。（30分）

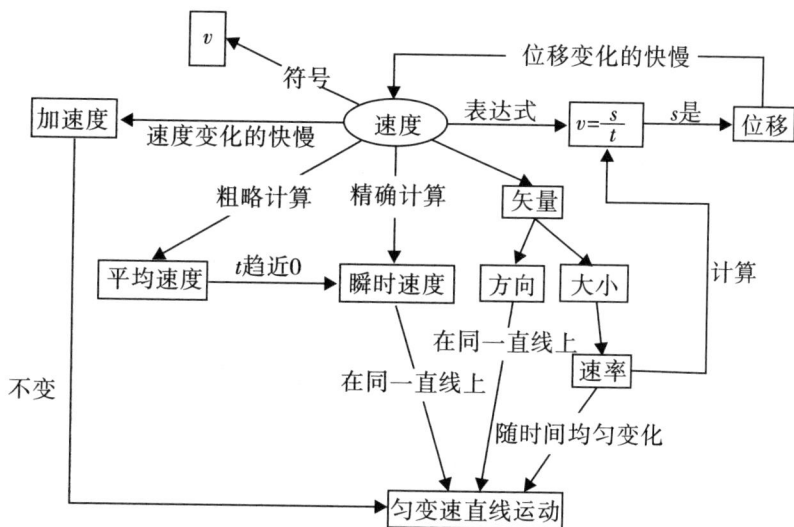

【相关材料】

上图是某同学制作的"速度"的知识结构图。知识结构图由节点、连线、命题组成。

　　节点：表示某一个命题或者知识领域的一个概念，一般放置于方框中。例如图中的"速度""加速度""瞬时速度"等。

　　连线：用于连接两个节点。箭头可以是单向性也可以是双向性。

　　命题：指连线上的文字，用于描述两个节点之间的关系。

【评价标准】

　　节点数和命题数越多，说明测试者对该内容的掌握越好。当命题数多于节点数，则说明掌握的知识复杂性高。